La contrebande en Côte d'Ivoire

Collection « Études africaines »
dirigée par Denis Pryen et son équipe

Forte de plus de mille titres publiés à ce jour, la collection « Études africaines » fait peau neuve. Elle présentera toujours les essais généraux qui ont fait son succès, mais se déclinera désormais également par séries thématiques : droit, économie, politique, sociologie, etc.

Dernières parutions

EBALÉ Raymond, *Les Accords de Partenariat Economique entre l'Union Européenne et les pays ACP (Afrique, Caraïbes, Pacifique)*, 2016.
MINKALA NTADI Pierre, *La tutelle politique dans la production de l'information de presse en Afrique francophone, Le cas du Congo-Brazzaville*, 2016.
ASSOUMAN Kouadio Amos, *Le rôle des préfets et sous-préfets de Côte d'Ivoire, Gestion et prévention efficaces des conflits communautaires dans un contexte de sortie de crise*, 2016.
BARRY Mamadou, YAYA Hachimi Sanni, DOUMBOUYA Mohamed Lamine, *Les trop dits et les non-dits de l'aide au développement en Afrique. Nouvelles perspectives sur la dispersion et l'absence de coordination des bailleurs*, 2016.
MABANZA N'SEMY Aubin, *Les marques en Afrique francophone. Approches comparatives et critique de la protection à l'OAPI et en R.D Congo*, 2016.
PORTEILLA Raphaël, HAYEM Judith, SÉVERIN Marianne et DIKA Pierre-Paul (dir.), *Afrique du Sud. 20 ans de démocratie contrastée*, 2016.
BAGAYOKO Sidy Lamine, *Écoles Communautaires au Mali, Fonctionnement, gestion et conflits*, 2016.
URSA Liana Maria, *Libéria. La difficile construction nationale*, 2016.
LONGOMO MENGELI Marius, *Les problèmes de l'Administration publique en RDC*, 2016.
MUSINDE SANGWA Sylvain, *Parenté et patrimoine foncier chez les Bena Mambwe de la République démocratique du Congo, La réappropriation de la dépouille de l'épouse par son lignage*, 2016.
KIAMBA Claude-Ernest, *Politiques de l'éducation, Formation des compétences et Construction de l'État en république du Congo de 1911 à 1997*, 2016
MONEMOU Ouo-Ouo Waita, *L'imposition sur le revenu en République de Guinée*, 2016.
LIGOPI LINZUWA Zéphyrin, *La lutte contre la pauvreté comme une quête de sens. Perspective d'éthique théologique à partir du cas de la RDC*, 2016.
TSHIMANGA-KUTANGIDIKY Etienne, *Réalités sociales en République Démocratique du Congo, Analyse de quelques cas*, 2016.
SIDIBE Tidiani, *La pratique de l'activité bancaire et financière en zone UEMOA*, 2016
BETCHÉ (Zachée), *Le phénomène Boko Haram. Au-delà du radicalisme*, 2016.
MOKONZI Bambanota Gratien, *Où va l'université au Congo-Kinshasa ?*, 2016.

Ladji BAMBA

La contrebande en Côte d'Ivoire

Le cas du district d'Abidjan

L'Harmattan

5-7, rue de l'Ecole-Polytechnique, 75005 Paris

http://www.harmattan.fr
diffusion.harmattan@wanadoo.fr

ISBN : 978-2-343-07321-7
EAN : 9782343073217

SOMMAIRE

Je dédie, cette thèse à mon regretté grand-père dont je porte les nom et prénom (s) : BAMBA LADJI, à ma famille : à mon père, à ma mère : BAMBA MOUSTAPHA et BAMBA ASSITA, pour toute l'assistance matérielle et humaine qu'ils m'ont apporté tout le long de mon évolution.

À mes frères et sœur, en l'occurrence : mes aînés, BAMBA SEYDOU, BAMBA IDRISSA, BAMBA MASSITA, à ma bien-aimée, ZIAO YEREFOLO AMY et à toute sa famille pour leur soutien moral.

À mon oncle BAMBA MAMADOU pour ses encouragements et ses orientations judicieuses en matière de recherche.

REMERCIEMENTS

Remerciements au directeur de recherche de la présente thèse, ALAIN SISSOKO, professeur titulaire de sociologie, qui a sacrifié une bonne partie de ses occupations afin d'apporter son aide précieuse dans la réalisation de ce travail. À cet effet, on a bénéficié de son expérience, résultat d'une longue carrière universitaire ornée de succès en matière de recherche scientifique. On a su apprécier sa patience, sa rigueur au travail, les conseils et les encouragements qu'il nous a apportés tout le long du déroulement de la thèse.

Remerciements au codirecteur scientifique de la thèse, professeur KOUDOU OPADOU, professeur titulaire de psychologie, pour sa disponibilité et sa rigueur au travail, au professeur KOUDOU KESSIE RAYMOND, maître de conférences, psychologue pour sa contribution à la formation des doctorants du DEA (2004-2005), à l'ensemble du corps enseignant et tout le personnel de l'Unité de Formation et de Recherche de Criminologie de l'Université d'Abidjan Cocody.

Remerciements à toute l'équipe de la gendarmerie nationale, de la police économique, et des douanes d'une part, à toutes les directions concernées incarnées par le commandant supérieur de la gendarmerie nationale (EDOUARD KASSARATE), au directeur de la police nationale (BRINDOU BROU N'BIA) et au directeur général des douanes de la Côte d'Ivoire (ALPHONSE MANGLY) d'autre part.

Remerciements aux différents responsables de la chambre de commerce de la République de Côte d'Ivoire incarnée par son président (JEAN LOUIS BILLON) et à l'ONG Stop fraude.

AVANT-PROPOS

Cette thèse a pour but de dresser un état de la situation en ce qui concerne le phénomène de la contrebande des marchandises aux entrées routières du territoire douanier de la Côte d'Ivoire en général et celui du district d'Abidjan plus particulièrement. On va tenter d'expliquer simplement le phénomène en nous intéressant aux différents facteurs susceptibles de l'expliquer, à ses manifestations, à ses conséquences et aux mesures mises en œuvre en vue de sa régulation. Cette thèse a été élaborée dans l'intention de dégager quelques tendances récentes sur le sujet, ce qui permettra aux lecteurs d'affiner, dans un sens ou dans un autre, ces connaissances en la matière et se forger ainsi sa propre opinion sur le sujet (la contrebande).

Il s'agit aussi, d'un travail qui va être soumis pour appréciation, analyse, examen et évaluation et qui porte sur le sujet suivant : « la contrebande des marchandises aux entrées routières du territoire douanier de la Côte d'Ivoire : cas du district d'Abidjan ».

En effet, dans un souci d'apporter une formation efficace, rigoureuse et performante, l'Unité de Formation et de Recherche de Criminologie de l'université d'Abidjan Cocody dispense deux types de formation : Une formation théorique, reposant pour l'essentiel sur l'enseignement des sciences humaines, des sciences sociales, de la psychologie et le droit pénal. Et l'autre formation est pratique, elle est menée par le stagiaire chercheur dans des institutions publiques ou privées, comme les douanes (la direction des enquêtes douanières et du renseignement située à Abidjan Plateau), la police économique (la direction de la police économique et financière située à Abidjan Plateau, angle boulevard ANGOULVANT, Avenue Delafosse), la gendarmerie nationale (le commandement de la compagnie de gendarmerie d'Abidjan SUE-CAMP COMMANDO KOUMASSI) ou des entreprises privées ou ONG, etc. Ces stages ont pour objectif de permettre au futur chercheur de se spécialiser et de se familiariser avec les réalités du terrain grâce à l'utilisation d'outil et de technique de résolution d'un phénomène. Dans le cadre de cette formation pratique, on a effectué différents stages dans les services publics et privés cités ci-dessus.

Les résultats récoltés lors des investigations permettent d'éprouver, de vérifier, d'affirmer ou d'infirmer l'hypothèse de départ de l'enquêteur.

Il s'agit pour le chercheur de mettre en corrélation des variables (indépendantes et dépendantes). Sans ce travail, il est difficile de donner des réponses cohérentes et fiables concernant un phénomène précis. Et en ce qui concerne ce travail l'on parle de la contrebande.

Une thèse n'étant pas une production littéraire à proprement parler, il est bien de noter que c'est un ensemble de données que l'on confine dans un mémoire qui a pour but de répondre à un besoin scientifique ou social ponctuel. La contrebande comme tout phénomène social d'actualité demande pour son étude des techniques appropriées. Dans la forme (ces techniques) sont apparemment différentes de celles usitées dans les sciences dites exactes. Mais dans le fond, elles poursuivent un même objectif, c'est à dire grâce à des procédés logiques et rigoureux, il faudrait arriver à vérifier une hypothèse de recherche de départ. Et cette thèse ne s'exclut pas de cette démarche scientifique qui est la seule à pouvoir lui donner un sens théorique et pratique du point de vue des sciences sociales et criminologiques.

INTRODUCTION

La contrebande que connaît la Côte d'Ivoire en général et le district d'Abidjan en particulier est l'une des conséquences de la crise militaro-politique déclenchée depuis le 19 septembre 2002, ce qui a engendré une faiblesse dans le dispositif de contrôle des marchandises à certaines frontières du pays, aux entrées routières du district d'Abidjan et un sérieux problème dans l'application des réglementations et des sanctions aux infracteurs. Mais cette situation est attisée par l'industrie de la contrebande et de la fraude à laquelle s'adonnent des acteurs « ennemis » de la croissance économique ivoirienne.

En l'espace de quelques années seulement, la contrebande qui était jadis une action isolée, pratiquée de façon artisanale, s'est très vite muée en de véritables industries qui encrassent tous les secteurs d'activités. Et pourtant beaucoup d'efforts ont été consentis, aussi bien au niveau international que national ou même local (district d'Abidjan).

Ainsi, au niveau international, les conventions de Paris de 1883 et de Benne de 1886 ont instauré respectivement la protection de la propriété intellectuelle et la protection des œuvres littéraires et artistiques.

Les accords de Lusaka de 1976 et de Bangui de 1977 au niveau Africain, témoignent de la volonté des États africains d'agir en commun pour instaurer des régimes uniformes de protection de la propriété intellectuelle.

Au niveau national et local (district d'Abidjan), le décret N° 2005-112 du 24 février 2005 institue l'Office Ivoirien de la Propriété intellectuelle (**OIPI**). Dans l'optique d'un renforcement du cadre juridique existant, un projet d'ordonnance portant protection de la propriété intellectuelle aux frontières a été soumis au gouvernement ivoirien. Ces actions de lutte se traduisent sur le terrain par la mise en place de brigades de lutte contre la contrebande au niveau de la police économique, des Douanes et de la gendarmerie qui abattent un travail remarquable dans la lutte contre ce fléau.

Les produits et secteurs les plus touchés par les actes de contrebande sont entre autres : Les cigarettes, les vêtements et accessoires, les pagnes, les CD et DVD, les équipements à usage électriques, les médicaments, les pièces automobiles, les jouets, les parfums et produits cosmétiques, les boissons alcoolisées, les montres, les produits alimentaires, les pâtes dentifrices, etc.

Internet constitue aussi désormais un canal d'écoulement privilégié des produits de contrebande vendus bien souvent au prix des originaux. En termes de chiffres, le chiffre d'affaires de la contrebande est évalué entre 9 et 10 % du commerce mondial, soit l'équivalent de 500 milliards d'Euros. 83 % des entreprises africaines pointent la contrebande comme préoccupation majeure.

Les sources d'approvisionnement des produits de contrebande sont diverses. Il y a des entreprises fictives existantes en Côte d'Ivoire qui font entrer des produits de contrebande sur place. Ces entreprises servent aussi de courroie de distribution des produits de contrebande, émanant de pays étrangers. Tout le monde admet aujourd'hui que la Chine et Dubaï sont deux grandes sources d'approvisionnement de produits de contrebande dans le monde.

Selon les spécialistes dans la lutte contre la contrebande, 80 % des produits en provenance de la Chine sont de mauvaise qualité. Tous les acteurs du monde industriel s'accordent à dire que la contrebande est une des nouvelles formes d'industries souterraines qui se créent dans les pays asiatiques pour inonder le marché mondial. Face à cet état des lieux inquiétant, on tente à travers une étude de cerner les différentes facettes de la contrebande, aussi de comprendre les règles de fonctionnement qui la régit. La recherche s'adresse surtout aux responsables d'entreprises, aux politiques, aux populations qui le cas échéant doivent pouvoir prendre une décision correctement fondée face au phénomène.

Comme son existence pose de façon évidente de nombreuses questions d'ordre éthique, la première partie de la thèse est consacrée à définir la position de la contrebande dans un cadre global en considérant simultanément la légalité et la légitimité d'une telle action illégale. Cette approche permettra également de définir les facteurs explicatifs et les incidences économiques et sociales du phénomène et d'une certaine façon, sa propre éthique.

La seconde partie s'intéresse à la définition des principales situations possibles de contrebande. Pour se faire, l'approche explicative (ou justificative) est privilégiée plutôt que la simple approche descriptive.

En d'autres termes on préfère savoir pourquoi se réalise une opération de contrebande malgré l'existence de mesures et de règlements pour sa régulation plutôt que comment. La raison de ce choix est double : logique et pragmatique. D'un point de vue logique, il est plus urgent pour une entreprise ou une autorité locale de savoir dans quel ensemble de contraintes se trouve plongée les indices économiques liés aux droits de douane et à la taxation des produits plutôt que de connaître les procédures d'exécution. Si l'entreprise ou l'autorité locale décide de participer au phénomène, il sera toujours temps pour elle de se préoccuper des modalités pratiques. D'un point de vue pragmatique, il serait tout à fait irréaliste de tenter une classification exhaustive d'une multitude de techniques et procédures que l'imagination des trafiquants enrichit encore régulièrement.

Dans la troisième partie, il s'agit de connaître les conséquences liées aux actes de contrebande sur une économie nationale comme celle de la Côte d'Ivoire et surtout local comme celle du district d'Abidjan. On va tenter d'y apporter des propositions de solutions. On va tenter aussi de mieux définir qui sont les acteurs d'une opération de contrebande. On va décomposer celle-ci en une « chaîne » d'opérations élémentaires qui feront apparaître des liens insoupçonnés entre le monde officiel et le monde souterrain ainsi que les différents rôles que tout un chacun peut tenir un jour, volontairement ou involontairement, dans une telle procédure.

PREMIÈRE PARTIE

CADRE THÉORIQUE

CHAPITRE 1

Intérêts du choix du sujet

I. MOTIVATIONS PERSONNELLES

Au cours des vacances scolaires (2004-2005), l'on s'est rendu à Daloa, ville à la lisière de la zone dite gouvernementale et la zone dite ex-assiégée (division actuelle de la Côte d'Ivoire depuis le 19 septembre 2002), durant ce séjour, l'on a pu observer la vente des marchandises en l'occurrence, des cigarettes, des pagnes de contrebande ou de contrefaction en provenance selon les acteurs qui les marchandaient des pays limitrophes principalement du Burkina Faso de la Guinée-Conakry et du Mali.

L'on s'est senti interpellé par cette situation et l'on a décidé dès lors de mener une recherche afin d'essayer de cerner les contours et divisions du phénomène observé.

Après le constat, de la situation précédemment observée à Daloa on l'a retrouvée à une échelle plus élevée et à un niveau très inquiétant sur le territoire du district d'Abidjan avec la capitale économique du pays qui a donné son nom au district. À lui seul le territoire douanier du district d'Abidjan renferme la plupart des différents secteurs industriels de la Côte d'Ivoire d'une part et de la région des lagunes d'autre part. Deux grandes zones industrielles s'y trouvent celle de YOPOUGON et de KOUMASSI, avec plus de 300 unités industrielles pour la seule zone de YOPOUGON (INS, 98). Le district a aussi le meilleur réseau routier du pays ce qui devrait faciliter le trafic des marchandises vers le port autonome ou d'autres secteurs d'activités. Le district a le plus grand parc automobile de la sous-région ouest-africaine après le Nigeria.

Ainsi, l'on s'est convaincu que si rien n'est entrepris dans le sens de la régulation du phénomène de contrebande, l'économie nationale en général et locale du district d'Abidjan en particulier court à sa perte avec ses corollaires néfastes : licenciements massifs, chômages, paupérisation de la masse ouvrière, d'où l'émergence d'activités informelles illicites qui détruisent l'économique locale et du pays tout entier. Ceci explique aussi l'intérêt motivant une recherche sur la contrebande des marchandises aux entrées routières du district d'Abidjan.

Le marché d'ADJAME ROXY par exemple est l'illustration à ciel ouvert du trafic illicite des produits pharmaceutiques, des cigarettes où toutes autres marchandises d'origine douteuse et de mauvaises qualités dans le district d'Abidjan. Face à la situation frappante et alarmante observée sur ce marché, l'idée nous est venue de faire l'étude de la situation, afin de comprendre pourquoi malgré la présence de mesures réglementaires, législatives et d'un dispositif de contrôle des marchandises aux différentes entrées routières du district d'Abidjan, le phénomène persiste et prend des allures inquiétantes. Comment la contrebande fonctionne et quelles en sont les conséquences sociales économiques et politiques qui pourraient engendrer.

L'on a choisi ce sujet parce qu'on a été surpris de constater qu'il n'existait pas en abondance des études sur la contrebande en Côte d'Ivoire en général et sur le district d'Abidjan en particulier. C'est le lieu d'y apporter une modeste contribution à l'effort commune de lutte contre ce problème économique des temps modernes en interpellant d'une part les pouvoirs publics et en sensibilisant la population d'autre part.

L'on sait qu'aujourd'hui les contrebandiers sont de plus en plus nombreux, ils possèdent leurs propres moyens c'est-à-dire leurs propres (entreprises de transport et/ou d'import/export). Même s'il est toujours difficile d'établir les causes réelles de cette contrebande cela n'empêche pas le chercheur d'essayer de formuler quelques observations sur le phénomène, observations qui le motivent dans la bonne compréhension du problème qu'il souhaite étudier.

En principe, nombre de types de contrebande ont pour cause la très grande disparité économique entre les pays et aussi entre les couches sociales, ce qui provoque l'existence de vastes secteurs de la population portée à produire des biens illégaux.

En outre, les pays pauvres comme la Côte d'Ivoire sont des marchés qui attirent des biens qui sont volés dans des pays riches (voitures de luxe, articles divers de luxe, etc.).

Parallèlement, il est fréquent que dans ces Etats, le niveau élevé des coûts de production et/ou des taxes favorise le développement de l'économie souterraine et l'emploi au noir d'une main-d'œuvre à bon marché. Les conflits politiques surgissant dans de nombreux pays et de nombreuses régions engendrent une violence et une corruption généralisée qui fragilisent les dispositifs de contrôle des marchandises aux entrées routières ou aux frontières, créent un dysfonctionnement dans l'application des réglementations ou sanctions aux infracteurs et encouragent la contrebande.

En définitive, ces constats montrent que le phénomène de contrebande est préoccupant pour le pays tout entier en général et pour le district d'Abidjan principalement. La contrebande est à la fois un problème d'ordre sociopolitique et un sujet de criminalité économique actuelle. Dès lors, elle intéresse les sciences criminologiques, politiques, sociologiques, humaines, économiques et juridiques.

II. PERTINENCE SOCIALE

En ce qui concerne la thèse présente, la contrebande est considérée comme la manifestation d'une économie souterraine du point de vue international, national et local, voilà comment elle fonctionne si on se réfère à PHILIPPE BARTHÉLEMY (1998). Pour lui, de nombreux auteurs préfèrent approcher la réalité concrète de l'économie souterraine en procédant à des études de terrain.

Dans les pays occidentaux par exemple, **le niveau des prélèvements** obligatoires est la variable la plus souvent évoquée. Dans les pays de l'ancien bloc de l'Est, la variable **réglementation** a le pouvoir explicatif principal. Dans les pays en développement, **l'accès à l'informel obéit à une contrainte de survie ou à un désir de performance** selon les pays et les époques (au niveau ivoirien, on peut situer l'existence du phénomène dans un contexte de contrainte de survie, ou un désir de performance).

Dans les pays occidentaux, l'économie souterraine se présente en premier lieu comme un moyen d'échapper à l'impôt, aux cotisations sociales ou aux divers règlements. C'est une illustration particulière de l'adage selon lequel trop d'impôt tue l'impôt. Dans cette logique, plus l'écart entre le coût du travail dans les économies (officielles et non officielles) est grand ; plus l'incitation à travailler en marge des règles est importante. La réglementation est également avancée comme frein à l'initiative. Le respect des règles sur le marché du travail entraîne souvent une élévation des coûts, peu adaptée à un marché où la concurrence est vive.

En affectant par exemple, à un échantillon de 76 pays un indice de réglementation allant de 1 à 5, il a ainsi été montré que l'augmentation d'un point de l'indice provoque une poussée de 10 % des activités cachées (Johnson, KAUFMANN et ZOIDO-LOBATON, 1998).

Ces activités complémentaires relèvent de l'entraide, de la convivialité et génèrent souvent des échanges sous forme de troc. La sous-traitance est une autre facette de l'informalité, qui mérite un traitement spécifique. Certaines firmes, soucieuses de ne pas subir les effets de conjoncture, préfèrent nouer des relations de sous-traitance plutôt que d'embaucher. Ainsi, en cas de récession, elles n'ont pas à licencier, et peuvent se contenter d'interrompre leurs contrats de fournitures. La firme sous-traitante peut à son tour se protéger des fluctuations en ayant elle-même recours à des sous-traitants et ainsi de suite. Les salaires de l'entreprise du centre sont ainsi rendus stables, au détriment de ceux de la périphérie, derniers maillons de la chaîne, qui subissent tous les aléas. Cette main-d'œuvre exploitée en raison de sa vulnérabilité est parfois localisée à l'étranger, reproduisant ainsi le modèle centre périphérie entre pays développés et pays en développement.

Quel pays étudié que soit, certains secteurs sont moins propices que d'autres aux activités souterraines. Les industries situées en amont du processus productif se prêtent mal à l'informalité, car les coûts d'entrée y sont considérables et parce que leurs clients sont des entreprises de transformation qui achètent des matières premières ou des produits intermédiaires sur lesquels la Taxe de valeur ajoutée est récupérée. La propension à frauder y est faible. À l'inverse, les secteurs comme les activités domestiques ou les services fournis aux ménages ou aux entreprises individuelles constituent toujours des viviers de l'économie souterraine (conseil, baby-sitting, emplois de maison, réparation des équipements ménagers et des automobiles, travaux de secrétariat...). Ces activités forment un noyau dur de l'économie souterraine, car les prestations entre donneurs d'ouvrage et professionnels arrangent les deux parties. Les ménages, ne récupérant pas la T.V.A., ont tout intérêt à payer des prestations de qualité à un prix inférieur au prix du marché, tandis que les prestataires de services reçoivent une rémunération nette supérieure à celle qu'ils recevraient s'ils déclaraient leurs heures de travail.

Le prix du marché souterrain fluctue entre les régions (dimension spatiale) et d'une période à l'autre (dimension temporelle) en fonction de l'offre et de la demande. Une cote informelle des prix circule entre les agents via des réseaux de connaissance de nature professionnelle, associative ou sociale. Notons que, contrairement aux idées reçues, les personnes exclues de ces réseaux (chômeurs de longue durée ou personnes isolées) ne participent guère aux activités souterraines, ni du côté de l'offre ni du côté de la demande.

Dans certaines professions, il arrive que l'offre officielle soit proche de zéro. Tel est le cas des aides ménagères ou des personnes qui travaillent chez les personnes âgées dépendantes, car les tarifs pratiqués excèdent les barèmes fixés par les administrations pour les prises en charge. Ce phénomène risque de s'amplifier avec le vieillissement de la population. Les quelques cas d'offre qui demeurent n'émanent de personne qui a un intérêt personnel à travailler à un prix administré, s'assurant ainsi une couverture sociale. Dans ce cas, le tarif officiel est souvent majoré ou le nombre d'heures de travail déclarées inférieures au nombre d'heures effectives.

D'autres secteurs ont une activité principale favorable aux activités parallèles comme l'agriculture et le tourisme qui ont en commun une forte saisonnalité, ou les professions du bâtiment exercées par des microentreprises (entretien ou construction de maisons individuelles).

En bref, les secteurs où l'économie souterraine est importante sont ceux où les firmes sont situées en aval du processus productif, où les clients sont des ménages ou des entreprises individuelles ou artisanales, et où la concurrence entre les entreprises est forte. Ceux où l'économie souterraine est faible ont en commun de se situer en amont du système productif et de posséder pour clients des entreprises (Barthélemy, 1997).

L'économie souterraine s'est développée, dans ces pays, en opposition à une économie officielle intégralement planifiée, où tout le monde était salarié et où les exigences du plan privilégiaient les biens d'équipement et des biens de consommation très standardisés. L'économie parallèle était une activité à temps partiel, parasitant l'économie officielle (prélèvement de matières premières dans les entreprises d'État, détournement du temps de travail officiel à des fins privées) et les biens produits étaient autoconsommés ou échangés sur des marchés parallèles. Ces économies étant entrées en transition au début des années 1990, leur économie souterraine s'est adaptée aux nouvelles règles économiques, témoignant par là même de la flexibilité de ce type d'activités. Des causes spécifiques viennent renforcer celles que l'on connaît dans les pays occidentaux : le manque de confiance envers les institutions, l'inefficience de l'administration et sa corruption, des contraintes administratives fortes pour les entrepreneurs, des impôts élevés en liaison avec une offre de biens publics inadéquate. En outre, une faible probabilité d'être appréhendé ou sanctionné comme travailleur au noir ou fraudeur aboutit à un calcul coûts/avantages tel que le travail illicite est plus attractive que le travail officiel et régulier. Dans nombre d'économies en transition, les hommes politiques et les fonctionnaires essaient de contrôler les entreprises à travers des mesures administratives et des règlements. Cela accroît l'incitation à verser des pots-de-vin pour exercer une activité officielle, ce qui rend plus attractif l'exercice d'une activité non officielle. Au fur et à mesure que les impôts et les barrières administratives s'élèvent, les rentes constituées par les activités illicites s'accroissent et avec celles-ci la rentabilité de ces dernières. Lorsque la prégnance administrative s'amplifie, il devient même nécessaire de verser des pots-de-vin pour entrer dans l'illégalité ; l'économie souterraine peut alors devenir majoritaire dans certains pays, notamment dans ceux de l'ex-U.R.S.S.

L'économie non officielle constitue, dans les pays en développement par exemple, le mode de production dominant et on s'accorde pour y distinguer deux types d'économie informelle : la forme traditionnelle, essentiellement rurale, et la forme moderne, essentiellement urbaine. La production informelle du premier type est surtout une autoproduction agricole, presque une activité domestique. C'est une économie de subsistance, dont les échanges se réduisent aux membres d'une même communauté, et où le troc domine largement les échanges monétaristes. La production informelle du second type est principalement une conséquence du processus de migration vers les villes et de la bidonvilisation des métropoles du tiers monde. Les petites entreprises non déclarées, les petits métiers exercés à partir de matières premières de récupération, les activités commerciales de vente à l'unité de produits alimentaires procurent des revenus de subsistance à une population démunie et sans espoir d'intégrer le secteur moderne.

Ces activités productives ne sont pas à confondre avec celles de l'artisanat traditionnel, très organisé, souvent autour d'un monopole ethnique, requérant une connaissance approfondie du métier généralement acquise par un apprentissage auprès de maîtres artisans.

Les produits de cet artisanat sont de qualité, le personnel qualifié, les revenus fonction de l'ancienneté. Dans ce domaine, c'est par tradition plus que par volonté de dissimulation que les firmes ne sont pas déclarées ou ne le sont que de façon partielle. Elles ne sont pas à confondre non plus avec un secteur informel qualifié de concurrentiel, dont on trouve de nombreuses illustrations en Amérique latine ou en Asie, et qui entretient avec le secteur formel des relations étroites de sous-traitance et parfois même qui produit des biens à grande échelle en utilisant une main-d'œuvre qualifiée.

On observe ainsi dans les pays d'Amérique latine une surreprésentation des travailleurs de moins de 25 ans et de ceux de plus de 45 ans dans le secteur informel. Pour les plus jeunes, l'accès à l'emploi passe par le secteur informel où ils acquièrent une qualification qui leur permet d'accéder au secteur moderne. Les entreprises de ce secteur n'ont pas à investir dans le capital humain de leurs salariés, celui-ci est acquis sur le tas dans les entreprises informelles. Arrivés à l'âge mûr, de gré ou de force, ces salariés rejoignent le secteur informel de leurs débuts en tant que patrons d'une petite entreprise ou comme travailleurs indépendants. Ces mouvements témoignent d'une parfaite rationalité des individus qui adaptent leurs comportements aux carences des systèmes de formation, de santé et de retraite. Les microentreprises remplacent le système éducatif en permettant aux jeunes d'acquérir une formation professionnelle. Elles suppléent ensuite le système de sécurité sociale défaillant en procurant un revenu permettant de couvrir les dépenses de santé, et de remplacer le système de retraite qui n'est en rien généralisé à tous les travailleurs, ou qui ne permet pas d'assumer les besoins fondamentaux. Dans ce cas, secteurs formel et informel se révèlent complémentaires (BARTHELEM, 1998).

L'économie illégale doit, bien entendu, être combattue, car la recherche de l'équité entre citoyens ne peut conduire qu'à condamner ceux qui ne participent pas au financement des biens collectifs. Il reste néanmoins que l'on peut légitimement s'interroger sur l'opportunité d'enlever un revenu à une personne à qui on ne peut proposer un revenu légal de substitution. Tel est l'un des enjeux de l'économie informelle dans les pays en développement. En empêchant les enfants de travailler dans des ateliers textiles en Asie du Sud-est, ne les a-t-on pas indirectement poussés à se tourner vers la prostitution ou la contrebande ? Le remède n'est-il pas parfois pire que le mal ? Cette observation ne légitime pas la tolérance, elle soulève la complexité d'un phénomène dont on s'est efforcé de décrire les multiples aspects.

La contrebande apparaît où l'économie va mal. C'est l'un des symptômes d'un État malade où les agents économiques trouvent plus avantageux de tourner la loi pour toutes sortes de raisons. Symptôme, elle est aussi une alerte et doit comme telle interpeller les décideurs.

En ce qui concerne la Côte d'Ivoire en général et le district d'Abidjan principalement, la contrebande a toujours été un phénomène insignifiant. Elle s'opérait plutôt, quand elle apparaissait, depuis le territoire national vers les pays limitrophes. Signe que les produits ivoiriens et les prix étaient jugés intéressants par les ressortissants voisins qui leur faisaient franchir les frontières en contrebande pour éviter la taxation.

Depuis quelque temps maintenant, précisément depuis que l'économie est en crise et les produits ivoiriens sont chers du fait de l'inflation fiscale, ainsi le phénomène s'est inversé. C'est vers la Côte d'Ivoire que viennent les marchandises de contrebande des pays voisins.

La contrebande a pris une telle ampleur que le gouvernement ivoirien et les autorités locales du district d'Abidjan ont fini par en reconnaître l'existence et la nuisance, allant jusqu'à mettre en place un dispositif de lutte contre cette pratique. Dispositif regroupant les ministères de l'Économie et des Finances, de la Défense, de l'Intérieur et de la Justice.

Toutes sortes de marchandises proviennent des autres Etats limitrophes, depuis les cigarettes jusqu'au carburant en passant par les produits de beauté. Et l'on ne compte plus les accrochages violents (à l'arme à feu) entre les contrebandiers et les forces de police et des douanes et de la gendarmerie nationale chargées de la réprimer.

Face au problème, les autorités ivoiriennes exhortent la population des régions frontalières du nord, de l'ouest d'une part, de l'est et des zones côtières du Sud d'autre part à faire preuve de vigilance et de civisme. Elles se contentent de cette exhortation, or le problème est trop grave pour être traité par le seul verbe. Si ces autorités s'imaginent qu'il suffit d'aller prêcher la bonne parole, au volant de rutilantes grosses cylindrées et dans une mise luxueuse, à une population à bout de souffle à force de misère, il se fourvoie lourdement.

Interrogé, un habitant a eu ces mots : « Ils viennent, puant l'argent public, oser nous donner des leçons de civisme, à nous autres que leur

mauvaise gestion accable de misère. Comme le dit un proverbe djiboutien, « ce n'est pas par hasard si la marmite vient à ébullition ».

La contrebande n'est pas tombée du ciel ni sortie de terre, elle a des causes objectives qu'il faut avoir le courage d'admettre et de traiter. Il y a contrebande parce qu'il y a demande. **Le corps social paupérisé dans le district d'Abidjan** à force de chômage, de baisses de salaires (surtout, dans le secteur public comme privé n'arrive plus à acquérir sur le marché local des produits sans cesse plus chers du fait de **la hausse des taxes**. Il cherche alors d'autres sources, accessibles à ses maigres ressources, d'où la contrebande. La contrebande vient des pays limitrophes parce que dans ces Etats, la pression fiscale est faible et les marchandises d'autant moins chères.

Elle vient toujours de ces pays, où les contrebandiers avec ou sans la complicité des routiers font enter des marchandises (facteurs dus surtout aux failles dans le dispositif de contrôle des marchandises aux entrées routières du district d'Abidjan). Des produits tels que le carburant, l'alcool, le café ou les pagnes de contrebande franchissent clandestinement les frontières ivoiriennes et s'écoulent à bon prix sur le marché national d'une part et local du district d'Abidjan d'autre part, quand ils ne repartent pas pour d'autres destinations.

La contrebande offre ce que n'offre plus l'économie officielle à un pouvoir d'achat social fortement réduit : un bon rapport qualité-prix.

Voilà pourquoi il devient tentant, pour des particuliers mus par l'appât du gain et pour une rentabilité économique, de se lancer dans ce commerce illicite surtout quand ils ont conscience des faiblesses du dispositif de contrôle des marchandises aux entrées routières de différents territoires douaniers comme celui du district.

Il n'y pas que les infracteurs individuels qui opèrent, mais aussi, et surtout les gros importateurs qui trouvent dans la contrebande une nouvelle source d'approvisionnement. Selon des informations policières, des tonnes de marchandises de toutes natures franchissent de nuit les frontières pour garnir les rayons et autres stocks du district d'Abidjan. Il faut dire que lorsque ceux-là mêmes (civils ou en uniforme) censés combattre la contrebande, ne sont pas bien payés, l'argument sonnant et trébuchant peut permettre des prouesses pour les inconditionnels du profit substantiel.

Comment alors réguler le phénomène dans le district d'Abidjan ? En soignant la maladie, c'est-à-dire en l'attaquant aux racines. Et l'attaquer aux racines, c'est mettre fin à la crise économique et à l'inflation fiscale. Or, une crise économique telle que la nôtre puise ses causes dans **le système de gouvernement**. Elle est liée à la logique de prédation, de pouvoir personnel et de dépenses injustifiées. Elle est liée à l'environnement d'incertitude politique, de non-droit.

Le redressement économique ne peut donc s'opérer sans paix civile et sans concorde nationale, sans démocratie et sans droits de l'Homme, ni **sans bonne gouvernance**. Toutes conditions élémentaires nécessaires au renouveau démocratique et à la reconquête de la crédibilité internationale. En Côte d'Ivoire en général et dans le district d'Abidjan principalement, les opérateurs économiques éprouvent d'énormes difficultés à survivre et donc à préserver l'emploi à cause de la contrebande. Selon l'Association Industrielle africaine (**AIA**), les délocalisations des entreprises au cours des dix dernières années associées à la contrebande ont fait perdre globalement à l'économie ivoirienne près de **780 milliards de FCFA par an,** en matière de marchandises prohibées de toute sorte. Par exemple en 2005, ce sont plus de 50 % du chiffre d'affaires d'**UNIWAX** et 20 % pour la **SITAB** qui partent en fumée. Ces entreprises ont évalué les pertes pour l'État à plus de **6 milliards** de FCFA en ce qui concerne leur production annuelle. Pour le secteur de la cartonnerie et des grands moulins, les pertes sont estimées entre 15 % et 20 % du chiffre d'affaires. FILTISAC et l'industrie du tabac ont perdu respectivement **8 milliards** soit 20 % de leurs chiffres d'affaires en 2005. En effet, la contrebande telle que pratiquée en Côte d'Ivoire en général et dans le district d'Abidjan particulièrement est essentiellement une contrebande d'importation qui met à mal la compétitivité.

Selon l'Organisation mondiale de la Santé (OMS), le secteur ivoirien de l'industrie de fabrication des médicaments enregistre 10 à 30 % des médicaments venant de l'industrie de la contrebande. 50 % des traitements antipaludéens sont des faux, d'où de graves menaces sur la santé des populations. Le textile est aussi fortement touché par le fléau. Selon le rapport (2004) de la chambre de commerce et d'industrie de Côte d'Ivoire, la société UNIWAX a déjà supprimé **8.500** emplois en moins de trois ans et a perdu d'importantes sommes. Les pagnes **Wax** fabriqués par cette entreprise sont illégalement copiés, introduits frauduleusement et vendus à vil prix en Côte d'Ivoire. Idem pour le pagne « **FANCI** » de la société GONFREVILLE à Bouaké.

L'écart entre les prix des pagnes de contrebande et ceux d'origine, contribue à faire évoluer le phénomène qui est très souvent associé à la contrefaçon en vue d'écouler ces marchandises illicites sur le territoire ivoirien. Le pagne « Wax » qui se négociait à 25. 000 FCFA pour les trois pagnes est vendu à 7000 ou 8 000 FCFA pour les faux, tandis que le faux « FANCI » tombe à 500 FCFA contre 2000 FCFA pour l'original. Tout ceci est à la base de la fermeture de plusieurs entreprises du secteur textile.

La contrebande menace la santé et la sécurité des populations. Les produits de contrebande utilisent des réseaux frauduleux, notamment les médicaments où tous produits de consommation prohibés nuisent à la santé des populations.

Les pièces automobiles de contrebande sont très souvent défectueuses et augmentent les risques d'accidents de circulation. Quant aux matériels électriques de contrebande vendus à travers des filières illicites, ils favorisent les courts circuits et sont à la base de nombreux incendies. La contrebande a aussi un impact socioéconomique réel. Ce qui se traduit par la fermeture d'entreprises notamment dans le secteur du textile, les licenciements massifs, la baisse de l'activité économique et la réticence des investisseurs étrangers. Les effets de ce fléau sont malheureusement amplifiés aujourd'hui par l'Internet à travers le e-commerce ou le commerce en ligne.

Un des éléments qui préoccupent les pouvoirs publics est la mobilité des groupes criminels exerçants dans le secteur de la contrebande de marchandises, qui tirent parti du fait que la législation n'est pas uniforme d'un pays à l'autre et se déplacent afin d'en exploiter les failles et les incohérences.

Ils implantent leurs activités dans des pays où le risque d'être arrêtés et condamnés à une lourde peine est relativement peu important par rapport au profit escompté[1].

La Côte d'Ivoire qui est en train de sortir de plus d'une décennie de crise politico-militaire et sociale, est un exemple de pays pour ces types d'activités de contrebande.

On a préconisé diverses mesures pour réduire les incohérences et la mobilité des groupes criminels parmi lesquelles la conclusion d'accords entre divers pays, la création de groupe de travail mixte et une coopération accrue entre les services de répressions. Exemple : « INTERPOL ».

---

[1] S. ADOMOLI et al, '' organized crime around the world, HELSINKI, EUROPEAN institute for crime prevention and control, organisme rattaché à l'ONU, 1998, P.9''

Il faudrait réfléchir au fait que des mesures de ce type, qui supposent la coordination des services de police du monde entier, risquent de donner lieu à la création de réseaux, ainsi qu'à des pratiques et des alliances techniques et politiques qui échappent à tout contrôle démocratique, au niveau national aussi bien qu'international.

Les craintes qui suscitent les graves menaces posées par la criminalité contrebandière pourraient jouer au détriment de l'État de droit et des droits civils[2].

Il faudrait s'interroger sur le fait que la contrebande crée une demande pour les produits qu'elle introduit sur les marchés du district d'Abidjan.

Ainsi, la contrebande des cigarettes, qui s'est développée dans le pays dès les années 50, a contribué au succès éclatant de certaines marques et au déclin de la production locale.

La contrebande de biens de consommation tels que les voitures, les vêtements, les ordinateurs et les téléphones portables dans les pays en développement et les pays de transition peut avoir les mêmes effets et rendre ces pays totalement dépendants à l'égard des pays développés, dont ils cherchent à imiter le mode de vie.

Les préoccupations des pouvoirs publics ivoiriens face à la contrebande semblent être focalisées sur le sentiment de vulnérabilité que les pays sous-développés éprouvent vis-à-vis des activités contrebandières qui prennent naissance dans d'autres pays.

Elles se manifestent par la crainte que des marchandises illicites, plus dangereuses que toute autre marchandise produite par les pays développés, puissent anéantir les citoyens et les institutions des États en développement, exemple : le trafic illicite des déchets toxiques ou nucléaires (Affaire Probo koala en 2006) dans le district d'Abidjan.

Il est donc difficile de donner un tableau complet des principales formes contemporaines de la contrebande.

III. PERTINENCE SCIENTIFIQUE

Les nombreux aspects de la criminalité montrent qu'aujourd'hui, la criminalité économique est un phénomène *global et omniprésent*, bien que le concept puisse recevoir différentes définitions dans les législations nationales.

---

[2] J. SHEPTYCKI, '' transnational policing and the markings of a post modern state'', BRITISH journal of criminology, 34; 613/635, 1996

Jamais elle n'a été aussi fortement organisée et aussi internationale. Il n'y a pas si longtemps, en matière de criminalité économique, la justice était exclusivement une affaire nationale. Désormais, alors que de plus en plus de pays reconnaissent que cette criminalité leur cause des pertes estimées de plus en plus lourdes, il n'est plus possible de faire cavalier seul. Les nations sont devenues trop vulnérables à cause de la mondialisation de l'économie de marché.

De nombreux facteurs ont une incidence sur l'essor de la criminalité économique et sur les contre-mesures qui sont prises au niveau national ou international. Les technologies révolutionnaires apparues ces dernières années ont, de manière inattendue, facilité *l'émergence de réseaux criminels* organisés qui opèrent par-delà les frontières pour profiter au maximum des possibilités et minimiser le risque d'être pris ou démantelés. La Commission européenne l'a souligné dans son rapport de mai 1997 sur « Une politique de l'Union dans la lutte contre la corruption ». Dans le même temps, le Marché unique de l'Union européenne et l'Accord de Schengen qui s'est traduit par l'abolition quasi totale des contrôles aux frontières, a entraîné une vulnérabilité accrue dans ce domaine.

À l'exception de cette branche d'activités criminelles que l'on peut définir comme la *criminalité d'entreprise* (« la criminalité dans les activités économiques »), la *criminalité organisée* (« la criminalité en tant qu'activité économique »), la tendance récente, ne laisse pas d'être inquiétante. Ce type de criminalité existe dès lors que deux personnes, ou plus participent conjointement à un projet criminel afin d'obtenir du pouvoir et des profits par le biais d'affaires illégales ou d'activités liées à celles-ci, en recourant à la violence ou à l'intimidation et en influant sur la sphère politique, les médias, l'économie, le gouvernement ou la justice. Fonctionnant pour l'essentiel selon le principe des réseaux, la criminalité organisée est très souple, rapide et n'est, en grande partie, pas limitée par des frontières nationales. Elle exploite pleinement les technologies de pointe. Souvent, elle infiltre les entreprises légitimes, dont elle parvient parfois à prendre le contrôle. Elle est grandement aidée en cela par la croissance du « cyberespace », sur lequel les juridictions territoriales n'ont que peu de prise. Les criminels qui agissent de manière organisée sont prêts à tout pour que leurs entreprises réussissent, par les tentatives de corruption, par l'intimidation ou le recours à la violence à l'encontre d'agents de la fonction publique ou de personnes travaillant dans le secteur privé.

Les organisations criminelles actuelles ont accumulé une puissance financière considérable, qui leur permet de jongler avec les ressources (les hommes ou l'argent), d'avoir un accès privilégié à l'information, d'infiltrer les cercles de décision politique et économique, de blanchir les bénéfices de leurs activités et de faire en sorte que la justice soit clémente à leur égard. Les crimes étant à l'organisation criminelle ce que les activités licites sont à une société opérant dans le cadre légal, l'expansion et la prolifération de la criminalité organisée pourraient conduire à une situation où l'activité illicite, loin d'être en marge de la société, en constituerait le noyau même. Elle pourrait devenir « un État dans l'État », ce qui serait néfaste à la prééminence du droit et saperait l'autorité et l'intégrité de l'Etat légitime.

La criminalité économique est une activité organisée de manière rationnelle, à même de produire de la richesse et d'être source de pouvoir tout comme n'importe quelle autre entreprise et souvent plus rapidement que les entreprises normales. Il semblerait que la criminalité économique soit en train de diversifier ses opérations et de se lancer dans une gamme d'activités toujours plus large qui couvre le trafic d'armes et de stupéfiants, la contrebande de produits et le trafic d'êtres humains, le trafic d'influence, les pratiques commerciales frauduleuses, la criminalité informatique, la contrefaçon, le vol, la corruption et, bien entendu, le recyclage de « l'argent sale ». La déréglementation entraînée par la mondialisation de l'économie et des finances a, dans une certaine mesure, facilité la dissimulation de ces activités.

Les crimes économiques transnationaux sont complexes par leur nature, en particulier parce qu'ils sont fréquemment combinés avec des activités licites, ce qui les rend difficiles à repérer et à évaluer. À ce jour, il n'existe aucune méthode systématique permettant de comptabiliser ces crimes au niveau international. Peu de pays les enregistrent de manière séparée dans leurs statistiques officielles. De plus, les données officielles ne couvrent que les crimes *découverts* qui, selon le pays, ne représentent que la partie émergée de l'iceberg et ne permettent donc qu'une estimation partielle de l'importance réelle de la criminalité économique. C'est pourquoi il est urgent d'élaborer une méthode fiable et uniforme de collecte des données. Certains groupements de pays, tels que l'Union européenne, ont considérablement progressé dans la collecte des données relatives à la criminalité organisée.

On s'accorde largement à reconnaître que la contrebande trouve sa source dans des créneaux ou des réseaux illicites d'un type nouveau.

La nature et les caractéristiques de ces réseaux méritent que l'on s'y attarde un peu.

Selon la distinction proposée par ALBANESE[3], certains de ces créneaux permettent aux délinquants de se procurer des gains illicites avec des risques relativement bas, d'autres sont créés par les délinquants. Dans certaines catégories, on trouve non seulement la fourniture de biens et services illicites pour lesquels il existe un marché, mais aussi des créneaux nés de l'évolution sociale et technologique.

Dans d'autres catégories par contre, on retrouve la corruption et l'extorsion, à savoir les rackets et les fraudes impliquant des entreprises commerciales légitimes.

Cependant, certaines formes de contrebande rendent cette distinction beaucoup moins nette, voire inutile.

En effet, les organisations criminelles exerçant dans les activités de commerce illicite de marchandises saisissent les occasions qui se présentent à eux, tout en créant des nouvelles.

Leur modus operandi[4] est tel que leurs agissements deviennent de plus en plus interdépendants et protéiformes[5]. Ainsi, le savoir-faire qu'elles acquièrent dans un domaine est utilisé dans de nouveaux marchés, tandis que les réseaux qu'elles instaurent comptent les partenaires les plus divers, légitimes ou non.

Elles passent constamment de domaines qui relèvent traditionnellement de la contrebande bien orchestrée et a des domaines qui relèvent de la contrebande des entreprises et des cols blancs.

La contrebande prend parfois l'apparence de la criminalité des entreprises ; c'est le cas, par exemple, des sociétés légitimes versant des pots-de-vin à des représentants officiels étrangers afin de faciliter la commercialisation de leurs marchandises dans des pays où elles sont bannies. Il faudrait insister davantage sur le fait que la

---

[3] J. ALBANESE, '' the causes of organized crime'' [communication présentée à la conférence internationale sur la criminalité organisée Université de LAUSANNE, 6-8 octobre 1999]

[4] Modus Operandi, ''transaction qui met les contrebandiers en accord sur le mode d'opération à utiliser ou d'activités illicites à utiliser dans le domaine de la contrebande.

[5] Protéiformes, ''qui change fréquemment de forme. Petit LARROUSSE, 1983

contrebande couvre un ensemble de conduites criminelles, ce qui la rend d'autant plus préoccupante.

On pense généralement que la contrebande des entreprises et des criminels à col blanc rencontre plus d'indulgence, sur le plan social comme sur le plan pénal, que la criminalité d'autres types.

Du fait que ces types de comportements criminels sont liés, la tolérance relative dont jouissent habituellement les criminels à col blanc risque de s'étendre aux membres de groupes criminels actifs de la contrebande.

Ainsi nous pensons que des recherches plus poussées sur les causes des divers types de criminalité contrebandière s'imposent.

Il faudrait aussi étudier davantage les effets des mesures dissuasives punitives et réparatrices ainsi que le rôle des services de répression.

Peu nombreux sont les travaux de recherche empirique disponibles, et les études existantes portent essentiellement sur les répercussions de la contrebande au niveau national et local.

Cependant, l'ONU entend combler cette lacune à travers ses études mondiales sur la contrebande. Cette criminalité ne doit pas être assimilée exclusivement aux activités illégales d'organisation comme les mafias et les groupes de cartels à travers le monde, ils ne sont pas les seuls. De même il ne faut pas se polariser uniquement sur des activités contrebandières classiques comme le trafic de drogue, la traite des êtres humains, le trafic de marchandises volées et le blanchiment de produits illégaux.

Il se peut fort bien que la contrebande aille au-delà de ces activités classiques et revête des caractéristiques plus complexes.

Elle peut par exemple recouper la déviance d'entreprise, et parfois des pouvoirs publics. Tel est le cas lorsque des biens produits légalement sont commercialisés illégalement. Exemple, la contrebande de matières nucléaires, d'armes, de produits pharmaceutiques, des tableaux, d'alcools, de vivres, etc. Tel est le cas également lorsque des biens produits dans un pays sont commercialisés illégalement dans un pays où ils sont officiellement interdits, avec la complicité de politiciens corrompus de ce dernier.

La contrebande englobe les fraudes fiscales, la contrefaçon, l'escroquerie vis-à-vis d'institutions financières, la concurrence déloyale sur les marchés, l'espionnage industriel, l'importation et exportation de plantes et d'animaux protégés, le trafic d'œuvre d'art et le rejet illégal de déchets industriels toxiques.

Elle recouvre aussi, outre les activités illégales de groupes ou d'organisation terroriste, la violation des sanctions et embargos imposés à des pays par la communauté internationale et l'agression perpétrée contre des pays sous forme de guerre et génocide.

Les activités contrebandières s'accompagnent pour la plupart des faits illégaux comme la corruption des fonctionnaires, qui facilite la perpétration d'une infraction et sa dissimulation, et le blanchiment de capitaux à travers des institutions bancaires ou des organismes extraterritoriaux.

Enfin, le fait que les membres d'un groupe criminel organisé transnational soient, au besoin, au nom de leurs intérêts, prêts à recourir à la violence et en mesure de le faire suscite fortes préoccupations d'ordre économique, juridique, policier, et surtout social.

Les études réalisées offrent des centaines de monographies à propos desquelles il faut cependant se montrer extrêmement prudent, pour au moins deux raisons. En premier lieu, le choix de la zone étudiée n'est pas neutre, car il dépend d'une connaissance a priori de l'observateur sur ce qu'il souhaite découvrir en s'immisçant dans un espace géographique donné. Par exemple, l'étude des ateliers clandestins de confection dans le quartier du Sentier à Paris ou dans la via TIBURTINA à Rome ne permet pas d'inférer une quantification de la filière textile souterraine en France ou en Italie.

Une simple extrapolation surestimerait manifestement les résultats. En second lieu, prendre des statistiques tirées des redressements fiscaux ou sociaux comme indicateurs de la fraude fiscale ou sociale conduits aussi à en surestimer l'ampleur.

En effet, les services compétents ne tirent pas au hasard une personne ou une entreprise à contrôler, ils procèdent selon des méthodes propres à leur profession qui leur permettent d'opérer des vérifications à partir d'échantillons plus biaisés que représentatifs.

L'économie souterraine étant tout sauf homogène, il convient également d'évoquer les méthodes retenues pour mesurer tel ou tel de ses aspects. Sans être exhaustives, les enquêtes sur les dépenses des ménages, sur la main-d'œuvre, sur les revenus, sur l'emploi du temps des ménages et même les sondages d'opinion peuvent contenir des questions destinées à déceler ou à quantifier les activités souterraines.

S'agissant de la production, de la distribution ou de la consommation de stupéfiants ou de marchandises de contrebande, il n'y a pas de données provenant d'observations directes. Les estimations se basent sur les données fournies par la police, la gendarmerie nationale ou la douane à partir des saisies effectuées et sur une estimation du nombre de personnes appréhendées, émanant des services de ces institutions. On parvient ainsi à estimer une consommation nationale de produits de contrebande en volume, qu'il faut ensuite transformer en valeur à partir d'une estimation du prix, lequel fluctue au rythme de l'offre, de la demande et surtout en fonction des taux de saisies. Le calcul du chiffre d'affaires de la drogue et des marchandises de contrebande doit ensuite être comparé avec le calcul du prix d'achat des matières premières pour en déduire une valeur ajoutée. Cette valeur ajoutée varie d'un pays à l'autre, avec une grande diversité de cas : il existe des pays producteurs qui exportent de la drogue ou les marchandises de contrebande ; des pays importateurs qui doivent puiser dans d'autres ressources pour se procurer des stupéfiants ou des marchandises illicites ; des pays à la fois exportateurs et importateurs du même produit et des articles qui pratiquent du négoce international ; et même des cas, dans un pays donné, de commerce intra branche de stupéfiants et de marchandises de contrebande (importations et exportations de produits de qualités différentes).

Les calculs sont compliqués par le fait que les revenus générés par les opérations illégales en général, et par le trafic de marchandises de contrebande en particulier, font souvent l'objet d'un blanchiment pour ensuite être réinjectés dans le circuit légal à des fins de consommation ou d'épargne. Notons en outre que la somme des parties n'est pas égale au tout. Si l'on additionne la fraude fiscale, le travail au noir, la corruption, les vols et le trafic de stupéfiants, on n'obtient pas l'économie souterraine, car en procédant à cette addition on comptabilise plusieurs fois la même grandeur.

Cette observation justifie, si besoin est, l'intérêt d'avoir désormais des définitions homogènes pour toutes les composantes de l'économie cachée.

En ce qui concerne les causes de l'économie souterraine, elles sont fonction des modes d'organisation des sociétés

CHAPITRE 2

Problème

I. DÉFINITIONS DES CONCEPTS EXPLICITES

I.1. La contrebande

La contrebande est l'introduction ou la vente clandestine de marchandises sur un territoire douanier donné elle est différente de la piraterie qui est la reproduction frauduleuse d'une œuvre littéraire ou artistique sans payer les droits de reproduction et de la contrefaçon qui est la violation des droits de propriétés intellectuelles appartenant à autrui.

La contrebande est le transport illégal de marchandises ou de personnes, en particulier au travers des frontières, ceci afin d'éviter de payer des taxes, ou de faire entrer des produits interdits dans un pays, ou inversement, d'en faire sortir des produits malgré l'interdit. (Source police économique Rapport de stage 2006).

Par extension, et comme il s'agit des mêmes réseaux, la contrebande peut concerner les personnes, soit pour leur permettre d'entrer dans un pays qui leur est fermé, soit pour leur permettre de sortir d'un pays qui leur est interdit. Le plus souvent, les biens alimenteront un marché noir, tandis que les individus seront contraints au travail clandestin. (Source ONU, Rapport 2000 sur la criminalité transfrontalière).

Historiquement : le phénomène de la contrebande est aussi long que controversé, elle est probablement apparue le jour même où la première taxe a été créée. Dans les régions frontalières ou sur les côtes. La contrebande est à certaines périodes de l'histoire un élément économiquement structurant, au point d'être un élément motivant des interventions étrangères, par des puissances visant à mieux contrôler les flux des marchandises et des taxes.

Selon la définition généralement admise par le Petit Larousse (1983) « » la contrebande est l'introduction ou la sortie et la vente clandestine de marchandises prohibées ou soumises à des droits dont on fraude les autorités locales » ».

En ce qui concerne la thèse présente : la contrebande est un phénomène à double sens, qui joue aussi bien à l'importation comme à l'exportation, la contrebande est le résultat de 2 grands types de contraintes auxquelles certaines personnes cherchent à échapper à des contraintes de rentabilité économique, et à des contraintes nées de l'existence de lois, des règlements et de quotas divers. Pour apprécier au mieux ce concept, on présente ce qui est la criminalité : elle peut se définir comme « *un ensemble d'actes criminels et délictueux commis dans un milieu donné par un groupe donné à un moment donné* » or, un acte criminel et délictueux est une infraction qui porte atteinte au bien-être d'autrui ou de la société et qui déroge significativement des normes socioculturelles qui dictent la conduite normale d'une personne. Ainsi, on distingue plusieurs types d'activités criminelles. On a, par exemple, la criminalité financière qui désigne les activités financières illégales, échappant aux lois des différents pays. On parle à ce propos de « *criminalité en cols blancs* ». On a aussi la « cybercriminalité » qui renvoie à tous types de délits perpétrés sur les systèmes et les réseaux informatiques. Ces différents crimes sont, le plus souvent, mis en œuvre par des groupes criminels et s'opèrent à différentes échelles spatiales. En effet, selon l'échelle, on peut par exemple parler de criminalité transnationale ou de criminalité transfrontalière. Ainsi, la criminalité transnationale concerne des bandes criminelles organisées assez stables et d'envergure internationale, dont les acteurs sont de diverses nationalités et les délits perpétrés dans un État donné ont des répercussions dans un ou des États contigus à l'État attaqué. La criminalité contrebandière est peut-être considérée comme un phénomène regroupant un ensemble d'actes délictueux dont les auteurs et les répercussions vont au-delà des frontières d'États contigus. Parmi les types d'activités contrebandières identifiées dans la sous-région d'Afrique occidentale, il y a la contrebande de marchandises. Cette forme de trafic est particulièrement marquée entre les différents pays de la sous-région ouest-africaine.

En somme : on entend par contrebande, « *le transport illégal de marchandises ou de personnes, en particulier au travers de frontières, ceci aux fins d'éviter de payer les taxes ou de faire entrer des produits interdits dans un pays ou, inversement, d'en faire sortir malgré l'interdit. La contrebande comporte plusieurs étapes : la fourniture, la vente, le conditionnement, le transport, l'achat et la distribution* ».

La fourniture consiste à pouvoir livrer une certaine quantité de marchandise spécifique à la demande. Par exemple en ce qui concerne : le vol de voiture à proprement dit. Il existe une parfaite division du travail dans ce système où il y a d'abord les voleurs et les mécaniciens, puis les faussaires et les passeurs. En effet, on observe qu'à la tête de ce système se trouve un groupe de trafiquants qui reçoit une commande de voitures. Pour honorer cette commande, les trafiquants engagent des voleurs qui assurent la fourniture des voitures, des mécaniciens travaillant dans des garages qui leur appartiennent, des faussaires pour l'obtention de faux documents pour les voitures (carte grise et permis de conduire) et des passeurs pour conduire les voitures vers le pays où résident les acheteurs. Ainsi, dans ce système, après la fourniture des voitures par les voleurs, intervient **la vente**.

Elle consiste à signer un contrat par lequel des marchandises s'échangent contre de l'argent. Elle se distingue de la fourniture du fait de l'intervention fréquente des intermédiaires servant d'écran entre les fournisseurs et les acheteurs.

Le conditionnement est une opération importante, car une même marchandise peut nécessiter un conditionnement différent selon qu'elle va suivre un parcours officiel ou clandestin. Dans le cas présent, le parcours est clandestin. C'est à ce moment que le maquillage et le clonage sont mis en œuvre par les mécaniciens. En effet, ceux-ci se procurent, d'une part, une voiture gravement accidentée (VGA) sur le marché légal et, avec l'aide des voleurs, volent, d'autre part, une voiture dont les caractéristiques sont similaires à celles de la VGA en question. Les mécaniciens transfèrent ensuite sur la voiture volée le numéro d'identification de la voiture (NIV) de la VGA, donnant ainsi à la voiture volée l'identité de la VGA. Cette opération est appelée « maquillage » d'une voiture volée. Le « clonage » ou « jumelage » diffère quelque peu du maquillage. Dans ce cas, un (NIV) est prélevé sur une voiture stationnée, « *puis les malfrats utilisent ces informations sur une voiture identique, mais volée et font immatriculer la voiture clonée dans une autre province du pays. Dans les deux cas, les voitures sont vendues à des acheteurs de bonne foi et comme l'exportation, le clonage et le maquillage sont une source de profits importants* ».

Par ailleurs, selon les besoins des trafiquants, une voiture pourra être découpée par les mécaniciens, dans le but d'approvisionner le marché illicite en pièces recyclées. En effet, la voiture volée est complètement ou partiellement démantelée et les pièces sont ensuite vendues sur le marché illicite. Généralement, les voitures les plus menacées d'être volées, afin d'être découpées, sont celles dont les modèles sont les plus vendus, car la demande en pièces recyclées est forte. Le transport est l'opération consistant à faire franchir physiquement une frontière aux marchandises de contrebande ; c'est l'œuvre des passeurs. À ce niveau, il est possible qu'intervienne la corruption des douaniers et gendarmes aux postes — frontières. C'est là que se fait l'exportation des voitures par un franchissement de manière illicite des frontières. L'achat des marchandises ou des véhicules se fait de manière illégale à l'abri des regards et l'acheteur est le plus souvent complice du trafic, voire en est parfois l'initiateur. La distribution constitue la fin de la chaîne ; elle consiste à vendre les voitures soit à des petits revendeurs, soit directement aux utilisateurs.

Le sujet est la confluence de plusieurs disciplines dont le droit, l'économie, la sociologie et la géographie, pour ne citer que celles-là. La contrebande, en tant qu'acte criminel, constitue une **infraction de droit** commun et à la loi pénale sanctionnée de la réclusion ou de la détention à perpétuité (prison à vie) ou à temps, voire d'une amende et de peines complémentaires, et de ce fait peut être étudiée en droit.

En outre, cette activité relève du crime organisé du fait de l'association de plusieurs acteurs pour la réaliser. En effet, le crime organisé est une structure assez stable de plusieurs personnes respectant les ordres d'un chef ou d'un comité de direction pour faire des profits illicites par des méthodes et des domaines prohibés. De ce fait, ils sont considérés comme étant des ennemis de l'État. Par ailleurs, cette activité porte atteinte à la propriété d'autrui et cause ainsi un préjudice financier et matériel aux victimes.

La contrebande des marchandises peut aussi être étudiée en **économie,** car elle est tout d'abord une activité économique qui implique la vente et l'achat de marchandises, ce qui génère d'énormes profits aux trafiquants. Des profits importants qui sont le plus souvent blanchis. Aussi, les victimes sont supposées être remboursées par leurs compagnies d'assurances ce qui coûte à ces dernières des milliards de dollars chaque année.

On peut également mener une étude sur la contrebande de marchandises en sociologie, car un crime, s'appréhendant comme une agression, est d'abord intentionnel et « *ne s'observe pas seulement dans la plupart des sociétés de telle ou telle espèce, mais dans toutes les sociétés de tous les types [...] et consiste dans un acte qui offense certains sentiments collectifs, doués d'énergie et d'une netteté particulière* ». Cela signifie que le crime est localisé dans toutes les sociétés du monde entier et répond le plus souvent à une volonté de mieux être pour des personnes voulant sortir de la pauvreté.

Cette thématique est explicite dans le cadre de **la géographie**, car la contrebande des marchandises met en relation des espaces géographiques distincts. Ainsi, cette thématique est abordée de manière plus précise dans le champ de la géographie politique, car l'espace qui sert d'étude du phénomène est un espace politique constitué de territoires étatiques délimités par des frontières. Compte tenu du caractère transfrontalier de ce trafic, de sa relation avec d'autres formes d'activités criminelles, nous pouvons aussi aborder ce travail à l'aide du raisonnement géopolitique qui « *implique une connaissance des acteurs, de leurs représentations territoriales, de leurs pratiques de l'espace et de leurs motivations* »

Pour des raisons pratiques, la contrebande concerne, généralement des produits de forte valeur pour unité de volume et de poids ; plus facile à dissimuler, nécessite d'impliquer moins de personnes, et rentabilisant mieux les frais de transport.

La contrebande a toujours été largement diversifiée, la seule condition pour qu'un produit en fasse l'objet est que le trafic en soit lucratif et illégal. De nos jours, elle concerne ; drogues, immigration clandestine, armement, alcool, tabac, contrefaçon… Les moyens de transport se sont également modernisés ; le navire le plus utilisé par les contrebandiers est le hors-bord, en particulier dans le golfe du Mexique. Mais surtout, les contrebandiers utilisent les avions, que ce soit les avions de ligne ou des avions privés ; chaque année des milliers de contrebandiers sont arrêtés dans les aéroports internationaux et les différentes frontières routières.

Enfin, face à la mise en place croissante des politiques de contrôle de l'immigration et des marchandises dans les différentes frontières, l'immigration clandestine est une activité extralégale en plein essor.

Essayons de chercher une définition spécifique de la contrebande, à partir du code des douanes ivoiriennes, ainsi que dans d'autres ouvrages.

Essayons également de mentionner la typologie de la contrebande en évoquant certaines définitions si besoin est.

Dans le souci d'éclaircir la notion de la contrebande, le législateur ivoirien a mentionné les faits de la contrebande dans l'article 31 alinéas 1 et 2 du présent code des douanes qui dispose que :

Pour l'application des dispositions répressives qui suivent, on entend par contrebande, « » les importations ou les exportations des marchandises en dehors des bureaux de douanes, le débarquement et les embarquements frauduleux des marchandises, les soustractions de marchandises placées sous le régime du transit « ».

Il existe également d'autres faits représentant une contrebande effective et qui sont :

La transgression des articles 35, 37 du code des douanes qui disposent que les marchandises importées par voie maritime ne peuvent être déchargées ou transbordées des bâtiments de mère que dans les enceintes portuaires où sont établis des bureaux de douanes, en vue de leur soumission au contrôle douanier.

Cela ne peut avoir lieu qu'avec l'autorisation écrite des agents des douanes et en leur présence pendant les heures et les conditions fixées par le directeur général des douanes.

Ainsi est le cas des marchandises importées par voie aérienne, la soustraction des marchandises placées sous le régime du transit douanier, ce dernier a été défini par l'article 36 alinéa 4 et 5 du code des douanes comme étant le régime sous lequel sont placées les marchandises transportées sous contrôle douanier, d'un bureau de douanes à un autre par voie terrestre ou aérienne en suspension des droits et taxes et des mesures de prohibition à caractère économique.

D'après la définition du Glossaire : La contrebande est une infraction douanière concernant le passage illégal des marchandises à travers les frontières en vue d'éluder l'intérêt du trésor public.

Toujours dans le même cadre, Claude Berr (2007) définit la contrebande des marchandises en dehors des bureaux des douanes, ainsi que la transgression des dispositions juridiques et réglementaires relatives à la détention ou le transport des marchandises sur le territoire douanier.

MADJDI MOOHIB HAFEDH (2004) à son tour préconise que : la contrebande soit tout acte qui s'oppose aux règles déterminées par le législateur, en ce qui concerne la réglementation des mouvements des marchandises à travers les frontières.

Ces règles sont relatives ou bien à la prohibition de l'importation ou l'exportation de certaines marchandises, ou bien à l'importation des droits et taxes douanières sur les marchandises en cas de leur entrée ou sortie du territoire de l'État, ainsi que de fuir au paiement des droits et taxes.

À partir des éléments précédemment évoqués, nous pouvons constater en ce qui concerne l'étude, que la définition de la contrebande tourne autour de trois points essentiels : ***la marchandise, et le territoire douanier*** et ***des droits et taxe*** (voir en annexe)

Les différents types de contrebande

En lisant la définition de l'article 20 du code des douanes ivoiriennes, il nous paraît évident que les faits de contrebande peuvent être constatés sous deux formes.

A) La contrebande effective

On peut également l'appeler la contrebande officielle. Ce type de contrebande consiste essentiellement en l'importation ou l'exportation de marchandises en dehors des bureaux de douanes, en d'autres termes la violation de l'article 51 du code de douanes qui dispose que toute marchandise importée ou réimportée ou destinée a être exportée ou réexportée doit être conduite auprès d'un bureau de douane compétent pour y être soumise au contrôle douanier.

En ce qui concerne le transport terrestre, la contrebande effective peut être faite par la transgression de l'article 60 du code des douanes qui oblige que toutes les marchandises importées par les frontières terrestres doivent être conduites aussitôt au bureau des douanes le plus proche du lieu d'introduction, en suivant la route la plus directe désignée par arrêté. Elles ne peuvent dépasser celui-ci sans autorisation. Toute fois lorsqu'un poste de douanes existe au niveau du lieu d'introduction, le conducteur est tenu de soumettre la déclaration au visa des agents des douanes.

Dans ce cadre, nous pouvons constater que l'élément caractéristique de ce fait de contrebande consiste en la fuite du contrôle douanier. Ainsi, le passage des marchandises non masquées dans les lieux spécialement aménagés n'est pas considéré comme un fait de contrebande.

Contrebande liée à la recherche d'une meilleure rentabilité économique

Tous les commerçants du monde recherchent les meilleures conditions de prix possibles, tant à l'achat qu'à la vente. Peut-être même pourrait-on dire que tout le monde est dans le cas. Toute personne qui, dans la vie de tous les jours, accepte une fourniture quelconque sans facture, payée en liquide un peu moins cher que le prix indiqué, vient de se faire le complice actif d'une opération de contrebande intérieure. Il est d'ailleurs intéressant de noter que les Anglo-saxons, avec le pragmatisme qui les caractérise, ont une compréhension beaucoup plus large que les francophones du terme « » contrebande » » qui recouvre toutes les opérations de transport ou d'échange qui ne respectent pas scrupuleusement la loi ou les règlements.

Pour eux, il n'est nul besoin de passer une frontière, sinon celle de la loi, pour devenir contrebandier. Dans l'acceptation française du terme, la contrebande suppose une opération internationale. La recherche de la meilleure rentabilité économique consistera à tenter d'importer au coût le plus faible et d'exporter au prix le plus fort, en échappant totalement ou partiellement aux droits et taxes nationaux.

Contrebande liée aux importations très illégales

Pour échapper totalement ou presque aux droits douaniers, les importateurs frauduleux disposent de deux méthodes principales la contrebande au sens traditionnel du terme et la modification d'appellation.

La contrebande traditionnelle

Elle est celle qui voit des marchandises franchir clandestinement une frontière pour être ensuite vendues sous le manteau. La première marchandise de contrebande dont on a beaucoup parlé dans les temps modernes est sans doute le thé. Par contre la marchandise qui, depuis la dernière guerre, a été le plus souvent l'objet de contrebande est la cigarette. Le phénomène de la contrebande est général et peut concerner n'importe quelle sorte de marchandises. En COLOMBIE, par exemple, l'industrie du tabac, la confection, les fabriques de chaussures et les maroquineries sont des industries pratiquement ruinées par l'afflux de marchandises de contrebande. Celles-ci ont représenté 84 pour cent des achats de vêtements, et plus de 50 pour cent des achats de sacs ou de chaussures des Colombiens durant les trois premiers mois de 1996.

Modifications d'appellation

Elles consistent à transformer une marchandise qui ne l'est pas ou qui l'est moins et de la faire ensuite entrer officiellement dans le pays. Exemple, un trafic de ce type, fort bien connu en Afrique de l'Ouest était celui des voitures Peugeot assemblées dans l'usine de KANO, dans le nord du Nigeria. Considérées comme des produits locaux, ces voitures étaient soumises au Nigeria à des droits de beaucoup plus faibles taxes que dans les pays voisins qui eux, appliquaient parfois jusqu'à 200 pour cent de droits de douane. D'autres cas fréquents où ces modifications interviennent concernent les zones économiques pratiquants des méthodes protectionnistes.

Ainsi, l'accès des produits turcs dans les pays de l'Union européenne est si réglementé qu'il est fréquent que ceux-ci deviennent mystérieusement des produits grecs qui souvent transiteront par la SUISSE pour brouiller davantage les pistes.

On peut également considérer comme de la contrebande intérieure tout ce qui relève de la reproduction illégale d'œuvres artistiques ou intellectuelles. Le cas le plus flagrant est celui des logiciels informatiques. En France par exemple une recherche estimait déjà à 6 milliards de francs français la valeur des logiciels piratés en 1998.

On imagine les montants atteints 10 ans plus tard avec l'extraordinaire développement qu'a connu la micro-informatique pendant ce temps.

Les fausses déclarations ; petits mensonges et gros bénéfices

Afin de conserver des prix de revient acceptable, mais en courant des risques moins importants, les importateurs vont faire de fausse déclaration modification d'appellation, modification de qualité, modification de prix et déclaration de camouflage.

Les exportations clandestines

C'est essentiellement dans les pays dont la monnaie n'est pas totalement convertible que se produisent les opérations d'exportation par contrebande pour des raisons économiques.

La notion de convertibilité d'une monnaie n'est pas évidente pour la majorité d'entre nous, habituée a ce que son argent ait partout la même valeur ou presque. Certes, de nombreuses personnes ont pu faire l'expérience, souvent au cours de vacances dans des pays étrangers, de certaines opérations clandestines de change dans la rue, qui, bien souvent d'ailleurs, ont largement tourné à leur désavantage.

Il faut cependant savoir que vivre avec une monnaie non convertible, dont la valeur officielle est parfois très éloignée de sa valeur réelle, a longtemps été le lot quotidien de plusieurs milliards de personnes.

Le détournement de la loi

À l'importation, la contrebande vise, dans ce cas, à éviter tout contrôle aux marchandises faisant l'objet d'une interdiction pure et simple d'importation, ou étant soit d'origine interdite, soit d'une authenticité discutable. Les principaux contrôles que suscite la contrebande à l'exportation sont relatifs à des restrictions d'exportations où a des vérifications de destinations. Il y a également quelques restrictions quantitatives ou qualitatives, selon les cas. Les entrées frauduleuses bravant des interdits sont de deux types ou de deux niveaux ; légaux ou réglementaires.

Le détournement des prohibitions légales

C'est la contrebande visant à introduire des marchandises prohibées de nature selon le type de prohibition qu'elle enfreint. Elle est nettement criminelle lorsqu'elle enfreint des lois nationales visant à la protection de la santé publique ou de l'environnement.

Ceci concerne principalement les divers stupéfiants, les armes, et les munitions dont nous ne parlerons pas ici, mais aussi les médicaments et certains produits alimentaires.

Le détournement des prohibitions réglementaires

« Pourquoi risquer gros sur le trafic de drogue, alors qu'on peut, cette fois sans risque, gagner des millions de dollars dans le trafic des déchets ? ». Cette déclaration provocante est signée de RICHARD BENDA, auteur d'une étude publiée fin 1993 dans la revue de la police autrichienne *die exécutive*. Les aides publiques peuvent — être créatrices de contrebandes. Un bon exemple est celui de la politique agricole commune européenne. Il y a contrebande en infraction [ou pour profiter] des règlements que certains États mettent en place à un problème conjoncturel.

Les réseaux d'introduction d'immigrés clandestins

C'est la forme de contrebande de personnes destinée à approvisionner en une main d'œuvre à bas prix certaines entreprises des pays développés qui ont des législations très strictes sur l'immigration.

Les entrées de biens d'origine interdite

C'est la violation très souvent volontaire de détourner un boycott ou un embargo sur des produits. Exemple l'orange Israélienne boycottée en SYRIE se retrouve partout sur les marchés Syriens.

Les entrées de biens d'une authenticité douteuse

Ce sont les produits contrefaits. La contrefaçon est la fabrication, la vente, etc. de produits en violation des droits de propriété industrielle ou intellectuelle.

Elle se caractérise essentiellement par des actes de nature à créer une confusion avec l'établissement, les produits ou les activités industrielles ou commerciales d'un concurrent ou des indications ou allégations qui pourraient induire le public en erreur. Quant à la nature, au mode de fabrication, aux caractéristiques, à l'aptitude à l'emploi ou à la quantité des marchandises. Elle a pris une importance considérable dans les affaires internationales et semble malheureusement bien être l'une des conséquences négatives de nombreux transferts de technologie imprudents.

Depuis de nombreux cas de contrebande de produits contrefaits ont été révélés tels que les problèmes de Cartier international INC. et de GUCCI GUCCIO Spa. Cette seule facette de la contrebande pourrait représenter 5 pour cent du commerce mondial soit une centaine de milliards de dollars chaque année.

Les exportations illégales

Elles consistent à échapper à des restrictions quantitatives.

Les raisons peuvent être l'application de quota, la protection du patrimoine national ou le respect de traite ou accords internationaux, on peut inclure dans la catégorie des exportations illégales, l'exportation d'animaux, de plantes protégées et d'œuvres d'art constitutives du patrimoine national et pour lesquelles la demande étrangère est parfois extrêmement forte.

La contrebande de billets ; blanchir l'argent sale

On blanchit de l'argent sale pour pouvoir le réintroduire dans les circuits officiels pour l'utiliser librement. La contrebande de billets n'est qu'un des moyens du blanchiment de l'argent sale, relativement un des plus simples. Il existe différentes techniques pour redonner à des billets, de provenance inconnue, une origine comptable et fiscale officielle.

Un des moyens est l'achat de billet de loterie gagnant ou de passer par des casinos, l'argent devient ainsi un gain au jeu. Un autre est de monter des restaurants ou plus généralement des services, qui enregistrent des repas fictifs, ou plus généralement des achats en très grand nombre. Le restaurant a une activité officielle minimale, pour être une devanture crédible. L'argent sale réapparaît sous la forme d'un chiffre d'affaires fictives que justifie l'acquisition d'actifs (les locaux et le fond du restaurant), permet de rémunérer des hommes de main (serveurs fictifs). S'il subsiste des bénéfices, ceux-ci seront assujettis à l'impôt et aussi définitivement et totalement blanchi. Mais dans biens de cas l'argent se situe en liquide à l'étranger et il faut trouver un moyen discret de le rapatrier. Le blanchiment d'argent peut entrer dans la catégorie de la contrebande traditionnelle pour les nombreux cas où il s'est précédé d'un transfert physique à travers une frontière.

B) La contrebande documentaire

Vu le développement et la diversité des techniques et méthodes utilisées dans les opérations de contrebande, ces infractions sont devenues de plus en plus difficiles à prouver.

De ce fait le législateur a eu recours à l'établissement des présomptions de preuves par disposition des lois. En lisant les textes du code des douanes ivoiriennes nous pourrons distinguer entre deux types de faits de contrebande :

1. *Les faits de contrebande ayant trait avec le rayon des douanes.* La transgression des articles 1, 4 du code dispose que **:** sont interdites dans le rayon des douanes :

La détention à des fins commerciales ou la circulation des marchandises prohibées à l'importation pour lesquelles en ne produire à première réquisition des agents des douanes, un document probant établissant la situation régulière de ces marchandises vis-à-vis de la législation douanière.

La détention de marchandises prohibées à l'exportation non justifiée par les besoins normaux du détenteur destinés approvisionnement familial ou professionnel, le cas échéant apprécié selon les usages locaux.

Les mêmes articles dans leur transgression disposent que : les marchandises prohibées ou fortement taxées même régulièrement manifestées découvertes à bord des navires de moins de cent (100) tonneaux de jauge nette ou de moins de cinq cents (500) rayons des douanes sont réputées faire l'objet d'une importation à la contrebande. Tonneaux de jauge brute, navigants ou se trouvant à l'ancre dans la zone maritime du territoire douanier.

2. Le transport ou la détention des marchandises soumises à une autorisation de circuler, en transgression des articles 1, 5 des codes des douanes.

Les faits de contrebande ayant trait avec le territoire douanier

Cette catégorie de faits est liée à la marchandise sensible à la fraude visée par l'article 3 du code des douanes. La liste de ces marchandises a été déterminée par l'arrêté du ministre chargé des finances. Ainsi, leur détention et leur transport à des fins commerciales sont considérés comme des faits de contrebande sauf en cas de présentation d'un document probant établissant la situation régulière de ces marchandises vis-à-vis des lois et règlements que l'administration des douanes est chargée d'appliquer.

I.2. La marchandise

Une marchandise est un produit de l'activité humaine, direct ou indirect essentiellement déterminé à être un support à la forme d'échange qu'on nomme *achat* (ou corrélativement, *vente*). Cet échange s'opère au moyen de *la marchandise Exemple de marchandises* : l'argent sur la base d'un prix, parfois aussi appelé « valeur d'échange » ou « valeur marchande ». On note à ce sujet qu'il existe diverses théories économiques définissant une valeur des biens, considérée parfois différente du prix. Les marchandises sont des biens matériels, des services ou des vertus ; en bref : tout ce qui s'échange contre de l'argent.

Un sens plus restreint se réfère à des matières et produits de base banalisés et standardisés, échangés et utilisés couramment en grandes quantités (le terme anglo-saxon de « commodities ou produits de base » est parfois alors utilisé).

Exemple : Bourse des marchandises. Les deux facteurs de la marchandise : valeur d'usage et valeur d'échange ou valeur proprement dite. (Substance de la valeur, Grandeur de la valeur.)

La richesse des sociétés dans lesquelles règne le mode de production capitaliste s'annonce comme une « immense accumulation de marchandises ». L'analyse de la marchandise, forme élémentaire de cette richesse, sera par conséquent le point de départ de nos recherches.

En ce qui nous concerne, la marchandise est d'abord un objet extérieur, une chose qui par ses propriétés satisfait des besoins humains de n'importe quelle espèce. Que ces besoins aient pour origine l'estomac ou la fantaisie, leur nature ne change rien à l'affaire. Il ne s'agit pas non plus ici de savoir comment ces besoins sont satisfaits, soit immédiatement, si l'objet est un moyen de subsistance, soit par une voie détournée, si c'est un moyen de production.

Les articles 20 et 21 du présent code des douanes ivoiriennes définissent les marchandises comme étant tous les produits et objets de nature commerciale ou non et d'une manière générale toutes les choses susceptibles de transmission et d'appropriation.

D'après cette définition nous pouvons déduire qu'on ne peut appeler marchandise que les produits et les objets qui peuvent être détenus d'une façon légale, ce qui implique l'exclusion implicite des produits et objets qui ne répondent pas à cette condition telle que la drogue.

Pour répondre à cette problématique, la jurisprudence a considéré cette catégorie de produits comme étant des marchandises en vue de résoudre les problèmes contentieux relatifs à ce type de produits.

Chaque chose utile, comme le fer, le papier, etc., peut être considérée sous un double point de vue, celui de la qualité et celui de la quantité. Chacune est un ensemble de propriétés diverses et peut, par conséquent, être utile par différents côtés. Découvrir ces côtés divers et, en même temps, les divers usages des choses qui sont des œuvres de l'histoire. Telle est la découverte de mesures sociales pour la quantité des choses utiles. La diversité de ces mesures des marchandises a pour origine en partie la nature variée des objets à mesurer, en partie la convention.

L'utilité d'une chose fait de cette chose une valeur d'usage. Mais cette utilité n'a rien de vague et d'indécis. Déterminée par les propriétés du corps de la marchandise, elle n'existe point sans lui. Ce corps lui-même, tel que fer, froment, diamant, etc., est conséquemment une valeur d'usage, et ce n'est pas le plus ou moins de travail qu'il faut à l'homme pour s'approprier les qualités utiles qui lui donnent ce caractère. Quand il est question de valeurs d'usage, on sous-entend toujours une quantité déterminée, comme une douzaine de montres, un mètre de toile, une tonne de fer, etc. Les valeurs d'usage des marchandises fournissent le fonds d'un savoir particulier, de la science et de la routine commerciale.

Les valeurs d'usage ne se réalisent que dans l'usage ou la consommation. Elles forment *la matière de la richesse*, quelle que soit la forme sociale de cette richesse. Dans la société que nous avons à examiner, elles sont en même temps les soutiens matériels de la valeur d'échange.

La valeur d'échange apparaît d'abord comme le rapport *quantitatif*, comme la proportion dans laquelle des valeurs d'usage d'espèce différente s'échangent l'une contre l'autre, rapport qui change constamment avec le temps et le lieu. La valeur d'échange semble donc quelque chose d'arbitraire et de purement relatif ; une valeur d'échange intrinsèque, immanente à la marchandise, paraît être, comme dit l'école, une *contradiction.* Considérons la chose de plus près.

Une marchandise particulière, un quarteron de froment, par exemple s'échange dans les proportions les plus diverses avec d'autres articles. Cependant, sa valeur d'échange reste immuable, de quelque manière qu'on l'exprime, en x cirage, y soie, et z or, et ainsi de suite. Elle doit donc avoir un contenu distinct de ces expressions diverses.

Marx distingue dans la marchandise une valeur d'usage et une valeur d'échange.

La valeur d'usage d'un objet répond à un besoin, comme celui de l'estomac ou de la fantaisie. Elle satisfait un besoin humain particulier. Sa nature, qu'il s'agisse d'un objet matériel ou d'un service, ne change rien à l'affaire : du pain, une voiture, les soins d'une manucure, un polar, les transports publics.

Cette valeur d'usage est le résultat d'un travail particulier, concret. Le travail d'un boucher qui coupe une entrecôte et celui d'un chirurgien qui opère une appendicite produisent des valeurs d'usage, mais ils ne peuvent être comparés et ne peuvent donc pas être échangés. Les valeurs d'usage n'ont, a priori, aucune commune mesure. Mais puisque les marchandises sont vendues et achetées, elles doivent posséder quelque chose en commun, faute de quoi il serait impossible de les comparer pour les échanger.

D'où vient donc cette substance commune ? Quelles sont les conditions qui rendent possibles la comparaison et donc l'échange des marchandises ? C'est qu'elles sont le produit d'un travail non pas concret, particulier, mais au contraire d'un travail abstrait. Ce que les marchandises ont en commun, c'est la valeur d'échange et cette valeur est le résultat d'un travail abstrait.

Si deux marchandises distinctes s'échangent sur le marché, c'est qu'il doit y avoir dans ces deux objets un élément commun quantifiable, pertinent pour le marché, un commun dénominateur. Comment cela se passe-t-il ? La société égalise à travers le marché deux dépenses particulières de travail, donc met en rapport deux travaux concrets. Le marché établit dans quelle proportion des marchandises ayant la même valeur abstraite, doivent s'échanger.

Supposons que 3 h de travail représentent la moyenne nécessaire pour produire un pantalon et qu'il faut 9 h pour produire une paire de basket (à qualification et données techniques égales). L'égalisation par le marché consiste à établir une équivalence entre 3 pantalons pour 1 paire de baskets, de sorte que, indirectement, 1 h de travail dans la production de pantalons s'échangera bien contre 1 h de travail pour les baskets.

Il faut introduire ici le concept du temps de travail socialement nécessaire. Si l'on calcule le travail en heures, il ne s'agit pas simplement d'un temps naturel, mais d'un temps social. Le temps doit être socialement « nécessaire ». C'est-à-dire que l'on néglige le temps individuel, concret, pour s'intéresser au temps dépensé en moyenne par les travailleurs. Celui qui produit 5 paires de chaussures par jour peut les vendre à un prix moindre que celui qui en produit une, sans diminution de son revenu. La concurrence oblige le moins productif à suivre le plus productif. Le marché établit une moyenne. Le travail n'est donc pas une catégorie purement physique, une dépense concrète d'énergie par unité de temps – non, c'est une catégorie sociale.

Nous devons également constater que le commun dénominateur des marchandises est en réalité le travail indirectement social. Que se passe-t-il ? Les capitalistes ne décident pas consciemment et a priori les produits dont la société a besoin. Il n'y a pas de plan économique. Dans la société marchande, chaque entrepreneur produit pour le marché et c'est le marché qui décide si le produit est utile, donc social, c'est-à-dire s'il est vendu. Dans le capitalisme c'est le marché qui décide après-coup, indépendamment de la volonté humaine, si le travail dépensé à la production d'une marchandise a été utile, donc social ! Si les produits ne sont pas vendus, ce travail a été du gaspillage, sans utilité sociale. Si les canons se vendent bien c'est qu'ils représentent un travail social, tandis qu'un médicament préventif qui ne trouve pas d'acheteur parce que l'État a dépensé son budget à l'achat de canons représente un travail non social. Le marché sanctionne ! Une crise de surproduction est l'expression de cette sanction sociale par la « main invisible » du marché.

L'échange a donc une fonction sociale : égaliser les travaux concrets pour qu'on les puisse échanger. C'est donc par le marché, après coup, que se réalise l'allocation du travail social dans une société fondée sur la propriété privée des moyens de production. De là les crises de surproduction, donc de gaspillage social.

Conclusion. Dans le capitalisme la « socialisation » du travail se fait à travers le marché. Le marché ne reconnaît pas le travail concret, particulier, mais seulement le travail abstrait, commun dénominateur permettant l'échange des Marchandises. C'est à travers le travail abstrait que le travail concret du travailleur est relié au travail en général de la société.

I.3. Le territoire

Le territoire, est défini selon les articles 1, 4 du code des douanes comme étant le lieu d'application du code des douanes, il comprend le territoire national, les eaux intérieures, les eaux territoriales la zone contiguë et l'espace aérien qui les surplombe.

Selon le dictionnaire le Petit Larousse illustré en 1983, un territoire est une frontière, une limite qui borne l'espace vital d'un État.

Un territoire est une étendue de terre qu'offre un Etat, une province, une ville, une juridiction, etc. exemple : « Territoires palestiniens » est l'une des dénominations utilisées pour désigner l'ensemble des territoires de l'ancienne Palestine.

Cette notion englobe simultanément : l'espace géographique, les réalités économiques et sociales, les représentations culturelles, les positionnements des acteurs sociaux. Chaque territoire recèle par principe un ou plusieurs potentiels qui ont vocation à être mis en valeur. Exemple : Région au Canada qui n'est pas une province. Dans le passé, un territoire était gouverné par une personne nommée par le gouvernement fédéral. Région où vit un groupe de gens. Exemple :

Les peuples indigènes veulent avant tout qu'on les laisse vivre sur leur territoire, celui où ils ont toujours vécu et où leurs ancêtres sont enterrés. Le territoire est un espace contrôlé par une société, c'est le lieu de naissance dans un sens administratif.

Dans l'industrie musicale, le mot « territoire » signifie parfois un ensemble de pays. Voir par exemple GAS. Le territoire est un espace de dimension variable que l'animal n'aime pas partager avec ceux de son espèce par crainte de concurrence pour sa nourriture ou dans la possession des femelles. Le territoire est le secteur défendu par un animal contre les intrus, surtout les animaux de la même espèce. Le territoire est l'espace vital nécessaire à une espèce animale pour se nourrir et se reproduire. Cette zone, généralement bien délimitée, est défendue contre d'éventuels concurrents. Les territoires, selon l'Échelle d'analyse est égale à l'échelle locale agglomération, « pays » communauté de communes), échelle régionale (région) échelle nationale (État), continentale ex : (U.E). Le territoire est une construction sociale, un espace approprié pour et par les sociétés. Le territoire est une approche culturelle et idéologique. C'est le lieu de l'affirmation de l'identité et de l'affect. Ainsi, les hommes se donnent une représentation de leur territoire et de sa singularité.

Le territoire comme approche sociale et environnementale correspond à l'occupation et à l'exploitation d'un milieu de vie, avec la satisfaction des besoins et reproductions des sociétés. Le territoire est une identité, un espace vécu, une perception spatiale (les représentations spatiales, mentalités, cultures) et une civilisation. C'est aussi un environnement, un aménagement, un développement durable, des ressources, des paysages, un milieu. Un Héritage historique, des ensembles géopolitiques (région, collectivité territoriale, frontières, acteurs, enjeux, conflits). C'est un ensemble d'acteurs spatiaux, c'est une métropolisation de réseaux, de nœuds, de flux, de pôles, et de structures. Comme approche politique, historique et géopolitique, le territoire est : une portion d'espace, délimité, nommé par une société ou un groupe. Il est le produit d'un pouvoir. Il s'apparente au cadre du fonctionnement du politique. Étymologie du mot territoire : du latin *terra*, terre, sol.

Un territoire est une étendue de terre occupée par un groupe humain ou qui dépend d'une autorité (Etat province, ville, juridiction, territoriale, etc.).

Exemple : le territoire national

La notion de territoire prend en compte l'espace géographique ainsi que les réalités politiques, économiques, sociales et culturelles. Elle inclut l'existence de frontières, pour un territoire politique ou administratif, ou de limites pour un territoire naturel. La notion de territoire est utilisée en géographie humaine et politique, mais aussi dans d'autres sciences humaines comme la sociologie. »Le territoire est une appropriation à la fois économique, idéologique et politique (sociale, donc) de l'espace par des groupes qui se donnent une représentation particulière d'eux-mêmes, de leur histoire. » Guy Di Méo, 1996, les territoires du quotidien, p.40.

En zoologie, le territoire d'un animal est la zone qu'il occupe et qu'il n'aime pas partager avec ses congénères afin d'éviter la concurrence pour la nourriture ou la possession des femelles. Il en interdit l'accès à ses rivaux potentiels. C'est aussi l'espace nécessaire à une espèce animale pour se nourrir et se reproduire.

LES TERMES CONNEXES AU MOT TERRITOIRE

Définition de Collectivité territoriale

Une collectivité territoriale (ou collectivité locale) est une circonscription administrative, dotée d'une personnalité morale. C'est une partie du territoire d'un Etat qui dispose d'une certaine autonomie de gestion, même partielle.

En Côte d'Ivoire, les différentes formes de collectivités territoriales sont :

- les communes,
- les départements,
- les régions,

Dans la Constitution ivoirienne, une collectivité territoriale est une structure administrative, distincte de l'administration de l'État, qui a en charge les intérêts des habitants d'un territoire donné. Ce sont les lois et décrets qui fixent leur organisation et sont regroupés dans le Code général des collectivités territoriales.

Une collectivité territoriale est définie par trois critères :

- elle est dotée de la personnalité morale, ce qui lui permet d'agir en justice.
- elle bénéficie d'une autonomie administrative et de compétences propres fixées par le législateur. Elle dispose d'un budget et de son propre personnel. Contrairement à un Etat, elle ne détient

pas de souveraineté et ne peut, de sa propre initiative, se doter de nouvelles compétences.
- elle dispose d'une assemblée délibérante élue au suffrage universel direct (Conseil municipal, Conseil général, Conseil régional).

Définition de circonscription

Étymologie : du latin *circumscribere* entourer, délimiter, circonscrire.

Une circonscription est une zone géographique résultant d'une division d'un territoire à des fins de gestion administrative (région, département, arrondissement, canton, commune), militaire, judiciaire, de l'éducation nationale (académie), religieuse (diocèse…)… Elle est le cadre géographique au sein duquel les individus relèvent d'une administration ou d'une autorité donnée.

Une circonscription électorale est une fraction du territoire national qui sert de cadre à l'élection d'un représentant (scrutin uninominal) ou de plusieurs représentants (scrutin de liste).

En Côte d'Ivoire, les circonscriptions électorales sont différentes selon le type d'élection :

- Assemblée nationale : scrutin uninominal
- Conseil régional : scrutin de liste sur le territoire de la région,
- Conseil général : scrutin uninominal sur un canton (élections cantonales),
- Conseil municipal : scrutin de liste au niveau de la commune.

Définition de collectivité

Étymologie : du latin *collectus*, réuni, rassemblé. Une collectivité est un ensemble d'individus qui forment un groupe, qui habitent dans un même pays, une même région, une même agglomération ou qui ont des intérêts communs. Une collectivité territoriale (ou collectivité locale) est une circonscription administrative dotée d'une personnalité morale.

C'est une partie du territoire d'un Etat qui dispose d'une certaine autonomie de gestion, même partielle. (Exemples : Etat dans un Etat fédéral, région, département, commune). Dans le langage socialiste, le terme collectivité désigne la possession en commun.

En ce concerne qui cette thèse, on définit un territoire en se référant à *l'approche socio-économique.* Le territoire est dès lors un espace, support d'une identité collective. Un espace institutionnel dominé par un pouvoir et borné par des frontières, des limites matérialisées. Le concept de territoire ne se limite pas seulement aux tracés territoriaux ou espace entre différents États ou différents territoires douaniers. Le territoire douanier ici concerne l'espace, toute l'étendue juridique et administrative du district d'Abidjan et plus précisément les différents endroits suivants : entrées routières, ou corridors routiers qui permettent d'avoir accès au district, en l'occurrence :

La route internationale de DABOU ou le corridor d'entrée routière PK17. L'autoroute du nord ou corridor d'entée routière de GESCO. Le corridor du PK18 sur la route d'ABOBO-ANYAMA. Les barrages de sécurité routière de la Rivera, sur La route de Bingerville et enfin celui de PORT BOUET, sur la route de BASSAM.

Ces différents axes routiers ci-dessus cités permettent d'accéder au district d'Abidjan à partir des quatre points cardinaux (voir annexes 3).

II. Concepts implicites

II.1. Crime organisé

Le crime organisé est une structure assez stable (donc se distinguant d'une bande) de plusieurs personnes respectant les ordres d'un chef ou d'un comité de direction pour faire des profits illicites par des méthodes et des domaines prohibés.

Ils sont des ennemis de l'État qui le plus souvent dispose d'une législation inversant le fardeau de la preuve. Interpol coordonne cette répression au niveau international.

À l'échelle mondiale, on s'est entendu sur une définition du crime organisé en 2002. L'article 2 de la *Convention des Nations Unies contre la criminalité transnationale organisée* stipule que l'expression « groupe criminel organisé » désigne un groupe structuré de trois personnes ou plus existant depuis un certain temps et agissant de concert dans le but de commettre une ou plusieurs infractions graves pour en tirer, directement ou indirectement, un avantage financier ou un autre avantage matériel. Nb : La loi ivoirienne s'accorde avec cette définition ci-dessus citée.

La plupart des principaux groupes criminalisés internationaux sont actifs partout même en Côte d'Ivoire. Ces groupes sont notamment de souche étrangère, comme de souche autochtone et englobent aussi les bandes de contrebandiers cachés sur tout le territoire douanier de la

Côte d'Ivoire en général et plus précisément sur celui d'Abidjan. Exemple : le *Code criminel ivoirien* stipule qu'une « organisation criminelle » est un groupe, quel qu'en soit le mode d'organisation :

- a) composé d'au moins trois personnes se trouvant en Côte d'Ivoire ou à l'étranger ;
- b) dont un des objets principaux ou une des activités principales est de commettre ou de faciliter une ou plusieurs infractions graves qui, si elles étaient commises, pourraient lui procurer, ou procurer à une personne qui en fait partie, directement ou indirectement, un avantage matériel, notamment financier.

Cette définition ne vise pas les groupes d'individus formés au hasard pour la perpétration immédiate d'une seule infraction.

La contrebande n'est pas qu'un pivot du crime organisé, mais aussi un lien qui facilite la connexion des composantes de celui-ci. Ses rapports avec les autres formes de la criminalité sont tellement visibles, qu'il ne faut plus les démontrer. Le tout est de les observer, examiner et étudier afin de pouvoir déchiffrer les raisons qui les gouvernent et en déterminent l'inter conditionnement.

La contingence de la contrebande avec certaines infractions est telle, que des zones de confusion peuvent apparaître, comme c'est le cas de l'évasion fiscale.

La pratique judiciaire a relevé des rapports de la contrebande avec les actes de corruption, le blanchiment de l'argent, le terrorisme, la migration clandestine, etc.

La contrebande et la corruption

Tout comme la contrebande, la corruption est une vieille histoire, tout aussi vieille – plus ou moins – que la société. Mais son ancienneté n'affecte en rien son actualité, au contraire. Les spécialistes considèrent qu'elle est devenue une composante classique non seulement du crime organisé, mais aussi des milieux d'affaires.

Ces derniers temps, avec le déclenchement du processus de globalisation économique, les occasions favorisant la corruption se sont multipliées. L'immense volume financier qu'impliquent les opérations commerciales modernes est, peut-être, la plus importante d'entre elles.

Cependant, cette grande tentation ne serait rien si a portée des corrupteurs et des corrompus il n'y avait les règles de la démocratie, que les intéressés mettent entièrement à profit. Puis, les manques matériels affectant une grande partie de la population et qui entretiennent et développent le marché noir un peu partout, font de la corruption une entreprise privée au sein même des structures gouvernementales.

Dans l'opinion de la plupart des spécialistes, le phénomène de la corruption est difficile à définir.

Quiconque peut l'observer et l'identifier, mais il est difficilement exprimable. Pour d'aucuns, la corruption est enveloppée de confusions conceptuelles. Le terme souvent employé pour couvrir une palette très large de la délinquance.

Dans le langage courant, le mot a le sens de déviation de la moralité, de l'honnêteté, du devoir.

Au plan juridique et criminologique, l'on a admis l'opinion selon laquelle la corruption consiste, pour les employés publics a agréé de l'argent ou d'autres profits, après l'accomplissement de leurs attributions, ou solliciter ou recevoir de l'argent ou d'autres faveurs ou avantages particuliers immérités, a des fins d'accomplissement ou d'abstention ou de retard d'un acte concernant ses devoirs de service ou l'accomplissement d'un acte contraire a ces devoirs.

La Convention européenne pour la législation pénale concernant la corruption ne définit pas *expresis verbis* la notion juridique de corruption, mais se réfère a des infractions individuelles, comme : faits incriminés par le Code pénal.

Sur les mêmes coordonnées sont inscrites les stipulations de la Loi no 78 du 8 mai 2000 concernant la prévention, la découverte et la sanction des faits de corruption), qui établit trois catégories d'infractions similaires : celles de corruptions (art. 254, 257 du Code pénal), infractions assimilées aux infractions de corruption (art. 10 – 13 de la Loi) et les infractions concernant directement les infractions de corruption ou celles à elles assimilées (art. 17 de la Loi).

Comme quoi, dans la notion de corruption sont englobées les infractions consistant à accepter et à verser des pots-de-vin, acceptation/réception de faveurs/avantages particuliers illégaux, le trafic d'influence, ainsi que celles assimilées à celles-ci ou en rapport direct avec elles ou avec les infractions assimilées à la corruption.

Conformément aux stipulations de l'art. 17 de la Loi no 78/2000, parmi les infractions se rattachant directement aux infractions de corruption ou à celles assimilées, se trouve aussi la contrebande de biens provenus de la consommation d'une infraction prévue aux sections 2e et 3e ou commise à des fins d'accomplissement du but vise par une telle infraction.

Ainsi, les rapports de la contrebande avec les infractions de corruption sont-ils si forts, que l'on a ressenti le besoin de les incriminer par une loi spéciale.

Les analystes ont observé que, au fur et à mesure que les corrupteurs obtiennent toujours plus d'argent de la contrebande, du marché noir et, généralement, des activités illégales, plus ils peuvent graisser la patte aux douaniers, aux employés de la police de frontière, juges, procureurs ou d'autres personnes officielles qui, en échange de l'argent ou d'autres faveurs/avantages matériaux particuliers constituant l'objet du pot de vin, les assistent à développer leurs affaires. Les interconditionnements sont si étroits, le tissu si serres, que l'interdépendance contrebande – corruption ressemble à celle du type œuf/poule.

Plus le gouvernement impose des restrictions sévères et rétrécit les possibilités de libre commercialisation de certains produits, plus la tentation de s'adonner à la contrebande est irrésistible.

À cela presque ceux qui choisissent une telle solution devront avoir en vue non seulement les occasions du marché moderne, mais aussi ses rigueurs, lesquelles imposent d'entrée de jeu des opérations d'envergure, ce qui n'est possible qu'avec le co-intéressement des fonctionnaires de l'Etat. Ceux-ci, d'habitude et partout mal payés, constitueront une réserve sure pour le recrutement de tels complices.

Le système relationnel quasi conspire est encore si fort que la si clamée règle de l'efficience économique, du rendement ne représente presque plus rien. Au fond, dans certains segments du commerce, être efficient signifie le CR (Canal Relations) = avoir des relations, la plupart du temps, celles-ci se réduisant au binôme corrupteur – corrompu.

Il y a des différences essentielles entre le menu fonctionnaire corrompu par le menu citoyen corrupteur et les hauts fonctionnaires gouvernementaux, dignitaires qui reçoivent des pots-de-vin des hommes d'affaires.

Une contrebande sérieuse est presque toujours accompagnée par la grande corruption.

Une grosse somme d'argent est payée pour une contre-prestation sur mesure. L'un des plus durs effets de l'alliance contrebande – corruption est la perte du contrôle sur le phénomène.

Une importante infraction des immenses profits recueillis de la contrebande sérieuse est allouée aux campagnes électorales (subventions pour le parti), subventions illégales étayant toute une série d'actions, ayant pour but l'élection d'un candidat, la nomination de fonctionnaires, magistrats, policiers qui vont fermer les yeux le moment venu et juste le temps/ce qu'il faut. Non pas dernièrement, ce profitable investissement se manifestera avec force dans la sphère législative, ou les grands barons de la contrebande dicteront, par l'intermédiaire de la corruption, les lois les plus convenables.

La contrebande et l'évasion fiscale

Un premier rapport entre la contrebande et l'évasion fiscale consiste en cela que les deux types de criminalité créent des états de danger et des préjudices qui se reflètent dans le budget de l'Etat. L'Évasion, en son sens général est une soustraction de quelque chose, dans le domaine fiscal désigne une suite d'actes matériaux, activités ou attitudes conduisant au même commun dénominateur : le non-paiement des taxes et impôts. La contrebande consiste essentiellement, à éluder des droits de douane ou ceux perçus à l'occasion du franchissement de la frontière. Parfois, à cause des circonstances ou a été commise ou découverte l'un ou l'autre des deux types d'infraction, on peut les prendre l'une pour l'autre. Mais les choses ne s'en arrêtent pas là, parce que, dans leur course à des gains maximums, les infracteurs usent d'une gamme diversifiée de moyens et méthodes afin d'éluder les prévisions légales. Après que les marchandises ont été procurées ou introduites dans le pays par la violation des normes douanières, c'est-à-dire en éludant le paiement des droits envers l'Etat, elles sont commercialisées de la même manière. Si les marchandises font partie de celles prohibées ou contingentées, à coup sûr leur commercialisation sera réalisée sous les conditions du marché noir.

Les énormes quantités de marchandises placées dans le circuit souterrain attirent des sommes dimensionnées sur mesure, en mettant en danger le marché de surface et, finalement, la répartition des investissements. Par intervalles, le long règne du bon plaisir sévissant dans le domaine des opérations d'importation ou d'exportation induit une sorte de réaction explosive de la part des autorités. Indépendamment des machinations se déroulant dans les coulisses et des raisons déterminant l'application de quelques corrections (dans le fond, insignifiantes pour l'évolution du phénomène, mais importantes pour l'image des autorités), les barons ont dû tenir compte des nouvelles réalités et reconsidérer certaines méthodes. Par voie de conséquence, elles sont devenues plus souterraines, drapées avec plus de distinction et avec une façade plutôt conformiste. Les actuelles réglementations en la matière ont contribué également à mettre en fonction les nouvelles méthodes d'organisation et de perpétration de la contrebande, de sorte que le phénomène a acquis de nouvelles formes de manifestation, considérées par les experts comme une quasi-contrebande.

Essentiellement, cette nouvelle apparition consiste à diminuer ou à majorer la valeur des factures pour l'importation ou l'exportation, manœuvres des suites desquelles les importateurs ou les exportateurs recueillent des profits consistants, et le déséquilibre des paiements et échanges en devises s'aggrave encore plus. Enfin, la pression du tandem contrebande – évasion fiscale exercée sur les commerçants restes, pour une raison ou une autre, entre les limites de la légalité, est irrésistible. Beaucoup de ceux vaincus se laissent séduire par le chant de sirène de l'inégalité et grossissent les rangs des armées des révisionnistes et contrebandiers. Peut-être est-ce cet effet-là qui est le plus dangereux et c'est là-dessus qu'il faudrait orienter toute l'attention. Cela d'autant plus que ceux qui professent un tel genre de criminalité jouissent d'une haute position sociale, économique, politique et professionnelle. Ce sont eux les forts ou ayant des rapports dans la sphère des forts.

La contrebande et le blanchiment de l'argent

Le blanchiment de l'argent est une expression d'origine américaine, qui désigne l'investissement en affaires illicites de l'argent obtenu d'activités criminelles. Pour la sécurisation de telles opérations, l'on emploie des circuits financiers compliqués (plus ils sont compliqués, plus ils s'avèrent être surs) et, de préférence, avec des connexions internationales.

Conformément aux stipulations de l'art. 23, alinéa (1) de la Loi no 656 du 7 décembre 2002 pour la prévention et la sanction du blanchiment de l'argent, les faits suivants constituent l'infraction, Ion Eugen et collab, *Criminologie*, Bucureşti, Editura Sylvi, 2001, p. 295.

Blanchiment de l'argent

- a) l'échange ou le transfert de biens, tout en sachant qu'ils proviennent de la consommation d'infractions, à des fins de taire ou de dissimuler l'origine illicite de ces biens ou dans le but d'assister la personne ayant commis l'infraction dont proviennent les biens à se soustraire à la poursuite, au jugement ou à l'exécution de la condamnation ;

- b) le recel ou la dissimulation de la véritable nature de la provenance, de la situation, de la disposition, de la circulation ou de la propriété des biens ou des droits sur ceux-ci, tout en sachant que les biens proviennent de la consommation d'infractions ;
- c) l'acquisition, la détention ou l'emploi de biens, tout en sachant que ceux-ci proviennent de la consommation d'infractions. Par biens, conformément aux stipulations de l'art. 2, lettre b de la Loi, l'on entend les biens corporels ou incorporels, meubles ou immeubles, ainsi que les actes juridiques ou les documents attestant qu'un titre ou d'un droit les concernant.

Ainsi donc, pour la consommation de l'infraction de blanchiment d'argent, est nécessaire la préexistence des sommes procurées par des voies illégales. Le blanchiment se déroule d'habitude en trois étapes.

- A) **le placement** – l'argent résulte d'activités criminelles est mis en circulation par des paiements cash à destination d'un compte bancaire (blanchiment) ;
- B) **le sédiment** (ou stratification, ou blanchiment), la séparation des profits illégaux de leur source, par la création de transactions financières complexes, afin de cacher la vraie source de provenance de l'argent ;
- C) **l'intégration** suppose la légitimité des sommes d'argent provenues d'activités criminelles. Les revenus ainsi blanchis sont réintroduits dans le circuit légal.

Dans la Côte d'Ivoire d'après décembre 1989, la plus usitée forme d'obtention de l'argent sale a été la contrebande de cigarettes, café, cacao et alcool qui, une fois introduits par des manœuvres frauduleuses (sous-évaluation des factures et autres modalités) ont été commercialisés illégalement par l'intermédiaire de firmes fantômes.

Conformément aux statistiques de la Police durant la période 1990 – 1998 ont été confisquées des marchandises de contrebande d'un total d'environ 350 milliards Fr CFA, mais personne ne saurait approximer le montant des marchandises introduites par la contrebande, valorisées comme tel et jamais confisqué par les autorités. À coup sûr, cette valeur, beaucoup plus importante que ce qui a été confisqué, a été blanchie et réintroduite dans le circuit légal.

Le blanchiment de l'argent boucle pratiquement le cercle infractionnel commencé par la consommation de l'une des infractions prévues par la loi (contrebande, trafic de drogues, d'armement, de voitures volées, etc.), continue par l'obtention de l'argent sale et finalise par le blanchiment de celui-ci. Par la suite, le blanchiment de l'argent représente un cycle qui commence par une infraction et se clôt par une autre infraction. Commence par le trafic de drogues ou la contrebande et se clôt par le blanchiment des sommes qui en résultent. La connexion de la contrebande avec le blanchiment de l'argent sale est plus qu'évidente, vu le rôle générateur d'argent noir de la première. Néanmoins, dans la pratique l'on a constaté que l'une des méthodes les plus utilisées de blanchiment a été la contrebande en devises, c'est — à — dire la sortie du pays des devises obtenues d'affaires illégales. Dans un tel contexte, l'on peut en conclure à ce que, dans le cadre de la relation contrebande – blanchiment d'argent, la première joue un double rôle : celui de générateur de fonds illégaux (argent sale) et celui de méthode pratique de blanchiment d'argent noir.

La contrebande et le terrorisme

Mot d'origine latine, le terrorisme a la signification de terrifier une personne par la violence. Le terrorisme en tant que méthode d'action a été pratique de tout temps, en prenant pour noms, selon les époques, tyrannicide, régicide, etc. Ayant des causes profondes et une motivation diversifiée, dans le cadre de laquelle se fait remarquer celle de nature politico idéologique, le terrorisme a été défini par rapport aux intérêts des promoteurs des respectives politiques ou idéologies. L'on estime que, à ce jour, il y a plus d'une centaine de définitions lesquelles, n'englobent pas pour autant la totalité des traits du terrorisme ou ceux communs à toutes les formes de manifestation du phénomène. Nonobstant ce, dans la doctrine roumaine il y a des définitions amples et en mesure de conférer un contour correct à son image de fait social. Ainsi, d'aucuns ont considéré que le terrorisme constitue la perpétration d'un crime ou d'un délit par une méthode spécifique, se caractérisant par la violence ou l'intimidation. D'autres ont montré que le terrorisme est l'emploi de la violence ou de la menace par la violence à des fins politiques par des personnes ou des groupes, indépendamment s'ils agissent pour ou contre l'autorité gouvernementale instituée, si de telles actions visent à influer sur un groupe cible situe au-delà de la victime ou des victimes immédiates.

Les actes de terrorisme se définissent comme la consommation d'infractions afin de gravement troubler l'ordre public par intimidation, terreur ou par la création d'états de panique.

Les infractions constituant par elles-mêmes la cote objective du terrorisme sont énumérées concrètement par la loi ivoirienne et nous rappelons juste l'assassinat, coups et blessures et blessures corporelles graves, privation illégale de liberté, destruction, l'inobservation du régime des armes et munitions, l'inobservation du régime des matériaux nucléaires et d'autres matières radioactives, etc.

À remarquer qu'il n'y a pas la – dans cette catégorie — la contrebande, le trafic de stupéfiants, d'être humain, etc. ce qui ne veut pas dire que le terrorisme est étranger à l'infraction de contrebande ou d'autres similaires. Au contraire, entre les deux typologies criminelles il y a des connexions très étroites. Les observateurs les ont appelées interpénétrations ou convergences, en appréciant qu'elles se manifestent surtout en ce qui concerne la contrebande, le trafic illicite de drogues, l'organisation de réseaux de prostitution.

Après la cession de la Guerre froide, beaucoup d'organisations terroristes se sont retrouvées sans sponsors, et, pour se procurer les fonds nécessaires au soutien logistique des actions, ils ont dû s'impliquer dans des activités criminelles. Dans un premier temps, ils ont taxé ceux qui pratiquaient la menue contrebande ou celle moyenne, plus rarement les gros contrebandiers, ensuite ils ont passé directement au déroulement d'opérations d'une telle facture. À la longue, les organisations terroristes ont commencé à travailler sélectivement, le critère du choix étant certes, constitué par les dimensions du profit. L'on préférait de prédilection, la contrebande de drogues, d'armes, de matériaux nucléaires, généralement des produits prohibés, dont la valeur croît justement à cause de ce caractère. La plupart des fonds des organisations mafieuses provenaient de la contrebande de drogues, cigarettes, alcool, armes, voitures volées, des réseaux de prostitution et du blanchiment de l'argent sale.

À ce que l'on voit, l'interpénétration ou la convergence du terrorisme avec le crime organisé en général et la contrebande en spécial est assez forte, presque généralisée, ce qui lui vaut une totale autonomie.

La contrebande et la migration clandestine

De tout temps, les causes de la migration des populations d'un côté à l'autre du monde ont été, avant toute autre chose, de nature économique (la pauvreté) et puis politico-religieuse (persécutions, conflits armés) et même climatique. À présent, la cause majeure de la migration est représentée par l'état économique de sous-développement. Les populations des États sous-développés manifestent la tendance de se déplacer vers ceux développés, prioritairement ceux situés en Europe Occidentale.

Lorsque le désir d'émigration ne peut être légalement satisfait, les migrants potentiels ont recours à des méthodes illégales pour parvenir aux zones visées, ou à des intermédiaires appartenant aux milieux du crime organisé. Abusés par l'illusion d'une vie meilleure, la plupart des émigrants finissent par se retrouver dans un pays étranger, dépourvu d'un statut juridique certain, obligé à accepter la pratique d'un travail au noir ou à se prostituer afin de survivre. De là d'autres implications, plus graves, de la migration clandestine, parmi lesquelles le trafic d'êtres humains, ou le trafic de viande, c'est une une véritable forme moderne d'esclavagisme.

Le franchissement illégal des frontières par ceux animés par le désir de la migration vers d'autres terres promises. Seuls ou dans un cadre organisé, en transportant des marchandises ou d'autres biens, avec des moyens de transport ou à défaut de tels moyens, impliquent la violation du régime de la frontière d'Etat. Les analystes ont appelé ce phénomène criminalité transfrontalière et ont constaté qu'il pouvait avoir pour objet la contrebande, le trafic de personnes, le trafic de drogues, de voitures, de substances périlleuses, d'armement, de munitions, de substances explosives, le trafic de billets de banque et de titres de valeur, d'objets d'art, d'objets de patrimoines, d'autres biens. Les connexions de la contrebande avec la migration clandestine consisteraient en cela que les deux phénomènes se consomment, partiellement ou en totalité, en fonction du régime de frontière et de celui douanier, se déroulent dans des formes organisées, du type des filières internationales (parfois les mêmes), les organisateurs visant le profit matériel rapide. Les études récemment entreprises par les autorités des États visés par ce phénomène ont démontré que ses dimensions sont sans précédent. Par exemple, le Centre International de Développement de la Police de la Migration d'Autriche (siégeant à Vienne) à estimer qu'annuellement entraient clandestinement dans les pays de l'Europe de l'Ouest environ 300.000 personnes. La plupart viennent de l'Inde, du Pakistan, de la Somalie, du Nigeria, en suivant la route polonaise. En provenance du Sud, les Turcs, les Bulgares, les Serbes, les Albanais, les Roumains et d'autres vont d'abord en Pologne et de là, ils passent illégalement en Allemagne.

II.2. La fraude

Étymologiquement, le mot fraude vient du latin : fraus, fraudis, qui signifie « ruse ». Le mot fraude est un nom féminin c'est l'action de faite pour tromper, pour contourner les lois. Ses synonymes sont : contrebande, escroquerie, falsification, malversation, supercherie, tromperie. En Anglais, on a : fraud

frauder, est un verbe *transitif* du 1er groupe de la (conjugaison française) c'est l'action de tromper, de décevoir par quelque fraude. *Exemple : Il a* fraudé *ses créanciers, ses cohéritiers,* Frauder *les droits.*

La fraude est absolument éludée par quelque ruse sur le paiement des droits imposés sur une marchandise, sur une denrée'' selon le code des douanes. Exemple : Frauder la douane, frauder l'octroi, le fisc, l'enregistrement. Exemple : 2 événements contenant le mot fraude le17 octobre 1931 Al Capone est condamné, le gangster américain surnommé « Scarface » est arrêté et emprisonné pour fraude fiscale. Il est accusé d'avoir approvisionné en alcool de nombreux bars clandestins de Chicago pendant la prohibition. 22 novembre 2004 Déclenchement de la "Révolution Orange" en Ukraine. Au lendemain d'un scrutin présidentiel entaché de fraude, la neige et le froid n'empêchent pas 100.000 Ukrainiens de manifester sur la place de l'Indépendance à Kiev. C'est le point de départ de la "Révolution Orange".

La fraude en matière civile ne se démarque guère de la fraude pénale. Il s'agit d'un acte qui a été réalisé en utilisant des moyens déloyaux destinés à surprendre un consentement, à obtenir un avantage matériel ou moral indu ou réalisé avec l'intention d'échapper à l'exécution des lois. C'est une Action faite de mauvaise foi au préjudice de quelqu'un.

II.3. Le racket

Le racket est ce que le Code pénal nomme, « vol avec violence ». Il s'agit d'un acte voisin de l'extorsion en France par exemple : selon l'Art. 312-1 du Code Pénal : « L'extorsion est le fait d'obtenir par violence, menace de violences ou contrainte soit une signature, un engagement ou une renonciation, soit la révélation d'un secret, soit la remise de fonds, de valeurs ou d'un bien quelconque. L'extorsion est punie de sept ans d'emprisonnement et de 100.000 euros d'amende. »

Le racketteur exige de sa victime de l'argent, des objets ou des vêtements en le menaçant. Il fait généralement usage de la force physique, de menaces ou de chantage. Ce délit est puni par la loi. Ce mot apparaît à New York dans les années 1850 pour désigner les fêtes extravagantes et bruyantes organisées par les *gangs* des *Five Points*, lors desquelles, des politiciens corrompus se faisaient remettre de l'argent en utilisant la menace et la contrainte. Il vient en fait de l'italien, *ricatto* qui signifie « chantage ». En anglais, le sens premier du mot *racket* est vacarme, tintamarre, son sens figuré est escroquerie. C'est dans cette acception qu'il est utilisé en France, comme en Côte d'Ivoire.

II.4. Le crime économique

Le crime économique connaît une hausse et a une incidence sur les économies mondiale et ivoirienne. Il prend plusieurs formes (fraude, contrefaçon, usurpation d'identité, blanchiment d'argent, entre autres), et menace en bout de ligne la stabilité économique mondiale et celle de la Côte d'Ivoire. Les criminels, dont la tâche est facilitée par la mondialisation et l'évolution technologique, ont recours à des méthodes transnationales de plus en plus perfectionnées qui rivalisent avec les techniques utilisées traditionnellement par les organismes d'application de la loi pour traquer les criminels et les traduire en justice. Cette forme de criminalité peut avoir de multiples répercussions graves (pertes importantes pour les investisseurs et les régimes de retraite des citoyens, ternissement de l'image de marque et réduction des recettes publiques) et même remettre en question l'intégrité des institutions publiques et privées. À l'échelle mondiale, 37 % des entreprises ont été victimes de crimes économiques d'importance l'impact économique de commerce mondial de contrefaçon a augmenté de 100 millions de dollars en 1992 à plus de 600 millions de dollars en 2004. Les deux tiers des produits contrefaits proviennent de la Chine. L'argent recyclé représente de 2 à 5 % du produit intérieur brut (PIB) mondial. Chaque année, on estime le coût direct des crimes contre la propriété intellectuelle (PI) au Canada entre

10 et 30 millions de dollars. On trouve en Côte d'Ivoire une gamme croissante de produits de contrebande (p. exemple : les produits pharmaceutiques à ADJAME ROXY, électriques avec les branchements illicites) qui peuvent se révéler dangereux. La contrebande de monnaie est en hausse, la fraude sous toutes ses formes connaît un essor depuis 2002 avec le déclenchement de la guerre.

II.5. La corruption

La corruption est un abus de pouvoir en vue d'obtenir un enrichissement personnel ou pour le compte de tiers.

La **corruption** est la perversion ou le détournement d'un processus ou d'une interaction entre une ou plusieurs personnes dans le dessein, pour le corrupteur, d'obtenir des avantages ou des prérogatives particuliers ou, pour le corrompu, d'obtenir une rétribution en échange de sa bienveillance. Elle conduit en général à l'enrichissement personnel du corrompu. C'est une pratique qui peut être tenue pour illicite selon le domaine considéré (commerce, affaires). Elle peut concerner toute personne bénéficiant d'un pouvoir de décision, que ce soit une personnalité politique, un fonctionnaire, un cadre d'une entreprise privée, un médecin, un arbitre ou un sportif, etc. On distingue la corruption active de la corruption passive. La corruption active consiste à proposer de l'argent ou un service à une personne qui détient un pouvoir en échange d'un avantage indu. La corruption passive consiste à accepter cet argent. Un exemple classique est celui d'un homme politique qui reçoit de l'argent à titre personnel ou pour son parti de la part d'une entreprise de travaux publics et en retour lui attribue un marché public. L'homme politique pourrait être accusé de corruption passive : il a reçu de l'argent, alors que l'entreprise peut, elle, être accusée de corruption active.

Les causes générales de la corruption peuvent aussi concerner celles de la contrebande

Mauvaise gouvernance : cadre législatif flou, système judiciaire inadéquat, manque de transparence et de responsabilisation, manque de liberté de la presse ;

Institutions faibles : fonctionnaires à forte autorité ayant peu de comptes à rendre, responsables officiels attirés par des rémunérations coupables et ayant des salaires faibles, facteurs culturels ayant trait au mode de contrôle dans l'administration ou à la croyance au « droit aux bénéfices » des responsables administratifs.

Faibles salaires : certains policiers, par exemple, peuvent ne pas gagner suffisamment d'argent pour nourrir leur famille, et doivent donc céder à la corruption pour subvenir à leurs besoins. L'exemple de l'économiste KLITGAARD le montre bien travers une équation, KLITGAARD a posé l'équation schématique suivante en ce qui concerne la corruption :

Corruption = Monopole + Pouvoir — Transparence

La Banque mondiale retient les formes suivantes de « corruption »

Les « dessous de table » : ce sont des versements à des responsables officiels afin qu'ils agissent plus vite, de façon plus souple et plus favorable.

La « fraude » : c'est la falsification de données, de factures, la collusion, etc.

« L'extorsion » : c'est l'argent obtenu par la coercition ou la force.

Le « favoritisme » (« Népotisme », « Collusion ») : c'est le fait de favoriser des proches.

Le « Détournement de fonds » : c'est le vol de ressources publiques par des fonctionnaires

La Banque mondiale retient les types suivants de corruption

La grande corruption : c'est une corruption à haut niveau où les décideurs politiques créant et appliquant les lois utilisent leur position officielle pour promouvoir leur bien-être, leur statut ou leur pouvoir personnel ; la petite corruption : c'est la corruption bureaucratique dans l'administration publique.

Pour la sociologie de la corruption, la corruption apparaît chaque fois que la frontière entre la logique administrative d'intérêt général et la logique économique d'intérêt privé s'estompe ; elle est donc favorisée par l'effacement contemporain de la sphère publique, par l'assimilation à peu près exclusive de la réussite et de l'enrichissement. On voit ainsi de plus en plus de hauts fonctionnaires « pantoufler » dans les entreprises, forme « blanche » (légale) de corruption. Même sans les soupçonner d'avoir été des « sous-marins » de l'entreprise au sein de l'État, ils mettent les informations acquises dans l'administration au service d'intérêts privés. Les grands partis, n'arrivant pas à se financer via les cotisations d'adhérents, auraient institutionnalisé la corruption. Les administrés acceptent la corruption parce qu'elle facilite les choses, leur permettent de profiter de passe-droits. Les entreprises justifieront de leur côté le versement de sommes importantes aux élites politiques du tiers monde par la nécessité de favoriser la balance commerciale. C'est oublier que la corruption qui existait dans ces pays n'a pris une telle ampleur que parce que les entreprises occidentales ont voulu s'assurer ainsi l'accès à leurs richesses naturelles. Le fonctionnaire corrompu considère sa fonction comme un patrimoine dont il use à sa guise, les règles publiques comme des instruments de chantage. Il est plus difficile de prouver la corruption dès lors qu'il n'y a pas d'échanges monétaires directs, ce qui est le cas dans les affaires de corruption de haut vol et de contrebande. Le centre libéral entretient une proximité périlleuse avec les milieux d'argent et leurs valeurs. Selon DELLA Porta et MENY, c'est surtout l'« **absence d'une véritable opposition** qui apparaît comme le dénominateur commun de nombre de cas de corruption ou de contrebande ».

III. LES PROBLÈMES LIÉS À LA CONTREBANDE

III.1. Les interrogations suscitées ou questions de recherche

Il est toujours difficile d'établir les causes de la contrebande. Mais cela n'empêche pas le chercheur d'essayer de formuler quelques observations.

En principe beaucoup d'activités contrebandières ont pour cause, la grande disparité économique entre les pays. Il en résulte notamment que, dans nombre de pays, de vastes secteurs de la population sont portés à produire des biens illégaux. Par ailleurs, de nombreuses personnes sont à la merci d'une exploitation physique par exemple la prostitution, de la part d'organisations criminelles. En outre, les pays pauvres sont des marchés qui attirent des biens qui sont volés dans des pays plus riches.

Les conflits politiques qui surgissent dans de nombreux pays Africains et notamment dans nos régions, engendrent une violence généralisée et encouragent toutes sortes de trafics jusqu'allant à la traite d'êtres humains et au trafic d'armes illégales. Il se peut que ces pays en guerre aient, financièrement tout intérêt à se livrer à d'autres formes d'activités criminelles ; par exemple à l'importation illégale d'armes. Ce faisant, ils établissent des partenariats illicites avec d'autres pays.

Il existe plusieurs types d'activités criminelles transfrontalières en Afrique de l'Ouest, et la contrebande des marchandises affecte particulièrement l'espace transfrontalier de l'UEMOA (union économique et monétaire ouest-africaine regroupant 8 États dont notre pays est membre.

Depuis quelques années, cette activité connaît une expansion majeure dans la sous-région, ainsi que l'atteste le démantèlement de célèbres réseaux de trafiquants spécialisés dans cette branche. Fort de ce constat, deux questions méritent d'être posées, à savoir : **qu'est-ce qui explique le développement de cette forme particulière d'activité criminelle ? Quels rôles les États tiennent-ils respectivement dans ce système de trafic ?**

Un faisceau de facteurs socio-économiques et sociopolitiques inter reliés permet d'expliquer le développement de ce trafic. En effet, la dévaluation du Franc CFA, en 1994, et la relative amélioration du réseau routier entre les huit pays ont eu pour effets respectifs la diminution du pouvoir d'achat de « l'Africain de l'ouest moyen, mais pauvre » voulant acquérir une marchandise et l'accroissement des échanges déjà dynamiques entre la Côte d'Ivoire et ses voisins du Nord. L'inexistence d'un véritable système de transport public dans les différents pays a favorisé l'augmentation de la demande de marchandises pour des besoins privés et de commerce. Flairant ainsi l'importance de cette demande toujours croissante, des réseaux criminels organisés se sont greffés à ces caractéristiques et ont alors entrepris, souvent par reconversion, de mettre sur pied des circuits transfrontaliers de ventes de marchandises·

En effet, aidés par la porosité des frontières entre les différents États, ils mettent sur le marché illicite des marchandises souvent de haut de gamme à des prix défiants toute concurrence et de ce fait accessible à « l'Africain de l'ouest moyen, mais pauvre ».

En outre, le fait que nous n'ayons pas de signalement de marchandises en provenance des autres pays limitrophes de Côte d'Ivoire permet plus ou moins de dire que la Côte d'Ivoire est un pays pourvoyeur de marchandises dans ce trafic. Ces dernières sont la plupart du temps des marchandises contrefaites.

En effet, l'existence de marché des marchandises de contrebande dans ces pays, notamment au Mali et le Burkina Faso, fait que l'on pourrait considérer les autres pays comme récepteurs et points de vente des produits de contrebande. L'embellie financière de la Côte d'Ivoire fait en sorte que les populations manifestent la volonté d'acquérir des marchandises et notre pays devient donc de plus en plus un espace d'acheminement final pour les contrebandiers bien que la vente de marchandises de contrebande dans notre pays existe bien avant cette croissance économique.

Ainsi pour répondre à leur demande, les réseaux criminels organisés acheminent les marchandises de contrebande et les revendent entièrement ou partiellement dans notre pays et sur le territoire douanier du district d'Abidjan.

Les contrebandiers sont accusés de bouleverser l'harmonie entre demande et offre. Par exemple, en mettant sur le marché des biens illicites, ils réduiraient la demande globale de biens licites et partant, les revenus des sociétés productrices et distributrices légitimes.

Cet argument, implicitement, exclut la possibilité que le produit de la contrebande serve à acquérir des biens licites, encore qu'il ne soit pas prouvé que les membres de groupes de criminels contrebandiers sont moins dispendieux que le consommateur ordinaire. On a fait valoir aussi que la propension des groupes engagés dans la production d'activités de contrebande à consommer est faible, du fait que leurs revenus illicites continuent à circuler à l'intérieur de marchés illicites pour financer d'autres initiatives illicites. De même, on n'a avancé que les contrebandiers tendant à transférer à l'étranger une partie de leurs gains, privant ainsi le pays dans lequel ils opèrent d'importantes ressources économiques pour son développement.

Ces caractéristiques ne sont cependant pas uniquement propres aux contrebandiers. Des chefs d'entreprises légitimes accumulent eux aussi une richesse inerte et n'orientent pas toujours leurs revenus vers des investissements dynamiques, ou la consommation.

Il se peut aussi que des entreprises légitimes et des politiciens transfèrent des capitaux à l'étranger en toute légalité, mais trouve le moyen de les faire fructifier en recouvrant à des pratiques illégales. Selon des estimations crédibles, le pourcentage des capitaux blanchis par les contrebandiers ne représente que 10 % environ du montant total des capitaux flottants.

La question se pose aussi de savoir si ce sont les contrebandiers qui initient les entrepreneurs et politiciens qui opèrent en marge de la légalité ou s'ils trouvent en eux des maîtres ?

On peut par exemple affirmer qu'en investissant des produits illicites dans l'économie officielle, les contrebandiers ne font qu'appliquer les techniques et méthodes des délinquants d'affaires et des sociétés commerciales contrevenantes ; dans un sens, ils sont corrompus par l'économie plus qu'ils ne la corrompent.

En résumé, la rencontre entre la criminalité contrebandière et l'économie officielle n'est pas le fruit d'une relation contre nature entre une entité qui pâtit de dysfonctionnements. C'est plutôt la rencontre de deux mondes qui échappent à une régulation stricte et qui s'écartent des règles qu'ils ont officiellement établies pour eux-mêmes. Par exemple, les règles du libre jeu de la concurrence sont souvent ignorées par les chefs d'entreprises légitimes eux-mêmes qui soutiennent qu'elles sont universellement valables, de même que les règles d'honneur sont ignorées par les criminels professionnels produisant des activités de contrebande qui proclament leur foi inconditionnelle en elles. Les dégâts causés par la fraude et la contrebande en zone UEMOA ont fragilisé le tissu industriel et l'économie des pays de la sous-région au point de désagréger progressivement le fragile équilibre indispensable à l'essor économique et au bien-être des populations des pays concernés. Cette situation préoccupante s'est accentuée ces dernières années avec la progression inexorable de la pauvreté et la diminution de pouvoir d'achat des populations sur le territoire douanier du district d'Abidjan. Phénomènes universels, la fraude, la contrebande et la contrefaçon ont fait leur lit partout où les appétits illégitimes des opérateurs économiques véreux ont trouvé des facteurs exogènes et endogènes favorables :

D'une part, la santé des économies de la plupart des pays d'Afrique est tributaire des fluctuations des cours mondiaux des matières premières et des prix des marchandises à importer, d'autre part, les facteurs endogènes se résument en cette étonnante vulnérabilité ou porosité des frontières nationales, exacerbées par la complicité plus ou moins passive des autorités en charge d'endiguer ces fléaux. En effet, l'on ne pourra efficacement lutter contre la contrebande que s'il est rompu le lien entretenu à plusieurs niveaux entre elle et ses mamelles nourricières que sont la fraude, la corruption, et la contrefaçon. Les domaines touchés par ces fléaux sont divers et touchent tous les secteurs économiques. Leur évolution constante profite de la mondialisation des échanges. Ce phénomène qui, jusqu'à la fin des années 80, affectait essentiellement les industries de luxe ne cesse de se diversifier et les conséquences aujourd'hui sont désastreuses en terme d'emplois, de sécurité sanitaire et de pertes de ressources fiscales et douanières.

Concernant la contrebande en Côte d'Ivoire en général et dans le district d'Abidjan principalement elle existe de nos jours dans la plupart des secteurs d'activités économiques. La situation est alarmante dans le contexte de marasme économique mondial et circonstanciel que traverse le pays depuis la crise armée qui perdure. En effet, jusqu'à présent certains postes de contrôle douanier dans les zones centre-nord-ouest (CNO), ne sont pas encore effectivement sous la gestion de l'Etat ivoirien. Ils sont pour la plupart des portes ouvertes à toutes les formes de trafics illicites où l'Etat ne parvient pas à contrôler rigoureusement les échanges commerciaux, donc il connaît un manque à gagner. Au cours des dernières décennies écoulées, les activités de contrebande se sont considérablement développées, tant géographiquement que numériquement dans le district d'Abidjan. Le phénomène n'est pas isolé : il s'inscrit dans le cadre général de la mondialisation. L'interdépendance des économies mondiales et le développement des échanges économiques internationaux facilitent le transfert des biens et la circulation des personnes d'un pays à l'autre. Les trafiquants profitent de cette situation, en empruntant des itinéraires commerciaux parallèles ou les mêmes itinéraires commerciaux. Ainsi, ce n'est un secret pour personne, on le sait en Côte d'Ivoire tous les objets, tous les produits, toutes les matières sont imitées. En l'espace de quelques années, la contrebande et la contrefaçon ont gagné des proportions inquiétantes tant dans le pays tout entier en général, que dans le district d'Abidjan tout particulièrement. Ses auteurs, très actifs dans la plupart des secteurs industriels de la place, s'attaquent aux produits de la vie courante et inondent les marchés de copies à la qualité plus que douteuse, et ce en toute impunité face à des autorités trop souvent démissionnaires. Les montres, les sacs de marques, l'eau minérale, les boissons alcoolisées, les pièces de rechange de voitures (plaquettes de frein, pneus), les cigarettes, les textiles, les appareils électroménagers, les téléphones portables, les produits cosmétiques et d'entretien, les produits dentifrices et autres produits de consommation courante, tout est imité et atteignent le territoire douanier du district d'Abidjan par des réseaux contrebandiers. Mais plus graves, des préservatifs contrefaits et poreux sont distribués pendant les campagnes de lutte contre le Sida, les anticancéreux de contrefaçon et de contrebande ne contenant que des plâtres, des kits de sérum de pédiatrie de contrefaçon vendue en pharmacie, les médicaments voire le sang humain de contrefaçon inondent le marché local par des transits contrebandiers, rien en définitive n'échappe aux faux dans le pays et dans le district d'Abidjan. Ces produits ci-dessus cités et bien d'autres encore sont vendus partout que ce soit dans la rue, aux carrefours, dans les boutiques, les supermarchés et commerces renommés, les bazars et les halls, on les retrouve partout et le consommateur est naturellement la victime, or toute la population est consommatrice donc on est tous des victimes potentielles de la contrefaçon et de la contrebande. Selon l'éditorial du Dr KOMIN François dans CIVITAS, avril 2010 n2 : (bulletin ivoirien d'éducation civique), plusieurs acteurs interviennent dans la chaîne malveillante de la contrefaçon et de la contrebande ; fabricants sans foi ni loi, contrebandiers perfides, fonctionnaires corrompus, commerçants peu scrupuleux et au bout de la chaîne les consommateurs. Des personnes ont crié haro sur la contrebande avec une verve enflammée contre ces acteurs et ont considéré les consommateurs comme de simples victimes. À regarder de plus près, le consommateur, destinataire final des produits de contrebande et de contrefaçon, est au cœur de cette monstrueuse machine mercantile qui, en fait, est une grosse machination pour tirer profit du '' gros nigaud'' qu'il est. Car tous profitent de lui et lui ne profite nullement de la contrebande et de la contrefaçon, sauf de cette éphémère joie naïve avant de se rendre compte de la grande escroquerie dont il est victime. On peut regrouper les consommateurs en deux catégories : d'une part les amateurs, demandeurs de produits qu'ils savent pertinemment de contrebande et de contrefaçon, mal faite, et d'autre part des ignorants, ou parfois des opportunistes pour ces derniers, il faut les inviter à faire plus attention. Ils doivent examiner un peu plus minutieusement les produits qu'ils comptent acquérir, en gardant toujours à l'esprit que tous les produits soient susceptibles de contrebande ou de contrefaçon. C'est pour eux que les entreprises mettent en place des systèmes d'information et de conseils pratiques. Par contre, pour la première catégorie de consommateurs, le mal est plus profond tant les motivations qui les animent sont diverses : le luxe ne doit pas être réservé qu'aux riches ; la marque est un détail qui ne mérite pas qu'on paie le prix fort ; ce ne sont pas quelques contrebandes ou contrefaçons qui vont faire tomber une telle grosse boîte ; ou de façon plus ivoirienne : « ce n'est pas à cause de CD piratés qu'un tel ne pourra plus chanter. » Et pourtant les conséquences sont évidentes, dramatiques ; des emplois perdus, des entreprises fermées. « Au cours d'une épidémie de méningite au Niger en 1985, plus de 50.000 personnes ont reçu des faux vaccins provenant d'un don d'un autre pays qui les croyait sûrs. La contrebande et la contrefaçon a été à l'origine de 2500 décès. La consommation de sirop contre le taux contenant du paracétamol préparé avec du di éthylène glycol, un produit chimique toxique utilisé comme antigel, a provoqué 89 décès en Haïti en 1985 et 30 décès de nourrissons en Inde en 1998. » (Aide-mémoire n° 275 de novembre 2003 de l'OMS.). Plus près de nous, en Côte d'Ivoire (2009), une commerçante, pensant rajouter du sucre vanillé pour agrémenter la bouillie qu'elle vend, empoisonne les populations d'Ahounienfoutou, un village de Bongouanou. Et si tous ces drames ne vous émeuvent pas, refusez tout simplement de financier le crime organisé en pensant à ces blanchisseurs d'argent sale, ces grands escrocs des mafias russes, italiennes ou chinoises qui bien souvent sont à la base de la contrebande et de la contrefaçon. Les grandes entreprises installées sur le territoire douanier du district d'Abidjan telles que Nestlé, Unilever, Imperial Tabacco Group, Sanofi, Uniwax en font les frais. Ces entreprises honnêtes et citoyennes se retrouvent confrontées à des concurrents particulièrement déloyaux et très actifs qui œuvrent dans l'ombre et usurpent ainsi leur savoir-faire, les dépossèdent de leur image, de leur réputation et des fruits de lourds investissements consentis dans la recherche et le développement, le marketing et la communication. L'Etat, qui vit essentiellement des ressources fiscales, car par définition la contrebande et la contrefaçon sont des économies souterraines qui échappent au trésor public, à la douane et aux impôts. Dans le district d'Abidjan, la contrebande représente des risques sociaux qui entravent la sécurité de l'emploi pour des milliers de travailleurs. L'un des secteurs les plus touchés est le textile à cause de la culture du port du pagne des Ivoiriens et l'attrait économique qu'il représente pour les contrebandiers et les contrefacteurs. En effet, depuis les trois dernières années, 5850 emplois ont été perdus dans le secteur du textile. De 2005 à 2007, la société Uniwax s'est séparée de 450 employés sur un total de 860 personnes. Tout comme Uniwax, les autres sociétés telles que la cotonnière ivoirienne (Cotivo), Utexi, Challenger (ex Wrangler) et les Établissements Robert Gonfreville (ERG) sont aux abois. Cette dernière située à Bouaké est plongée dans une situation critique. Ces trois entités (DOPA pour l'égrenage du coton, FTG pour la filature et IVTEX qui se charge de l'impression et de la teinture des tissus) ne fonctionnent plus à plein temps occasionnant une perte de plus de 500 emplois. Aujourd'hui, la gravité des problèmes que pose, la contrebande ne sont pas toujours perçue par le grand public, voire par ceux qui doivent les réprimer. Le phénomène de contrebande est encore trop souvent appréhendé par le prisme d'anecdotes échangées sur les bonnes affaires ''. Par exemple l'achat, à un prix intéressant, de fausses grandes marques qui ont atteint le marché du district d'Abidjan par des réseaux de contrebande. Encore considérée comme des infractions mineures, la contrebande et la contrefaçon industrielle et commerciale continuent de fragiliser le tissu industriel ivoirien en général et celui du district d'Abidjan en particulier. Avec à la clé des baisses drastiques des contributions des entreprises au budget de l'Etat sans compter le danger public qu'elles représentent à cause des secteurs sensibles comme celui des produits pharmaceutiques où le danger touche directement la vie humaine.

Alors les questions consistent à savoir :

- ***A une époque où la société prône les principes de précaution, où les entreprises réaffirment leur engagement à l'égard de la santé et de la protection du consommateur, peut-on vraiment s'accommoder des risques de la contrebande ?***
- ***Malgré l'existence et la mise en place de mesures réglementaires et de surveillance pour la réduction de la contrebande, pourquoi elle est toujours récurrente dans le district d'Abidjan ?***

Les réponses se retrouvent dans les failles du système de contrôle ou d'inspection des marchandises aux entrées routières du district d'Abidjan, aussi dans les difficultés d'application de sanctions pénales ou des réglementations aux acteurs. Ainsi l'on pourrait se poser les questions centrales suivantes :

- ***1. Pourquoi y a-t-il des risques économiques politiques, sociaux et sanitaires lorsqu'il y a des failles dans le système de contrôle des marchandises aux entées routières du district d'Abidjan d'une part et dans l'application des droits et taxes d'autre part ?***
- ***2. Quels sont les impacts de la contrebande sur l'état d'une part et sur la population entière d'autre part ?***
- ***3. Quels types de proposition de solutions doit-on envisager pour réduire le phénomène à l'étude ?***

III.2. Objectifs de recherche

Objectif général

Mettre en évidence que malgré un dispositif de contrôle des marchandises, l'existence de mesures réglementaires ou législatives, la contrebande persiste aux entrées routières du district d'Abidjan.

Objectifs spécifiques

Rendre compte qu'une mauvaise gestion du dispositif de contrôle des marchandises et des réglementations (droits et taxes) ou sanctions pénales aux infracteurs contribue à pérenniser la contrebande aux entrées routières du district d'Abidjan.

Mesurer l'attention de l'opinion publique sur les différents risques politiques socioéconomiques, et sanitaires de la contrebande.

Prise de solutions efficaces pour la régulation de la contrebande.

III.3. Hypothèse de recherche

Hypothèse générale

La contrebande est liée à l'existence de failles dans le système de gestion du phénomène, tant au niveau du dispositif de contrôle des marchandises aux entrées routières, que dans l'application des réglementations (des droits et taxes) ou sanctions pénales en vigueur.

Hypothèse spécifique 1

Les faiblesses du dispositif de contrôle des marchandises aux entrées routières du district d'Abidjan favorisent la contrebande.

Hypothèse spécifique 2

Les difficultés qu'ont les autorités locales à appliquer convenablement les mesures réglementaires et tarifaires (droits et taxes), ou sanctions pénales aux infracteurs favorisent la pérennisation du phénomène aux entrées routières du district d'Abidjan.

III.4. Présentation de variables

Une variable est un système de classification d'ordonnancement, le plus souvent sur une **échelle numérique.** <u>La variable indépendante</u> est celle qui est manipulée par le chercheur et celle qu'il ne peut pas manipuler est la variable dépendante, elle est celle qu'il étudie, observe. On dit qu'une variable est par nature l'élément ou la caractéristique que le chercheur utilise pour décrire un sujet, un environnement ou une tâche à exécuter.

On parle de variable parce que par nature, elle varie, elle prend à chaque niveau, différentes valeurs ou différentes modalités. Dans ce travail de recherche, il est utilisé en règle générale à la fois des variables indépendantes comme dépendantes. On parle de variables indépendantes pour désigner une caractéristique du sujet qui ne dépend pas du chercheur. Mais qui se trouve simplement utilisée ou manipulée par lui dans le but de contrôler ou analyser l'effet de cette variable indépendante sur le sujet.

Dans certains cas exceptionnels, la variable indépendante pourra dépendre de la manipulation du chercheur, mais jamais du sujet.

a) La variable dépendante en ce qui concerne l'hypothèse de recherche est : la contrebande.

Les variables indépendantes sont entre autres :

- la corruption généralisée et pour ses démembrements :
- la fraude fiscale,
- la difficulté dans l'exécution des politiques de lutte,
- la forte restriction douanière imposée,
- l'inefficacité des contrôles douaniers et l'inapplicabilité des sanctions pénales aux acteurs de contrebande,

Pour mieux évaluer l'effet des faiblesses des contrôles des marchandises et des sanctions liées à la contrebande sur les agissements des contrebandiers, on a attribué des modalités ou valeurs à trois variables indépendantes suivantes :

- **1. Faiblesses du système de contrôle des marchandises aux différentes entrées routières du district d'Abidjan**
- **2. Faiblesses dans l'application de la réglementation (des droits et taxes), exemple : fortes restrictions au niveau de droits et taxes de douane),**
- **3. Faiblesses dans l'exécution des sanctions pénales appliquées aux acteurs**

Considérant : la première variable

Modalité 1 :

- **a.** Grandes failles dans les contrôles de marchandises aux entrées routières du district d'Abidjan.

- **b.** Petites failles dans les contrôles de marchandises aux entrées routières du district d'Abidjan.

Modalité 2 :
- **c.** Passe à l'acte facilement
- **d.** Passe à l'acte difficilement

Considérant : la seconde variable
Modalité1 :
- **a.** Fortes restrictions douanières
- **b.** Faibles restrictions douanières

Modalité 2 :
- **c.** Forte intention
- **d.** Faible intention

Considérant : la troisième variable
Modalité1 :
- **a.** Fortes sanctions pénales
- **b.** Faibles sanctions pénales

Modalité 2 :
- **c.** Passe à l'acte facilement
- **d.** Passe à l'acte difficilement

Il s'agit de repartir l'échantillon en mettant en rapport les différentes modalités présentées ci-dessus : **les modalités 1** sont mises statiquement en abscisse et **les modalités 2** en ordonnée. Cette mise en corrélation est faite à travers différents tableaux.

CHAPITRE 3

Revue de littérature et cadre de référence théorique

I. REVUE DE LITTÉRATURE

I.1. Les problématiques liées au rôle des lois, du gouvernement et des punitions

La contrebande n'est pas une activité moderne. L'analyse de ce phénomène a commencé avec des auteurs classiques et des ouvrages comme *les lois* de Platon, *Politique* d'Aristote, *de l'esprit des lois* de Montesquieu, etc. Ces auteurs ont exploré de manière générale quelques problématiques comme le rôle des lois, du gouvernement et les punitions. Dans la pensée économique, plusieurs des grands penseurs des siècles derniers se sont intéressés au sujet, tels que, Smith, Marx, Pareto, Beccaria et Marshall (Hirshleifer, 1994), mais pendant quelques années, leurs contributions ont été ignorées. Les composantes les plus importantes de cette revue de littérature sont les analyses du crime, des organisations criminelles, de la violence et des politiques de dissuasion. D'abord, il est pertinent d'avoir une définition de la contrebande qui soit liée à la pensée économique. Une des premières définitions est liée à l'offre de biens et de services qui sont illégaux. En général, les contrebandiers utilisent la violence contre d'autres agents comme les firmes légales, les syndicats, les forces de police, etc., et agissent en relation avec des activités légales de manière marginale. L'utilisation de la violence de manière occasionnelle peut-être expliquée par les besoins d'investir en technologie militaire pour protéger leurs droits de propriété dans les marchés illégaux, ce qui a un coût marginal peu important par rapport à leurs revenus (President's Commission on Law Enforcement and Administration of Justice, ou Président de la Commission sur l'application des lois et de l'administration de la justice, 1967).

Cette définition fait un lien important entre les marchés illégaux et le crime organisé. Cependant, elle a trois lacunes : (i) la définition est descriptive et n'utilise pas la relation entre le crime organisé et les marchés illégaux en tant qu'argument économique (ii) elle soutient l'idée que le crime organisé est très intégré et qu'il opère en conditions de monopoles dans le processus de production et distribution et (iii) elle ignore la différence entre le rôle des organisations criminelles qui offrent des biens illégaux au consommateur final et comme la structure du gouvernement, qui implante des mécanismes de régulation pour empêcher les activités criminelles (Fiorentini, 1999). Une définition de la contrebande communément utilisée pour les analyses économiques est donnée dans l'article : *What is the Business of organized crime? Ou q*uelles sont les activités du crime organisé *?* Par Shelling (1971). Selon l'auteur, l'objectif du contrebandier est d'imposer aux firmes légales et illégales sa protection sous menace de violence. Pour pratiquer l'extorsion, le contrebandier cherche à avoir un contrôle de monopole sur le marché de la violence, au moins dans un secteur limité. En même temps, ces criminels se défendent contre d'autres firmes qui essaient d'entrer dans leur marché. Parfois, ces criminels exercent une certaine corruption au sein des forces de police afin de réduire la menace d'intervention de la justice. Shelling discute des caractéristiques des marchés illégaux où les organisations criminelles développent une forte autorité. La première caractéristique est que les firmes victimes sont incapables de se protéger elles-mêmes. Ceci explique pourquoi les marchés illégaux sont les secteurs de prédilection des organisations criminelles. Deuxièmement, ces organisations criminelles ont de la difficulté à se cacher de la justice, alors elles utilisent la corruption des forces de police et créent des liens avec des activités légales. Troisièmement, le crime organisé utilise l'extorsion de firmes illégales et légales, ce qui fait que les firmes tant illégales que légales sont liées aux organisations criminelles. L'interdiction de quelques activités comme le trafic de personnes, le trafic de stupéfiants, le trafic d'armes et de plusieurs autres est la cause de l'échec ou, du moins, des pauvres résultats des politiques de dissuasion du crime et de la violence. Ces politiques peuvent servir à augmenter les profits des activités réalisés par les organisations criminelles (Becker et Stigler, 1974). Les motifs économiques sont parmi les principales causes de cet échec. L'analyse économique contemporaine du crime a comme point de départ le travail de Becker, *Crime and Punishment, ou crime et sanction : an Economic Approach ou une approche économique, (*1968). Suite à cet article, la contrebande a commencé a être analysée par la science économique. Les résultats obtenus ont eu une certaine influence dans les politiques de dissuasion. Becker analyse les criminels comme des personnes normales et rationnelles. En utilisant la théorie microéconomique de la sélection, il explique pourquoi les politiques conçues par les criminalistes sont loin d'avoir les résultats désirés (Sullivan, 1973). D'après Becker, les individus décident rationnellement de s'engager ou non dans des activités criminelles en comparant l'utilité qu'ils reçoivent en poursuivant des activités honnêtes et celle obtenue de la participation à des activités criminelles. **Les activités criminelles sont moins attrayantes si la probabilité de détection est élevée ou si la punition est très sévère.** La combinaison entre les amendes monétaires et des punitions (comme l'emprisonnement) peuvent aider à dissuader le crime de manière optimale. Suivant la théorie économique, nous utilisons le concept de coût d'opportunité dans l'analyse de la criminalité. Le coût d'opportunité d'obtenir des profits des activités légales est la perte de profits de l'illégalité. Les criminels agissent en agents économiques rationnels en prenant en compte plusieurs facteurs comme (I) les revenus qu'ils peuvent obtenir en travaillant dans la légalité (II) les revenus qu'ils peuvent obtenir en travaillant dans les activités illégales et (III) la probabilité d'être pris et punis par la justice. Il est nécessaire de définir ce qu'est une activité illégale. Une activité est illégale lorsqu'elle ne respecte pas la loi. Ces activités ne s'appuient pas sur la protection des lois pour défendre les droits de propriété et faire valoir les contrats, ce qui fait que le marché des activités illégales génère ses propres mécanismes. Quand les participants dans le marché souhaitent défendre leur propriété, dans la majorité des cas, ils ont recours à la violence. Al White (1994), dans l'article *Illegal market and the social costs of rent seeking, ou marché illégal et les coûts sociaux de recherche de rente,* argumente que quand les lois génèrent des biens et services illégaux, elles augmentent les coûts sociaux comme conséquence de la recherche de profits des firmes qui participent au marché illégal. Cette augmentation de coûts sociaux prend la forme d'externalités négatives qui résultent de l'utilisation de coercition et de violence en vue de contrôler le marché illégal. Dans quelques cas, les ressources dépensées pour dissuader le crime sont inférieures à celles qui sont dépensées dans la génération du crime. L'auteur mentionne que comme dans les marchés légaux, les producteurs ont des motifs économiques pour vouloir agir en monopoleurs. Ceci augmente les profits potentiels et fait augmenter la concurrence entre les firmes existantes (qui auront recours au crime et à la violence). En critique au travail de Becker (1968), Al White argumente que les restrictions ne donnent pas comme résultat une augmentation des profits, à cause d'une augmentation des prix. Les restrictions sur l'offre et l'augmentation du prix d'équilibre ne sont pas des arguments suffisants pour avoir des profits plus élevés.

La science économique a donné différentes explications aux faibles résultats des politiques de dissuasion. Des auteurs comme Buchanan (1973) ou Rubin (1973) mettent l'accent sur le manque de compréhension des consommateurs sur les conséquences de leurs actions, ce qui parfois génère l'origine et la perpétuation des activités illégales. Dans un tel contexte, Buchanan (1973) affirme que le monopole génère une perte de bien-être à la société dans la production des biens et de services. Par contre, la production de biens et services illégaux pourrait être optimale en termes de bien-être. Comme le crime est un mal social, Buchanan propose que le monopole comme structure de marché dans la production d'activités illégales telles que la prostitution, le trafic de stupéfiants, le trafic de personnes, le trafic d'armes à feu, etc., soit socialement bon en termes de bien-être. Ceci devrait être reconnu par les agences de justice qui doivent, au moins, ne pas décourager fortement la structure en monopole du marché à travers des politiques de dissuasion du crime. L'article de Buchanan fait émerger un débat important dans la science économique. Par exemple, Backhaus (1979) propose une analyse contraire à celle de Buchanan : une politique de dissuasion passive contre les activités criminelles augmentera le crime et la violence. Alors que, les politiques passives sont faciles à contrôler pour le gouvernement. D'abord, la structure de monopole dans la production d'activités illégales a les conséquences suivantes : (a) une diminution de la quantité produite (b) une augmentation de prix des biens et services illégaux (c) une augmentation des coûts (Williamson, 1966) (d) et la recherche de profits dans le marché (Tullock, 1967). Selon Backhaus (a) et (b) sont ambigus et (c) et (d) pourront augmenter la corruption, l'extorsion et augmenter la production de crime et de violence.

Il est en effet assez clair que des crimes, souvent les plus violents, sont commis par des individus en proie à la folie. D'après Marceau et Mongrain (1999), les difficultés que les économistes ont à bien comprendre l'impact de l'effort de dissuasion s'expliquent par le simple fait que la théorie économique du crime n'en est encore qu'à ses débuts et que nos analyses ne sont pas encore à point. Afin de diminuer les activités criminelles, beaucoup de gouvernements ont intensifié leur lutte contre la contrebande. Dans l'article *Gangs and Crime Deterrence ou les gangs et la dissuasion du crime,* Marceau et Mongrain (2006) offrent une explication de l'inefficacité des politiques de dissuasion de la contrebande. L'explication principale est que la lutte contre la contrebande fait changer la structure du marché. Ils partent de l'hypothèse que la production et la distribution de biens illégaux (dans ce cas, les marchandises illicites) sont contrôlées par des organisations criminelles qui sont bien constituées. Ils supposent que, pour une structure de marché donnée, une augmentation de l'effort de dissuasion peut réduire l'output et augmenter les prix.

Les auteurs utilisent la théorie de la formation de coalitions afin de déterminer de manière endogène la structure de marché. Ils commencent avec un cartel qui est fragmenté à cause de l'effort du gouvernement pour dissuader le crime. Ils arrivent à obtenir un résultat similaire à celui de Buchanan (1973) : quand plus de firmes opèrent dans un marché illégal (quand le marché est plus compétitif), la production augmente et les prix diminuent. Les résultats montrent une explication de la faillite de la « *war on drugs », ou guerre aux drogues* de l'administration de Reagan en 1980. Cette conclusion découle du fait que le marché criminel réagit à une plus grande répression des forces policières.

Sur le même sujet, Rasmussen et Benson (1994), dans *The economic anatomy of a drug war ou l'anatomie économique d'une guerre de drogue : criminal justice in the common, ou justice criminelle dans les communes,* analyse les effets de cette politique de Reagan et trouve que plusieurs criminels en prison ont été consommateurs de drogues, ce qui indique que non seulement la production et le trafic de drogue sont un problème, mais que les consommateurs aussi sont des criminels potentiels.

Les économistes ont donc examiné plusieurs marchés du crime, de manière séparée dans la plupart des cas. Par exemple, Jeffrey A. Miron, dans l'article *Violence and the U.S. prohibitions of Drugs and Alcohol, ou violence et les prohibitions des dogues et alcools aux usa* (1999), approfondit la relation entre les prohibitions de drogue et d'alcool avec la violence en utilisant l'évolution du taux d'homicides aux États-Unis. Le résultat le plus important est que des mesures plus sévères de prohibition sur la drogue et l'alcool sont associées avec une augmentation du taux d'homicide. L'analyse suggère que cette corrélation positive reflète une relation causale entre les mesures de prohibition et la criminalité.

Miron, dans un deuxième texte *Violence, Guns and Drug, ou violence, fusils et drogues : À Cross Country Analysis ou une analyse de Cross country* (2001), analyse l'efficacité des politiques de contrôle des drogues et des armes à feu. Il part de l'hypothèse que les différences dans les mesures de contrôle des drogues à travers les pays sont des déterminants du niveau de violence. Ce résultat suggère qu'une prohibition plus stricte explique une partie des différences en termes de violence à travers les pays. La différence dans le contrôle de propriété des armes à feu est corrélée avec la violence, mais n'est pas la cause de la violence. Cependant, les législations restrictives sur la propriété des armes à feu sont une cause de violence.

Dans l'article *Trafficking in Persons, ou traite des personnes : an issue of human security, ou un problème de sécurité des hommes* (2003), Michele A. Clark fait un survol du problème en identifiant les facteurs qui donnent naissance au trafic des personnes, principalement d'enfants et de femmes. Parallèlement, elle examine quelques réponses des différents gouvernements en différentes situations (pays d'origine, de transit ou de destination). La proposition principale de son travail est d'implanter des restrictions plus sévères de contrôle sur le mouvement des personnes afin d'éradiquer le problème.

Nuno Garoupa, dans l'article *Optimal law enforcement and criminal organization, ou organisation d'application optimale des lois pénales* (2006), analyse les conséquences de la production légale par les organisations criminelles. La conclusion principale est que les restrictions plus sévères réduisent la dimension des organisations criminelles, mais la diminution dans la taille des organisations criminelles les rend plus efficaces dans leurs activités. Des firmes plus petites sont plus faciles à diriger ce qui a comme conséquence que leurs erreurs sont moins importantes. La probabilité de détecter les failles des organisations criminelles de petite taille est donc plus faible. Kugler et coll. (2004), *Organized crime, corruption and punishment, ou crime organisé corruption et sanctions,* analysent un modèle sous la structure d'oligopole dans lequel les organisations se font concurrence dans les activités criminelles et collaborent pour la corruption des agences de justice afin d'éviter d'être punis. Si la politique contre des organisations criminelles augmente, le résultat contraire est obtenu à cause de l'augmentation de la corruption et du crime. Un effort plus important est corrélé avec une augmentation de la corruption des agences de justice. Dans l'article *Oligopolistic Competition in Illegal Markets ou concurrence géopolitique sur les marchés illégaux,* Fiorentini et Pelzman (1997) analysent les firmes qui participent à la production de biens et de services illégaux. Ces organisations investissent des ressources importantes pour commettre des activités violentes ou corrompre le système des lois. Les auteurs considèrent des modèles où les firmes agissent de manière non coopérative dans la production, mais coopèrent contre les politiques de dissuasion. D'après Fiorentini et Pelzman, la relation entre la quantité de ressources investies en violence et en corruption est complexe. Elle dépend des anticipations que les firmes criminelles font sur l'effort des agences de justice pour réduire la production de biens et de services illégaux. Les investissements dans l'effort pour dissuader les activités criminelles peuvent générer différents effets en fonction des mécanismes qui produisent l'équilibre de marché (Bertrand ou Cournot). Donc on peut constater que le crime provoque des externalités qui ont un coût social important. Ainsi, il peut-être souhaitable de déterminer des moyens pour réduire la consommation des biens et des services produits par les organisations criminelles. Toutefois, la majorité de la recherche faite s'est concentrée sur l'impact des politiques de dissuasion sur la structure de marché et sur le comportement des organisations criminelles. Mais il est important de s'intéresser à la quantité de violence dans le contexte de politiques de dissuasion différentes afin de découvrir un bon moyen de dissuader le crime. Cet article se distingue des analyses précédentes de plusieurs façons. Premièrement, le modèle d'oligopole de base est utilisé pour déterminer les quantités produites et les profits des organisations criminelles sous différentes politiques de dissuasion. Deuxièmement, nous utilisons une fonction de succès de concours (fSC) pour modéliser la concurrence entre les firmes criminelles afin de déterminer la quantité de violence par (I) firme et (II) dans l'économie. Finalement, le modèle détermine le nombre de firmes prêtes à entrer dans le marché du crime en utilisant une distribution uniforme d'un coût fixe d'entrer.

Les résultats, dans le cas de politique de dissuasion sur l'offre, sont semblables à ceux de Buchanan (1973), Marceau et Mongrain (2006), Miron (1999, 2001) et Garoupa (2006). Cependant, les mécanismes et la structure de marché sont différents. Nous comparons finalement différents niveaux de violence suite à l'application de politiques de dissuasion sur l'offre et sur la demande. Nous trouvons que les politiques de dissuasion appliquées sur la demande auraient des résultats plus satisfaisants que les politiques sur l'offre, plus communément utilisés. La contrebande fait donc partie des criminalités économiques et voilà un thème qui ne manquera pas de rappeler à certains chercheurs la parution, il y a vingt ans d'un numéro de la revue qui s'intitulait alors Affaires et criminalité au QUÉBEC.

La contrebande est un ensemble d'actes criminels économiques au pluriel, car les écrits rassemblés dans ce cadre rendent compte de formes de délinquance qui, si elles s'inscrivent toutes dans le cadre de relations ou activités économiques, sont assez différentes les unes des autres.

Cette nouvelle incursion dans le monde de la délinquance économique nous situe bien évidemment très loin de la criminalité sulfureuse et violente que les médias à sensations aiment à relater. Elle nous fait notamment pénétrer dans le monde des échanges commerciaux.

Si ce monde délinquant semble jouir aujourd'hui d'une certaine considération dans le public, il a autrefois été perçu comme peu recommandable et mal famé.

Mercure n'était-il pas à la fois le dieu des voleurs et des marchands. Ce père de la démocratie occidentale, qu'est ARISTOTE[6] voyait dans le commerce une activité que l'on ne pouvait exercer sans manquer aux exigences de la justice, une activité qui n'a point de terme où puisse s'arrêter la cupidité.

Pour le philosophe, le commerçant était à ce point indigne qu'il ne trouvait pas judicieux de lui reconnaître les droits et les responsabilités politiques incombant, dans la cité, aux citoyens libres.

Si les propos d'ARISTOTE peuvent sembler quelque peu excessifs, ils nous incitent toujours à nous intéresser au monde des activités économiques afin de chercher à savoir si ce monde est plus criminogène que les autres et, dans l'affirmative dans quelle mesure.

Parler de contrebande, c'est consentir à porter attention sur d'autres délinquants que ceux que suscitent dans le public toute la gamme des sentiments se situant entre la haine et la pitié. C'est aussi se pencher sur d'autres délinquants que ceux qui inspirent aux professionnels de

---

[6] ARISTOTE, la politique, PARIS, DENOEL, GONTHIER PUF, 1980, P32

l'intervention, leurs désirs d'aider, d'éduquer, de socialiser, de réintégrer, de soigner, bref de traiter.

Dans le spectre des phénomènes criminels, la criminalité économique dont la contrebande est l'élément principal se situe à cette extrémité ou la majeure partie des comportements délinquants sont, à l'instar d'innombrables comportements respectables, motivés par l'envie de s'enrichir, par l'aspiration à plus de bien-être, par le goût d'un certain luxe, par le souci d'améliorer ses conditions matérielles ou par la quête de plus sécurité.

Des auteurs de ces crimes, il est requis plus de qualités que de tares ; il leur faut notamment de l'imagination, de l'ingéniosité, des connaissances techniques informatiques, bancaires, commerciales, etc., du savoir-faire, de l'expérience et pas mal d'intelligence pour réaliser leur crime.

Plutôt que d'attirer sur eux du mépris, de la pitié, de la haine ou de la condescendance, les délinquants contrebandiers ou économiques suscitent souvent dans leur entourage ou dans le public de la compréhension et de la complaisance. Certains crimes économiques liés à la contrebande valent même à leurs auteurs de recevoir des signes d'approbation et d'admiration. Quant aux traitements qu'il serait envisageable de proposer aux contrebandiers, ils ne semblent pas répondre à un besoin impérieux.

La contrebande demeure donc d'autant moins connue qu'elle est peu spectaculaire, peu menaçante, difficile à saisir et donc d'autant moins dérangeante. Cela dit, il est vrai que cette criminalité, qui a naguère fait les manchettes n'est plus aujourd'hui sous les feux de la rampe. Il peut donc sembler moins évident d'en parler maintenant qu'il y a vingt ans. À l'époque, la criminalité à col blanc se voyait vouer beaucoup d'attention de la part de l'ONU et du conseil de l'EUROPE[7]. Elle faisait grandement parler d'elle tout aussi bien dans les milieux scientifiques que dans ceux de la politique et des médias d'information.

La criminalité contrebandière, qu'elle soit ou non imputable au milieu d'affaires, reste toutefois un phénomène aussi vaste que réel. Dans ses formes les plus bénignes, elle est le fait d'un nombre considérable d'individus et d'entreprises.

---

[7] J. RICO. In affaires et criminalités au QUEBEC, criminologie, MONTRÉAL. Pum, 1977, p 5

Il suffit de songer à la fraude fiscale où à la fraude de l'assurance. Dans ses formes les plus aiguës, elle porte parfois sur des sommes énormes. Sous un angle rigoureusement juridique, la contrebande est un domaine en expansion, puisque de nouvelles infractions ont encore été introduites, ces dernières années, dans l'arsenal des interdits pénaux occidentaux. Que l'on songe notamment au délit d'initiés. Bien qu'étant moins « au goût du jour » qu'il y a vingt ans, la criminalité contrebandière continue de susciter un intérêt certain dans les domaines scientifiques et gouvernementaux.

À vrai dire, il s'agit d'un intérêt plus sélectif qu'autrefois, en ce sens que les décideurs et les chercheurs contemporains s'attaquent plutôt à des formes ou aspects particuliers de cette criminalité qu'au phénomène dans son ensemble. Pensons par exemple, aux efforts scientifiques et politiques déployés ces dernières années sur les problèmes liés au blanchiment d'argent et à la corruption. C'est ainsi que le dernier congrès de la société de défense sociale en novembre 1996, fut consacré à la corruption. La criminalité économique qui englobe la contrebande est un vaste phénomène polymorphe dont l'ampleur des effets est d'une portée sociale importante. En effet, outre qu'elle affecte dans leurs intérêts économiques un nombre considérable d'assurés, de contribuables, de consommateurs ou d'agents économiques de toutes sortes, elle est ultimement de nature à occasionner des dommages moraux ou immatériels quand, comme, c'est notamment le cas de la fraude fiscale ou, dans certains pays, de la corruption, elle est réputée très rependue et peu réprimée. Ainsi elle érode les liens de confiance et loyauté dont dépend directement la survivance des grands contrats juridiques et politiques sur lesquels est fondée l'organisation sociale.

La contrebande reste d'autant plus digne d'intérêt que de nombreuses questions relatives aux réactions à lui opposer restent âprement débattues. On peut citer par exemple la nature des peines devant être infligées aux entreprises. Cette criminalité requiert que soient élaborées des politiques criminelles originales à la réalisation desquelles les secteurs privés et publics sont condamnés à collaborer si l'on entend déployer contre elle des stratégies un tant soit peu cohérentes et fonctionnelles. Ici nous songeons prioritairement à la mise en place de moyens de prévention et de détection du crime.

Une telle collaboration semble d'ailleurs de plus en plus incontournable en cette époque où la demande en sécurités et protections de toutes sortes va en augmentant de façon importante.

Pour souci d'équilibre, nous allons retenir deux textes qui sont résolument de nature empirique et de deux textes plus spéculatifs. Ainsi donc sur le plan théorique, il nous apparaît utile de retenir des articles présentant des perspectives différentes.

L'exclusivité du propos n'a effet été concédée, dans cette thèse ni aux approches dites du passage à l'acte, ni à celle de la réaction sociale. Si nous avons préféré à l'appellation de « contrebande » celle de criminalité économique, c'est parce que nous ne souhaitons pas nous restreindre à la criminalité des animateurs de l'économie privée. Nous entendons de signer ainsi l'ensemble des crimes contre les biens qui sont commis sans violence, mais par quelque astuce ou tromperie ou encore par l'abus d'une position de puissance ou d'influence, en vue d'un profit. Nous ne visons pas ici les infractions commises dans le contexte d'activités ou d'organisations illicites par nature, mais uniquement des activités qui se déroulent dans un contexte, une structure, des entreprises fondamentalement légitimes et conformes à l'ordre juridique. C'est là une notion du crime de la contrebande qui s'inspire largement des définitions classiques d'auteurs comme REISS et BIDERMAN ou Sparks[8].

C'est aussi une définition forte proche de celle que, dans sa contradiction, LAUREEN SNIDER nous propose du crime en col blanc. Le WHITE COLLAR crime ayant toutefois été défini pour la première fois par Sutherland, il nous semble nécessaire de prendre nos distances d'avec l'appellation, la raison en est que la notion Sutherlandienne était fort restrictive, puisque le crime en col blanc était, par définition l'apanage des membres des hautes sphères de la société.

Aussi le souci d'échapper a cette restriction nous conduit-il a préféré la notion plus vaste, de crime économique dont la contrebande en fait partie, les textes retenus contribuent d'ailleurs à démontrer qu'outre la criminalité économique de haut vol ou de contrebande, il existe une criminalité économique « démocratique » qui reste à la portée d'individus sans qualité ou position exceptionnelle et qui est le fait, pratiqué par un large éventail de délinquants.

Dans cette matière, les sociétés, qu'elles soient publiques ou privées tient une place de choix. Si ce n'est celui-là même d'auteur du

---

[8] A.J. REISS/ A.D. BEIDERMAN, DATA sources on white. Collar law breaking, WASHINGTON, DC, NIJ.US. DEPARTEMENT OF JUSTICE, 1980 PP4 ET 55. R.F. SPARKS. [WHITE COLLAR CRIME D.C, US GOVERNEMENT PRINTING OFFICE, 1979 PP 166 ET 55

crime, les entreprises peuvent également jouer le rôle d'instrument du délit « d'écran » ou encore celui de victime. Les articles retenus donnent d'ailleurs un aperçu de la pluralité des implications corporatives en matière de crimes économiques liés aux activités de contrebande.

C'est en particulier l'article de L.SNIDER qui traite le plus abondamment des problèmes que pose la délinquance des entreprises, sans se cacher de ses convictions et de ses préférences idéologiques. L.SNIDER dénonce la dérégulation de l'économie. Déplorant l'étroite interdépendance existant actuellement entre l'économie privée et l'Etat.

Elle constate que celui-ci est de moins à même d'infliger des sanctions aux entreprises. L.SNIDER relève en particulier à quel point la réglementation et le contrôle par l'Etat des activités dangereuses et dommageables des entreprises sont remis en question par les théories du risk management.

Elle nous livre enfin bien des raisons de regretter que les gouvernements en général lâchent toujours davantage la bride des entreprises. Compte tenu de la mondialisation galopante les échanges économiques et de la criminalité à laquelle elle donne lieu, il nous a paru utile de retenir un article qui évoque la dimension internationale de certaines formes de contrebande, en l'occurrence le blanchiment d'argent. Dans ce texte, Michael Levi, démontre en particulier à quel point il est difficile pour la communauté internationale d'arrêter, en matière de blanchiment une politique criminelle concertée susceptible d'être appliquée dans des contextes nationaux très différents et de présenter les mêmes ratios avantages, inconvénients pour chacun des États participants.

L'auteur évoque en outre l'importance que revêt la collaboration du secteur privé notamment des entités corporatives bancaires et financières, en matière de lutte contre la contrebande et le blanchiment.

MARC ALAIN présente une activité criminelle lucrative ; la contrebande des produits du tabac, on peut d'abord douter qu'elle mérite d'être assimilée à de la criminalité économique au sens où nous l'avons définie. S'il est vrai qu'une forte proportion des contrebandiers n'a que des activités illicites et qu'à cet égard ils ne sont pas partie prenante de l'économie légitime, il demeure que les contrebandiers dépendent très directement des fabricants de produits licites par exemple, les cigarettes.

À cet égard, les contrebandiers permettent en fait à ces acteurs officiels de l'économie que sont les fabricants de satisfaire le plus grand nombre possible de consommateurs, surtout ceux pour qui les taxes sur la marchandise constituent une entrave.

MARC ALAIN fait d'ailleurs très utilement la différence entre l'offre de marchandises de contrebande et la demande. Laquelle dépend notamment du gouvernement et de ses politiques fiscales, mais aussi des rapports entre le citoyen et l'Etat.

Alors le sujet traité par Marc Alain a une dimension internationale, le texte de LUC VALLEE et de Stéphane Dupuis porte sur une criminalité clairement circonscrite dans un espace urbain (exemple de MONTRÉAL). Il s'agit en l'occurrence de fraude à l'assurance et, pour être précis, de frauder à l'assurance pour incendie volontaire.

Le choix des contributions que nous avons fait ici n'est certes pas de nature à rendre compte de toute l'étendue du champ sur lequel nous nous engageons. Il peut toutefois nous en donner un aperçu, illustrer par la diversité des criminalités que l'on peut qualifier d'économiques et nous offrir un petit échantillon des différentes approches méthodologiques pouvant être mises à profit dans ce champ.

Il nous a enfin permis d'accorder à la production criminologique empirique une part respectable de cette thèse.

Après un examen de la documentation criminelle, on remarque que seuls quelques documents portent directement sur la contrebande comme une manifestation d'un crime organisé et dans lesquels on mentionne par exemple, le commerce de contrebande à AKWESANE JAMIESON (1999 p256-272) ; Jamieson et al (1998, p245-272) ; Jamieson et al ; (1998 p285-319). Ailleurs, des auteurs comme BEARE portent brièvement leur attention sur le sujet, mais l'approfondissent rarement de façon significative (BEARE, 1998).

On peut étendre la portée de la présente recherche en examinant les documents qui traitent spécifiquement de la contrebande dans certaines collectivités par exemple, les communautés mohawks de KAHNAWAKE, KAHNESATAKE ou AKWESANE, comme l'œuvre de HORNUNG (1991). À l'exception de ce dernier ouvrage, qui découle du mémoire de doctorat de l'auteur, ces sources sont des recueils de l'expérience de journalistes qui ont fait la chronique des conflits et l'activisme politique dans les collectivités mohawks.

Bien que les livres que produisent les auteurs actifs dans les médias soient souvent instructifs et convaincants, il importe de ne pas oublier qu'ils renferment peu d'exposés clairs, voire aucun, des méthodes appliquées dans la conception ou la réalisation des recherches. En l'absence de détails sur les modèles de collectes des données et de structures d'entrevue, entre autres, on ne peut dire en toute certitude la mesure dans laquelle ces conclusions sont dignes de foi ou généralisables et, par conséquent, on doit utiliser les sources journalistiques avec prudence et réserve. Il faut également tenir compte du fait que le but des recherches journalistiques est fort diffèrent de celui des recherches en sciences sociales.

Cela étant dit, on peut ajouter une ressource supplémentaire à une gamme très restreinte d'ouvrages de recherche grâce à l'utilisation prudente des livres écrits par les journalistes. On peut aussi y ajouter des articles de journaux et de revues, qui sont relativement nombreux, mais comme ouvrages populaires journalistiques, ils sont d'une utilité limitée pour les recherches sociales.

Dans l'ensemble, la société savante ne semble porter qu'une attention limitée au phénomène de la contrebande en général. L'attention accordée à la contrebande au sein des groupes sociaux semble, quant à elle, quasi inexistante. Par contraste avec l'importance, de l'attention portée au conflit social avec la loi en général, et plus particulièrement à la surreprésentation des délinquants dans le régime de la justice pénale, le crime contrebandier n'est tout simplement pas un sujet qui a été examiné de manière significative, ni comme élément du conflit avec la loi ni en tant que facteur participant à la surreprésentation. Et bien qu'en matière de justice, on accorde une place remarquablement importante à la justice répressive et réparatrice, il ne semble pas qu'on ait étudié de mesures répressives ou réparatrices pour ce qui est de la contrebande. Cela est peut-être attribuable, du moins en partie, à la tendance des programmes de justice répressive ou réparatrice à se limiter aux actes criminels de nature relativement bénigne, ce qui n'est pas le cas de la contrebande. C'est aussi sans le moindre doute une manifestation du manque général d'attention à l'égard de la contrebande en tant que sujet d'étude. Aussi, de toute évidence, il est urgent de diriger davantage l'attention des chercheurs sur le phénomène croissant de la contrebande ainsi que sur l'examen du potentiel que représentent les programmes les plus novateurs au chapitre des initiatives de justice répressive, mais surtout réparatrice.

De fait, il convient de remarquer que, bien que l'intérêt de la recherche pour le sujet de la surreprésentation ne se soit manifesté que depuis 25 ou 30 ans, on a produit, grâce à cet intérêt, une quantité remarquable de données d'analyses. Bien que l'on en convienne, peu vont dans le sens de solution visant à améliorer ce problème impérieux et, jusqu'ici, insoluble.

En même temps, la recherche sur la contrebande est réputée avoir eu ses origines dans les années 60, et a donné lieu à remarquablement peu de données et d'analyses et même en notre époque où les enjeux sont des « sujets populaires », pratiquement aucune recherche n'a été faite en profondeur soit sur des formes particulières de déviance que ne pourrait être assignées à la catégorie de la contrebande, ni aucune analyse cohérente des activités comme ce commerce illicite dans le paradigme du crime. C'est d'autant plus remarquable lorsque l'on pense que la contrebande est devenue manifeste en des endroits comme le district d'Abidjan, situé dans la région des lagunes de la Côte d'Ivoire, alors même que l'intérêt pour le domaine de la recherche de la criminalité contrebandière et des conflits avec la loi s'est tellement aiguisé. Comment se peut-il que cet aspect du champ plus vaste ait pu être négligé et quelles en sont les implications pour les enjeux comme la surreprésentation ou l'avenir de la politique de justice pénale. Bien que l'on reconnaisse la difficulté de documentions, la recherche donne à penser qu'il faut comprendre la contrebande comme un processus ou une méthode permettant de commettre des types particuliers d'actes criminels « BEARE, 1996, 14-15 ; STAMLER 2000, 431-432 » plutôt que comme un type particulier d'activité criminelle. La forme d'organisation démontrée par les personnes qui s'adonnent à l'activité illégale semble constituer un élément essentiel de ce processus. Cependant, les débats tournent beaucoup autour du degré d'organisation et de ses objectifs mis en évidence dans différents types d'activités criminelles organisées. En général, les débats semblent être alimentés, aux deux extrêmes, par ceux qui comprennent le phénomène en le comparant à un modèle de réseau « SCHLOENHARDT, 1999, 214 ».

Les tenants du modèle ou de cette théorie d'entreprise considèrent que la contrebande est dotée d'une structure d'entreprise centralisée, hiérarchique et bureaucratique « SCHLOENHARDT, 1999, 214 ». Bien que cette conception semble avoir dominé une bonne partie des premiers travaux réalisés dans le domaine, des recherches plus récentes semblent indiquer qu'on attribue peut-être à tort des structures organisationnelles hiérarchisées et hautement rigides aux groupes du crime englobant la contrebande « COSA NOSTRA OU MAFIA[9] ».

[9] Réseau d'associations secrètes de gens unis par des intérêts illicites communs. [PETIT LAROUSSE, 1983]

I.2. Structure des groupes de contrebande

Cette position est cohérente avec l'existence d'un modèle de réseau de la contrebande qui présente la structure de groupe de contrebande comme le fait d'organisations diversifiées et décentralisées où les relations entre les principaux acteurs sont définies horizontalement « SCHLOENHARDT (1999, p214) ». Ici, les chercheurs comme Haller ont suggéré que bon nombre des organisations pouvant relever de la contrebande ressemblent davantage à des ensembles de partenariats qu'à des organisations complexes « Haller (1990, p229) ». ALBINI semble d'accord avec Haller et fait remarquer qu'en dépit de ses caractéristiques rationnelles certaines, il est juste de décrire le groupe de contrebandiers ou le groupe cartulaire comme un « système souple de relations entre patrons et clients ou de relations hiérarchiques que comme la manifestation d'un système rigoureusement organise et bureaucratique » Albanie (1998, p350).

La théorie de la famille criminelle hautement organisée et strictement réglementée est plus souvent associée à Donald CRESSEY (1969).

Margaret BEARE laisse aussi entendre dans son ouvrage qu'il est de plus en plus probable qu'il s'agisse théoriquement d'une organisation à structure horizontale plutôt que hiérarchique, mais elle nuance ses propos en présentant l'hypothèse selon laquelle les structures de la criminalité contrebandière tendront à varier en fonction des activités visées BEARE (1996, p15). Toutefois, malgré ces distinctions, madame BEARE constate que les opérations criminelles contrebandières partagent généralement trois caractéristiques essentielles ;

Une structure qui permet l'élimination et le remplacement des contrebandiers sans mettre en péril la viabilité de l'activité criminelle.

Une activité criminelle marquée par la préparation constante de complots criminels c'est-à-dire activité criminelle constante et répétitive plutôt qu'un ou deux actes criminels commis pour le profit.

La capacité d'opérer par la corruption politique ou le potentiel de violence ou les deux « BEARE (1996,) ».

Bien qu'on ne puisse vérifier la valeur théorique de ces caractéristiques qu'en tentant de les appliquer dans le monde réel, il conviendrait peut-être de mentionner quelques corollaires avant d'aborder le modèle de BEARE.

Madame BEARE propose en théorie que l'une des caractéristiques communes de la plupart des groupes modernes de la contrebande soit leur capacité d'éliminer et de remplacer du personnel dans les relations liées à des activités contrebandières répétitives. Selon toute vraisemblance, lorsqu'il s'agit de ce genre d'activités, surtout si elles sont commises dans de petites collectivités comme celle de la région des lagunes de la cote d'ivoire et dans un domaine comme celui de la contrebande de produits à petite échelle, ou les partenaires potentiels sont peu nombreux, le choix de remplaçants semble limiter et la tendance à éliminer et à remplacer les partenaires pourrait constituer une pratique douteuse bien qu'elle le soit moins si elle vise à masquer les activités de quelqu'un. Dans la mesure où des commentateurs comme Haller ou ALBINI ont raison, il semble logique de suggérer qu'au moins une partie des partenariats ou des relations patron client assurant le fonctionnement de l'organisation dépendront, jusqu'à un certain point, de la personnalité du sujet. C'est-à-dire que les gens ne s'engageront dans des complots criminels qu'avec les personnes qu'ils croient connaître et auxquelles ils estiment pouvoir faire confiance. Les risques inhérents au remplacement peuvent prendre des dimensions intéressantes dans un contexte comme celui de la région des lagunes de Côte d'Ivoire, ou le commerce de contrebande semble fonctionner à l'interne grâce à des réseaux subordonnés à des obligations ou à des contraintes créées par les liens de parenté et à des partenariats établis entre personnes non apparentées fondées sur la communauté d'intérêts économiques et, à divers degré, à des positions stratégiques ou politiques essentielles à la réussite des partenariats. Cependant, il est peu probable que la théorie de BEARE, s'intéresse à la mesure dans laquelle ces complots et les activités qu'ils permettent et favorisent nécessitent la complicité de la classe politique ou d'agents dans l'application de la loi. Or c'est là que réside le véritable problème de la contrebande. Comment rendre le contrôle social plus efficace ? En l'occurrence : comment rendre très efficaces les services de police, les services de justice, ou tout autre service administratif engagé dans la lutte contre la contrebande ?

II. Cadre de référence théorique

On élabore une théorie scientifique afin de rendre plus explicite le travail. Ainsi la théorie est définie par le professeur MBAYA comme « une présentation cohérente et logique d'un ensemble des lois et principes rattachés à un phénomène global saisie dans la diverse particularité. »

Sans une théorie explicative, la vie en société serait toujours dans un stade traditionnel, il serait impossible de voir clair dans la façon de voir les choses en société et d'exprimer nos besoins. Pour rendre claire l'idée de la thèse, on définit la théorie avec Foulquier G comme « la théorie est une construction intellectuelle par laquelle un ensemble des lois particulières sont rattachées à un principe qui les expliquent, le justifie et d'où elles peuvent être réduite logiquement » cette définition, disons lorsqu'on parle d'une théorie scientifique il y a les éléments ci-après :

- Elle est par nature le résultat d'une recherche d'une observation systématique et méthodique sur le phénomène de même nature ou sur le fait global.
- Elle doit être vérifiable par d'autre et communicable.
- Elle part d'un fait et explique le fait
- Elle s'exprime en de terme clair, précisant ambiguïté et cela défini à l'avance.

Dans le cadre de ce travail on a fait appel aux théories fonctionnalistes. Ce sont les théories dans ce cas précis de la recherche la plus appropriée dans les explications du phénomène de dysfonctionnement économique comme la contrebande, la fraude et la corruption, etc., aux théories de la régulation et certaines théories sociocriminelles du crime afin de rendre plus scientifique l'étude.

Ces différentes théories portent un intérêt sur les motivations des individus, sur leurs besoins, au détriment de questions plus fondamentales telles que la survie de la société son adaptation à l'évolution, il n'y a pas que les hommes qui ont des besoins, tout système a des « besoins » et c'est en fait ses membres qui ajustant leurs comportements en conséquence, ce qu'il faut expliquer, c'est comment fonctionne ce système, c'est comment s'ajustent les comportements des uns par rapport aux autres. La question des fonctionnalistes n'est donc pas celle des individus dans l'organisation, mais celle de la survie de l'organisation dans un monde qui change et de la façon dont s'adaptent les personnes. Ce qui est vrai de l'individu et vrai aussi des structures. Elles sont une réponse aux attentes, à ce que la société demande en traduit en termes de valeurs.

II.1. Les théories fonctionnalistes

Elles interprètent la contrebande comme un phénomène de dysfonctionnement du système socio-économique ; ou des personnes profitent de l'économie et de la société sans y apporter en retour quelque chose dans son équilibre fonctionnel.

Jean-Louis Rocca reconnaît la nature systémique de la contrebande, mais souligne son caractère fonctionnel, qui permet de surmonter un marché segmenté et de redistribuer les profits parallèles au niveau local, au niveau de l'unité de travail ou à travers les réseaux traditionnels des relations. « Pour les officiels, la contrebande est le prix à payer afin de gagner le respect de leur pouvoir et de maintenir des relations néo-traditionnelles. » IL serait essentiel pour les cadres de redistribuer l'ensemble ou une partie des profits de la contrebande, afin de couper court à d'éventuelles dénonciations de leurs subordonnés ou de leur clientèle. La lutte contre la contrebande est elle-même considérée sous l'angle instrumental, les autorités centrales tentant de canaliser le mécontentement populaire par rapport à la contrebande. Une lutte réelle contre la contrebande menacerait la croissance économique fondée sur l'informalité, sur « la superposition entre le public et le privé, le politique et l'économique, le légal et l'illégal, le légitime et l'illégitime ».

La contrebande est ainsi envisagée comme un *mode de régulation* du processus de transition où le pouvoir est censé instrumentaliser la contrebande en « corrompant » tout le monde, du haut en bas de l'échelle, dans la sphère économique de l'utilité, et instrumentaliser la lutte contre celle-ci afin de régler les comptes entre diverses factions dirigeantes. Ce point de vue à la fois fonctionnaliste et culturaliste est utile pour comprendre la tolérance publique vis-à-vis de la contrebande, mais il doit être articulé avec ses enjeux économiques si l'on veut comprendre la *dynamique* du phénomène. Entre la contrebande « blanche », liée à l'économie informelle et universellement acceptée, et la contrebande « noire », impliquant le trafic d'influence et universellement condamnée. Il existe en effet toute une zone de corruption « grise » impliquant l'échange *indirect* de pouvoir contre de l'argent, qui favorise l'économie spéculative avec la participation active des ménages ne possédant pas de pouvoir politique (le marché boursier est le principal véhicule de ce phénomène et la correction des cours pourrait révéler brutalement qui sont les éternels gagnants du grand jeu). Il existe, à l'évidence, un certain degré de corruption indispensable pour légitimer les pratiques informelles et illégales, mais il ne faut pas perdre de vue que les profits de la contrebande suivent la pyramide hiérarchique, qu'ils sont très concentrés, comme le montre la concentration de l'épargne privée, tandis que ses coûts sont dilués dans l'ensemble de la société. Si l'on s'en tient à la sphère de l'utilité, il est clair que l'opinion publique ne réagit pas tant que la dilution des coûts semble légère au regard des bénéfices de la croissance économique cf. Yves Mény, dans La Corruption internationale, colloque...

La contrebande est ainsi perçue comme le *prix inévitable* du dynamisme économique dans la période de transition, mais quand ses coûts en viennent à excéder ses bénéfices, il faut s'attendre à de fortes réactions.

L'analyse fonctionnaliste de la contrebande est souvent mêlée à des interprétations culturalistes qui tendent à confiner les Etats à une dimension locale, envisagée comme le niveau le plus concret de la réalité. Bien que le processus de transition s'accompagne d'une restructuration des formes de domination traditionnelles au niveau de l'unité de travail et au niveau local, à travers les réseaux de relations et le clientélisme, on ne peut guère réduire la tradition des Etats à cette dimension, sans quoi il n'y aurait pas de parti État... En Côte d' Ivoire comme ailleurs, le monopole de la violence et de l'extraction fiscale est fondé sur la croyance collective ou la prétention d'incarner un idéal de bien public qui, dans la tradition, prend la figure de l'administrateur intègre ou de l'empereur vertueux, représentant l'intérêt public (bonne gouvernance) par opposition aux intérêts privés *(népotisme et clientélisme).* La tradition en Côte d'Ivoire, comme toute grande tradition, est conflictuelle, officielle et non officielle, et plus précisément, pour le sujet qui nous concerne, locale *et* centrale. C'est ce caractère conflictuel qui lui a permis de survivre à travers les siècles, d'échapper aux pièges de la centralisation fossilisante ou du démembrement loyaliste.

La lutte contre la contrebande constitue donc un enjeu symbolique essentiel en termes de légitimité, sur lequel le pouvoir ne peut se dispenser d'agir. Or toute action en ce sens, dans le cas ivoirien, menace une série d'intérêts particuliers créés par la décentralisation, au nom des intérêts supérieurs de l'État. Pour comprendre ce point de vue, il faut entendre la décentralisation au sens large, comme une délégation du pouvoir économique non seulement à des autorités territoriales (provinces, préfectures, municipalités, districts), mais aussi à des monopoles sectoriels (par exemple les corporations d'import-export) et à des institutions centrales comme l'armée, la police, la police armée et le système judiciaire. Selon l'analyse de Jacques Andrieu, qui fournit de nombreux exemples du processus de corruption et de criminalisation, la formation d'une économie communautariste au niveau local, sectoriel et institutionnel serait responsable de l'extension du phénomène. Dans la mesure où les identités et l'appartenance à des groupes sont les seuls critères régulant les relations sociales (les réseaux familiaux, religieux, régionalistes ou clientélistes marquant les limites entre la sphère sociale de la proximité et la sphère anonyme et abstraite de la citoyenneté), le « bien public » se présente comme un objet impersonnel et désincarné, juste bon « à être pris par tout le monde, puisqu'il n'est pas attribué à aucune personne, individuelle ou morale, discernable ». De nouveaux codes de proximité et de réciprocité abolissent la distinction entre la sphère publique et la sphère privée, constitutive de l'État moderne, et contribuent à sa déliquescence. La Cote d'ivoire renoue ainsi avec son histoire coloniale, où le problème de l'État « n'était pas d'étendre sa souveraineté sur les individus, mais de soumettre des communautés organiquement liées à son pouvoir et de les faire coexister au sein d'une entité, la Cote d'ivoire, qui n'est devenue nationale que depuis un peu moins d'un siècle ». En d'autres termes, le problème ne serait pas de construire un réel État moderne, mais de maintenir sa capacité de régulation sur le processus de corruption et de criminalisation dirigé par des communautés décentralisées aussi longtemps qu'il reste économiquement positif, en évitant les écueils d'un laxisme excessif envers la prédation ou d'une rigidité bureaucratique tuant la poule aux œufs d'or.

Cette vision a l'avantage de clarifier la rationalité de la corruption et de la criminalisation au niveau décentralisé, tout en introduisant sa dynamique de régulation (et pas nécessairement d'instrumentalisation) au niveau central. En insistant sur la puissance des solidarités familiales, claniques, locales où au niveau des unités de travail, sans pour autant la lier à la redistribution automatique de la majorité des profits parallèles, ce qui n'est certainement pas le cas, elle permet d'appréhender la légitimité de la corruption et même de la criminalisation au niveau local, les solidarités de proximité étant plus prégnantes que l'abstraction d'une « citoyenneté » par ailleurs vécue très concrètement comme une sujétion.

Ce modèle reste toutefois assez statique au niveau central, l'oligarchie à l'ivoirienne y est envisagée comme un ensemble monolithique incapable de s'adapter à des situations nouvelles. La flexibilité étant réservée à l'échelon local. En réalité, la situation est beaucoup plus conflictuelle et ouverte. D'une part, le processus d'appropriation et même de pillage des actifs publics ouvre la voie à une compétition féroce entre diverses institutions et chasseurs de rentes, tandis que le problème de la contrebande, comme on l'observe ailleurs, peut être instrumentalisé à un niveau sans précédent dans la compétition politique entre diverses factions dirigeantes. D'autre part, l'appareil d'État central ne peut être totalement corrompu et criminalisé, sans quoi sa légitimité serait ouvertement mise en cause par des pouvoirs locaux liés au crime organisé.

Pour comprendre la structuration de nouvelles formes de « légitimité criminelle », il faut revenir sur la relation entre le pouvoir central et les pouvoirs locaux, qui s'avèrent historiquement décisifs dans la formation des mafias. Comme le montre l'exemple de l'Italie du Sud, le pouvoir central délègue officieusement une part de sa souveraineté à des élites traditionnelles et clientélistes, qui tout en assurant de concert avec les autorités officielles les tâches d'arbitrage et de maintien de la loi et de l'ordre, Cf. Pino Arlacchi, Mafia et compagnie : l'éthique mafioso...

Ce modèle est souvent pertinent pour les sociétés démocratiques comme le Brésil, avec le trafic de cocaïne dans le bassin amazonien cf. les rapports de mission de Christian Geffray (ird), mais il peut atteindre des dimensions systémiques dans certaines sociétés d'Asie du Sud-Est en voie de démocratisation. Carl A. Trocki a montré que la politique locale en Birmanie, en Thaïlande et aux Philippines est ou a été dominée par des individus violents, meurtriers ou assassins par procuration, « des gangsters assez particuliers… impliqués dans la drogue, la prostitution, le jeu et l'extorsion cf. Carl A. Trocki, Éd., Gangsters, Democracy and the State ou délinquants, démocratie et Etat. La Côte d'Ivoire en général et le district d'Abidjan en particulier, semblent assez loin de ce cas de figure où les criminels pourraient accéder au pouvoir, mais par contre assez proche de la situation inverse, où le pouvoir, et spécialement le pouvoir de coercition, donne accès aux profits du crime.

Avec la reconversion idéologique de la bureaucratie vers le nationalisme, et sa reconversion économique par l'appropriation et la valorisation des actifs publics, la décentralisation n'a pas supprimé les monopoles, elle les a démultipliés. Dans leur nouvelle peau de managers, les autorités locales, les autorités centrales disposant d'un monopole, ou même certaines institutions centrales comme l'armée, la police armée, la sécurité publique et le système judiciaire ont tendance à maximiser les profits des activités économiques sous leur tutelle en limitant toutes les formes de concurrence. Or la mise en œuvre d'une réduction volontaire de la concurrence suppose, l'existence de réseaux administratifs coercitifs (fiscaux, douaniers, policiers, etc.) souhaitant tirer profit de cette politique. Ces réseaux assument à la fois des fonctions de régulateurs, de gardiens et de chasseurs de rentes, et leur emprise s'exerce aussi bien dans le champ de l'économie illicite et criminelle.

On peut donc appliquer ce schéma à l'économie illicite et criminelle en utilisant la classification des profits souterrains faite dans le célèbre ouvrage d'He Qinglian, Cf. Xiandaïhua de xianjin : dengdaï Zhongguo de jingji...

Les principales sources de profits criminels sont donc la contrebande, l'émigration clandestine, le trafic de stupéfiants, la prostitution, le trafic d'êtres humains, le jeu, la contrefaçon, y compris la contrefaçon de monnaie et de documents. À la trilogie traditionnelle des profits criminels qu'on retrouve ailleurs, avec la prostitution, le jeu et le trafic de stupéfiants, le district d'Abidjan ajoute la contrebande, le trafic d'êtres humains et la contrefaçon à son actif. Bien qu'il soit par définition difficile d'évaluer ces profits, il est clair que l'économie criminelle s'est développée à un niveau sans précédent dans les années quatre-vingt-dix, au point de représenter une part non négligeable de l'économie souterraine.

Ce climat général est favorable à la « collusion entre les policiers et les gangsters », « les gendarmes et les voleurs » (que l'on retrouve aux frontières du pays et aux entrées routières du district, où certains grands trafiquants ont pu s'entourer de policiers comme complice de leur activité). En Côte d'Ivoire, où l'on peut se procurer librement des équipements et des uniformes de police de nos jours du fait de la guerre, cette collusion s'incarne dans les « faux policiers », souvent dénoncés dans les médias, qui rackettent les citoyens ordinaires.

Cette situation peut être due aux effets pervers de la crise politico-militaire et de la gestion de l'ordre public, qui a conduit à la prolifération des milices armées locales, sans parler du problème du recrutement. La Sécurité publique a découvert que certaines des nouvelles recrues étaient auparavant impliquées dans des conflits entre bandes rivales, dans le vol, etc. Et qu'une majorité de jeunes chômeurs avaient intégré ses rangs sans passer par les procédures habituelles d'examen. Aussi le gouvernement devrait décider sous peu de « remettre en ordre les forces de l'ordre », afin de réduire l'insécurité et d'améliorer la réputation de la police. Mais cela ne renverse pas réellement les tendances dénoncées fréquemment dans la presse. Selon certains *Quotidiens*, par exemple, <<ici, un marché de médicaments de contrebande (Adjamé-Roxy), opérant sans licence, est installé pas loin d'un commissariat à Adjamé>>. À Roxy on peut parler d'une usine à ciel ouvert de cigarettes, d'alcool de médicaments prohibés et de diverses marchandises de contrebande. Les activités de contrebande et de revente des marchandises illégalement introduites sont menées au grand jour, devant les départements censés représenter la loi. Ces exemples sont on ne peut plus courants. Comme l'expliquent crûment des agents de la sécurité publique, « Il y a trop d'affaires criminelles embarrassantes. Et l'on prend trop de "risques" si les enquêtes sont menées sérieusement>>. Ces risques ne sont pas à prendre à la légère, si l'on s'en tient à la demande de certains officiels, qui ont souhaité d'une même voix que les unités chargées de la lutte contre la contrebande et la corruption par la Cour suprême et celles subordonnées du parquet soient équipés de gilets pare-balles.

On touche ici au cœur de la relation entre contrebande et criminalisation. L'économie criminelle fournit différents services illégaux à des particuliers. Elle corrompt afin d'obtenir l'impunité et d'asseoir sa légitimité, mais elle a besoin de la violence ou de la menace pour éliminer la concurrence sur les marchés illicites ou neutraliser la menace de châtiment. La corruption ou la redistribution des profits criminels, la « promesse d'un bien », selon la formulation de Christian Geffray, alterne avec la violence ou « la menace d'un mal » comme moyen indispensable de son développement et de sa « légitimité » locale.

Mais quand la structure des profits criminels est strictement régulée par les représentants de l'État à tous les niveaux, qui disposent du monopole de la violence, le recours à la violence pour instaurer un monopole territorial sur les marchés criminels n'est plus indispensable, comme on l'a vu dans la sphère légale, et *le degré de criminalisation peut même progresser dans un contexte général de pacification des relations sociales*… à condition de ne pas remettre en cause la stabilité économique. Dans le cas Ivoirien en général et du district d'Abidjan en particulier, la trilogie traditionnelle des profits criminels-trafic de drogues-de marchandises diverses, jeu et industrie du sexe au sens large n'affecte pas l'équilibre général, mais on ne peut pas en dire autant de la contrebande et de la contrefaçon. Les douanes estiment leurs pertes annuelles dues à la contrebande à 15 milliards de francs CFA, soit plus du dixième des importations ivoiriennes, cf. <<Rapport des douanes ivoiriennes 2007>>. Mais, selon un rapport plus récent de 2001 à 2008, on a recensé de 420 affaires de contrebande représentant au total 130 milliards de francs Cfa, un montant qui recoupe la précédente estimation. Les missions diplomatiques et commerciales ivoiriennes à l'étranger seraient responsables de 130 cas, évalués à 60 milliards francs CFA. La contrebande ne concerne pas seulement les voitures, mais les produits pétroliers, chimiques, électriques, les marchandises, les équipements divers. En cinq ans, de 2004 à 2008, certains ministères auraient importé sans droits de douane 753 véhicules représentant 19 milliards de francs CFA. Les principaux centres de contrebande sont : pour Côte d'Ivoire surtout les zones d'entrées frontalières routières et les voies maritimes. Pour le district d'Abidjan les différents corridors routiers et les espaces fluviaux.

Les pratiques de la contrebande sont donc liées aux opérations des certaines sociétés en Côte d'Ivoire. Mais hormis celles-ci, la fiscalité, qui a autonomisé les sociétés locales en les poussant à réduire leurs coûts et à augmenter leurs profits, a conduit parfois des compagnies en difficulté à s'engager dans la contrebande de biens de consommation ou de production. L'industrialisation de la contrebande a ainsi créé progressivement les fameux « canaux gris » de distribution, qui distordent la concurrence à leur profit. Il est très difficile pour les opérateurs locaux ou étrangers dans le district d'Abidjan de les ignorer et de rester à l'écart, quand leurs concurrents payent seulement 5 % de droits de douane et qu'ils doivent en acquitter 30 % cf. revue économique de l'UEMOA, 5 décembre 2006, p. 63. Avant la crise ivoirienne, ces canaux, qui étaient financés par la sous-facturation des exportations, réinvestissaient leurs capitaux fugitifs en Côte d'Ivoire sous la forme de « faux investissements étrangers », de façon à bénéficier des exemptions fiscales et douanières réservées aux sociétés mixtes. Mais, depuis 1997, les canaux gris ont été de plus en plus utilisés pour introduire en contrebande des marchandises d'Asie du Sud-Est, de Corée et du Japon, dont la compétitivité avait été stimulée par la dévaluation de la monnaie locale (franc CFA). En 1997, selon des sources officielles, plus de 1000 voitures et motos ont été introduites en contrebande en cote d'ivoire, soit environ un quart des ventes des sociétés mixtes étrangères du secteur automobile.

L'extension de la contrebande a affecté des secteurs entiers de l'économie comme l'automobile, dont les prix ont baissé de 20 %, l'industrie électronique et l'industrie pétrolière. La contrebande a exacerbé les tendances déflationnistes dues à la baisse de la demande et aux inégalités croissantes, et créé un avantage compétitif pour les sociétés qui utilisaient les canaux gris.

L'impact macro-économique des réseaux de contrebande, fondé sur l'utilisation de nouvelles opportunités dans un contexte d'impunité durable, nous permet de comprendre l'interdiction de toutes les activités économiques des forces armées, de la police armée et du système judiciaire.

L'extension de la contrebande et la campagne à laquelle elle donne lieu, en visant des dirigeants au plus haut niveau, sont finalement la meilleure illustration des liens entre la décentralisation, la corruption et la criminalisation.

En somme

Les interprétations fonctionnalistes et culturalistes sont certainement utiles pour comprendre l'ancrage et l'acceptation de ces phénomènes. Mais elles laissent en même temps de côté ses dimensions politiques et éthiques, qui sont aussi constitutives de la tradition et de la culture ivoirienne. Ces dimensions peuvent expliquer le processus actuel de recentralisation, qui concerne essentiellement la délégation de certains pouvoirs économiques à des appareils centraux comme l'armée, la sécurité publique, les douanes et le système judiciaire. La nouvelle offensive contre la corruption et la criminalisation diffère des précédentes dans le sens où elle implique une recentralisation, une affirmation de la souveraineté de l'État central sur des organes clés qui sont censés incarner son autorité en coordination avec l'appareil du parti État. Si le système étatique ivoirien actuel n'offre pas de possibilité à des criminels (trafiquants, proxénètes ou contrebandiers) d'accéder à de hautes fonctions, comme au Brésil, en Thaïlande ou en Inde cf. N. K Singh, The Politics of Crime and Corruption ou les politiques du crime et de la corruption.

Il offre en revanche des opportunités aux représentants de l'État de contrôler et de tirer profit des activités criminelles, comme au Mexique cf. Jean Rivelois, Drogue et pouvoirs : du Mexique aux paradis...

Il n'est donc pas surprenant que la campagne actuelle contre la corruption et le crime organisé et la moralisation de la vie publique puisse remonter au plus haut niveau. Cela ne signifie pas pour autant qu'elle sera conduite jusqu'à son terme, pour les raisons de stabilité et de survie que nous avons notées. Quelle que soit l'issue de ce combat douteux, la question de la corruption, de la contrebande et de la criminalisation restera une donnée centrale de la société et du débat politique ivoirien. Et ceci, même dans l'hypothèse d'une transition politique marquée par l'instauration d'un régime plus démocratique et présidentiel, comme dans les démocraties modernes, où ces problèmes durables se situent au cœur du débat politique.

La théorie fonctionnaliste comporte trois types de spécification :

- les spécifications d'entrées (*input*), les spécifications qui stipulent le genre de choses qui causent les états mentaux chez les personnes ;
- les spécifications des états internes qui décrivent les interactions causales des états mentaux ;
- les spécifications de sorties (*output*) qui disent quels genres d'action ou de comportements sont causés par les états mentaux.

La machine de Turing est un exemple (abstrait) de machine qui peut fonctionner selon ce modèle. Un distributeur de cannettes fonctionne ainsi : il réagit aux *inputs* (on lui donne 50 centimes ou un euro), et, en fonction de ceux-ci, délivre la cannette ou attend plus de sous.

Selon John Searle, qui s'oppose, d'une certaine façon, à l'interprétation d'Hilary Putnam selon laquelle le fonctionnalisme serait compatible avec une thèse dualiste sur les états mentaux et les états physiques, le fonctionnalisme est au contraire nécessairement un physicalisme :

« Aucun de ces causes et de ces effets ne doit être conçu comme comportant un élément mental. Ce ne sont que des séquences physiques. Le fonctionnaliste insiste pour qu'on comprenne bien qu'il ne dit pas qu'une croyance est un état mental irréductible qui en plus a les relations causales qui sont les siennes, mais plutôt qu'une croyance ne consiste qu'en ce qu'elle a ces relations causales. Une croyance peut consister en un paquet de stimulations neuronales, ou dans le niveau de tension électronique d'un ordinateur, ou encore dans la vase verte du Martien, où quoi que ce soit d'autre, pourvu qu'elle fasse partie du bon schéma des relations de causes et d'effets. Une croyance, donc, ce n'est qu'une chose, un X, faisant partie du schème de relations causales, et elle est telle du fait qu'elle se situe à tel et tel endroit dans le schème de relations causales. »

Dans cette mesure, le fonctionnalisme s'apparente à un behaviorisme méthodologique : contrairement au behaviorisme ontologique, il n'affirme pas qu'il n'y ait pas d'états mentaux. Mais, de même que le behaviorisme méthodologique, il laisse de côté les aspects subjectifs, qualitatifs, des états mentaux (ou *qualia*), c'est-à-dire l'ensemble des expériences subjectives qui peut faire l'objet, par exemple, d'un poème ou d'une déclaration amoureuse, ou du simple fait d'aimer telle couleur. On parle ainsi de « fonctionnalisme de la boîte noire ».

Dans la théorie fonctionnaliste, ce sont les nécessités techniques (et non politiques) d'une société complexe qui favorisent la coopération. En d'autres termes, les problèmes qui dépassent les frontières d'un État-nation, ou ses capacités, entraîne mécaniquement la création d'institutions internationales ou supranationales appropriées. La clé pour l'intégration est le bien-être social, qui est supposé être assuré plus efficacement par des institutions supranationales. Les fonctionnalistes considèrent en effet que le gouvernement part des politiques dans le cadre de l'État-nation amène à privilégier la lutte pour le pouvoir sur le bien-être social. L'État est ainsi considéré comme une institution imparfaite qu'il s'agit de démembrer progressivement de ses capacités, avec l'objectif final de diminuer la conflictualité interétatique afin d'arriver, à terme, à l'élimination de la guerre .

Les organisations internationales dans les domaines techniques (comme l'Organisation internationale du travail, l'Union postale universelle, l'Organisation mondiale de la santé, etc.) illustrent la théorie fonctionnaliste.

La théorie fonctionnaliste adopte une perspective dite *bottom-up* (du bas vers le haut) : cela signifie que les nécessités de la base entraînent la création d'institutions au sommet pour satisfaire ces nécessités. Elle se concentre sur les aspects de *spillover* ou d'engrenages (représentés par exemple par la construction progressive de la Communauté européenne) et sur la question du transfert de loyauté des citoyens vers les organisations inter — ou supranationales.

Le fonctionnalisme avant 1990

Jusqu'au début des années 1990, les théories fonctionnalistes ont dominé l'analyse de la corruption dont la contrebande est l'un des aspects en sciences politiques comme en sciences économiques. Elles présentent la contrebande comme un moyen efficace de contourner des réglementations ou des procédures administratives lentes ou tatillonnes, permettant ainsi le développement politique et économique Leff (1964) ; Huntingdon (1968). Ainsi, en sciences politiques, la contrebande est parfois considérée comme un élément facilitant le développement des partis politiques, encourageant la participation et facilitant la création d'un environnement politique stable. La contrebande est généralement perçue comme augmentant la loyauté et la confiance des citoyens dans le système politique BAYLEY (1967) ; Huntingdon (1968) ; Merton (1968). LECLERQ (1989) affirmait que la contrebande agit comme de l'« huile dans les rouages », qu'elle est un substitut à la participation directe au pouvoir et qu'elle constitue un ciment entre l'élite et les partis politiques et améliore l'efficacité avec laquelle le pouvoir est exercé.

Cette conception de la contrebande a également été reprise et développée en sciences économiques. En effet, la contrebande a longtemps été présentée comme un élément permettant de compenser le fonctionnement déficient des institutions publiques.

LEFF (1964) et Huntington (1968) soutiennent que la contrebande favorise l'efficacité économique en dépassant les rigidités imposées par les gouvernements.

Selon ces auteurs, la contrebande faciliterait de manière générale la vie économique en « huilant les rouages ».

Cette idée a été reprise et développée ensuite et de nombreux travaux théoriques montrent que la contrebande est un vecteur d'efficacité. Par exemple, Beck et MAHER (1986) et Lien (1986) mettent en évidence, dans le cadre de l'allocation d'un contrat gouvernemental, qu'attribuer le contrat à l'entreprise qui offre le pot-de-vin le plus important conduit à sélectionner la firme la plus efficace.

En effet, ils montrent, dans un jeu en information imparfaite, que c'est la firme aux coûts les plus faibles qui peut offrir les dessous de table les plus élevés.

Dans le domaine du commerce international, BHAGWATI (1982, p. 993), suggère que la corruption soit analysée comme une *Directly Unproductive Profitseeking activity ou une activité de recherche du profit directement improductive* (DUP), c'est-à-dire une manière de réaliser des profits en entreprenant des activités qui ne sont pas directement productives.

Les effets de la contrebande peuvent être comparés à ceux d'autres activités comme l'évasion tarifaire ou la corruption.

Dès que ces activités ont lieu dans des situations initiales où il existe des distorsions, l'analyse du *second best* s'applique et ces activités peuvent améliorer le bien-être dans l'économie. Bien que ces théories n'étudient pas directement l'impact de la contrebande sur le commerce international, elles présentent la contrebande comme un moyen de le faciliter dans les pays caractérisés, par exemple, par une bureaucratie lente et tatillonne, ou encore un protectionnisme élevé.

La critique empirique des théories fonctionnalistes

À partir du milieu des années 1990, les premières données permettant d'évaluer l'ampleur de la contrebande ont permis de tester les théories fonctionnalistes et de mettre en évidence les conséquences négatives de la contrebande. En sciences économiques, cette vision positive de la contrebande, ainsi que les arguments qui la sous-tendent sont contestés. Plus précisément, son hypothèse centrale selon laquelle la contrebande est un élément exogène aux réglementations et aux procédures administratives est très débattue. En effet, il est possible que les agents publics créent des lenteurs ou des tracasseries administratives uniquement dans le but de percevoir des pots-de-vin (Myrdal, 1968 ; BARDHAN, 1997). Kaufman et Wei (1999) montrent que la contrebande est un élément endogène à la fixation des règles et des procédures administratives. Ils mettent en évidence, à partir des observations issues de différentes enquêtes effectuées auprès d'entreprises, une relation positive et significative entre les tracas bureaucratiques effectifs rencontrés et le montant des pots de — vin versé par les firmes. Plus encore, les théories du *second best* sous-entendent que corrompre suffit à accélérer les procédures ou à dépasser les obstacles administratifs.

Pourtant, ce n'est pas forcément le cas. Par exemple, la capacité des agents publics à accélérer une procédure administrative peut être très faible, surtout lorsque cette dernière implique différents interlocuteurs (SHLEIFER et VISHNY, 1993). Enfin, les effets positifs de la contrebande sur la croissance et l'investissement dans les environnements marqués par un fonctionnement déficient des institutions ont été infirmés. Méon et Sekkat (2005) montrent que la contrebande agit comme un « grain de sable dans les rouages » de la croissance économique et de l'investissement.

En effet, ils soulignent que les effets de la contrebande dépendent des autres aspects de la gouvernance (poids des réglementations, primauté du droit, efficacité du gouvernement...) et qu'ils sont d'autant plus néfastes que la qualité de la gouvernance est faible.

Si la littérature économique récente contredit la vision selon laquelle la contrebande peut compenser l'inefficacité de la bureaucratie et d'autres institutions, en sciences politiques les travaux s'attachant à vérifier les théories fonctionnalistes sont rares.

Des études ont analysé l'impact direct de la contrebande sur le degré de légitimité des États. Ainsi DELLA Porta (2000) met en évidence une forte corrélation entre des niveaux de contrebande élevés et un faible degré de satisfaction de la démocratie dans les pays d'Europe de l'Ouest.

La seconde théorie évoquée pour la régulation du phénomène est celle du contrôle social avec ses différents aspects dont la théorie de la dissuasion fait partie :

Les premières études importantes sur les criminels ont été faites par des médecins ; ils se plaçaient dans une perspective biologique, largement influencée par la pensée darwiniste. Cependant, dès la fin du XIXe siècle, les travaux de Ferri, de Joly et de BONGER ont mis en lumière l'importance du facteur social et économique dont avait déjà parlé Thomas More dans son *Utopie.* Chez les polytérites, en effet, l'agriculture, l'industrie et le commerce ont une organisation harmonieuse que la vague de criminalité qu'a connue l'Angleterre du XVIe siècle, et qui était due principalement à la crise économique, n'y est point concevable. C'est à cette tradition que se rattache Ferri, fondateur de la sociologie criminelle moderne.

Ferri considère comme facteurs sociaux la densité de la population, l'opinion publique, les us et coutumes, les mœurs et la religion ; il tient compte aussi de la famille, du niveau de l'enseignement, du degré d'industrialisation et de l'alcoolisme ; pour être complet, il faudrait analyser encore les conditions de vie économiques et sociales, le fonctionnement des administrations publiques (judiciaire, politique, policière, pénitentiaire) ! Il est question en définitive, de tous les courants collectifs qui agissent sur l'individu (Ferri, 1983). On prétend que l'effet des facteurs sociaux sur le phénomène de la contrebande est prépondérant, on affirme néanmoins que les divers facteurs sont en interaction constante et par leur ensemble conditionnent le phénomène de la contrebande. « Tous les crimes, disons nous sont la résultante des conditions individuelles et sociales. L'influence de ces facteurs est plus ou moins grande selon les conditions locales particulières. Les crimes contre les personnes par exemple, indiquent une régularité plus grande dans leur évolution que les autres, montrant alors que les autres dépendent de conditions sociales, c'est le cas du phénomène de la contrebande. »

À chaque phase d'évolution et à chaque état d'une société correspond un rapport assez constant de facteurs physiologiques, biologiques et sociaux de délinquance. Ferri désigne ce rapport sous le nom de la « loi de saturation criminelle ».

Dans cette définition de la sociologie criminelle, on se trouve en présence de deux éléments propres à la sociologie naissante : la partie synthétique, qui se propose de reprendre les éléments fournis par d'autres disciplines, et la partie analytique, qui consiste dans l'étude d'un aspect de la vie sociale.

Cette définition nous a fourni le cadre des études descriptives de la criminalité contrebandière ou même de la sociologie criminelle.

L'hypothèse de base, suggérant l'interdépendance de facteurs d'ordre physique et social et l'ordre individuel et collectif, est demeurée valable.

Cette tradition de sociologie descriptive est représentée dans la criminologie contemporaine par les travaux de SELLIN (1985), de DAVIDOVITCH (1979), de Szabo (1960), de Wolfgang et ses collaborateurs (1972), de FLÉCHETTE et Leblanc (1986) et de la plupart des publications de l'institut de criminologie de Cambridge, en Grande-Bretagne.

Leurs théories et analyses sont concentrées sur le phénomène de la '' criminalité'', la méthode d'investigation ne permettant pas de saisir, évidemment, le phénomène du '' criminel''. Leurs limitations tiennent principalement aux sources mêmes de leur matière première : dénombrement statistique des crimes ou des criminels. Ces données sont souvent contestables quant à leur représentativité (chiffre noir) par rapport à la criminalité réelle et aux critères juridiques qui servent de base pour définir l'acte criminel.

II.2. Les théories sous-jacentes de l'État

L'évaluation des politiques publiques et des marchés noirs qu'elles génèrent de même que la question de savoir si le bénéfice du doute revient aux premières ou aux seconds dépendent aussi de la théorie (ou du modèle) de l'État qui sous-tend l'analyse.

Avec Fiorentini et Zamagni (1999a, p. XVI-XXIII), distinguons deux catégories de théories de l'État et des politiques publiques : le modèle du bien-être et les modèles « propriétaristes » (*proprietary*).

Le modèle du bien-être suppose que l'État et ses politiques publiques visent à maximiser le « bien-être social », une sorte d'agrégation du bien-être de tous les individus dans la société.

L'une des tâches de l'État qui voudrait atteindre cet objectif consiste à corriger les externalités, qui empêchent les marchés de jouer leur rôle efficacement (voir Lemieux 2006a). Les conséquences de la consommation des marchandises de contrebande sur des tiers (la famille, les victimes) fournissent des exemples. Les marchés illégaux, s'ils découlent des politiques publiques qui maximisent le bien-être, doivent être considérés comme un coût nécessaire pour obtenir des avantages supérieurs.

Les modèles propriétaristes de l'État sont fondés sur l'hypothèse selon laquelle, loin de maximiser le bien-être général, l'État agit comme s'il appartenait à une catégorie sociale ou un groupe d'individus particulier.

Dans cette perspective, l'objectif réel des politiques publiques est de redistribuer des avantages à certains groupes (la classe moyenne ou ceux qui n'aiment pas les marchandises, par exemple) au détriment d'autres groupes (les riches, les pauvres, les fumeurs). « La plupart des auteurs qui travaillent sur l'économie des marchés illégaux et la corruption, expliquent Fiorentini et Zamagni (1999a, p. XVI), partagent une théorie de l'État selon laquelle la classe dominante exerce un monopole sur l'appareil étatique et choisit les politiques qui maximisent ses revenus sous réserve de maintenir sa position dominante ». Le champ des modèles propriétaristes de l'État couvre un large éventail de théories politiques et économiques, mais, quelle que soit leur variante, la conclusion de Fiorentini et Zamagni (1999a, p. XXIII) demeure valide : « En effet, en présence de réglementations inefficaces ou de prohibitions paternalistes de certaines activités, la corruption et les marchés illégaux peuvent promouvoir l'efficacité. » Parallèlement à la distinction entre le modèle du bien-être et les modèles propriétaristes de l'État, on distingue la théorie traditionnelle des finances publiques et la théorie contemporaine des choix publics (le « *Public Choice* »). L'approche traditionnelle est bien représentée par la critique habituelle de l'économie souterraine : « Le problème touche tout le monde, écrit James (2005, p. 275), puisqu'il va de soi que l'évasion fiscale ou bien augmente le fardeau fiscal de l'honnête contribuable ou bien réduit le niveau des dépenses publiques, ou les deux à la fois ».L'hypothèse sous-jacente est qu'un certain niveau de dépenses publiques est requis et que les impôts nécessaires pour les financer sont levés, à défaut de quoi les dépenses publiques ne seraient pas optimales. L'approche et les conclusions de la théorie des choix publics du moins du courant que représentent Brennan et Buchanan (1980) est différent : ce sont les recettes qui entraînent les dépenses, et non pas l'inverse ; l'État (le « Léviathan » de Thomas Hobbes) maximise ses recettes et trouve ensuite des débouchés redistributifs pour les dépenser. Dans cette perspective, l'économie souterraine pourrait servir de frein automatique au Léviathan. Étant donné la nécessité de minimiser les jugements de valeur et le danger de simplement supposer que l'État maximise le bien-être social, l'économiste doit-être prudent dans ses recommandations concernant l'économie souterraine. S'il est vrai que des jugements de valeur minimaux justifient de combattre les marchés noirs improductifs (reliés au meurtre, au vol et autre crime du genre), critiquer l'économie souterraine (économie irrégulière et marchés noirs productifs) d'un point de vue économique est plus difficile.

La théorie des organisations (économie des organisations et sociologie des organisations) est un domaine d'analyse passerelle entre l'économie, la psychologie et la sociologie. Depuis l'antiquité, l'administration du patrimoine des organisations a été un sujet d'analyse économique. Platon idéalisait le fait d'organiser les fonctions des individus au sein de sa société par la division du travail. Au XVIIIe siècle, Adam Smith est un des premiers auteurs à réfléchir au fonctionnement de l'entreprise. Il met en valeur le fait que la division du travail par la spécialisation en fonction des compétences permet de dynamiser le marché (exemple de la manufacture d'épingle). Dans cette optique, l'entreprise et donc l'organisation reste une « boîte noire » dans la mesure où il n'analyse pas les phénomènes se produisant en son sein, mais simplement les motivations des individus et les conséquences sur le marché. L'individu simplifié ne recherche ici que la satisfaction de ses intérêts personnels (il est appelé « homo oeconomicus »). Ce n'est que plus tard que l'organisation sera décomposée pour analyser les interactions permettant sa performance.

Dans une approche classique, vers la fin du XIXe siècle, Frederick Taylor propose le concept d'organisation scientifique du travail tendant vers une « one best way ou un meilleur chemin ». Celle-ci repose sur la décomposition du travail en gestes élémentaires chronométrés et organisés rationnellement pour former une chaîne de production. Taylor désirait appliquer les principes généraux d'amélioration de la productivité par la division du travail à l'entreprise qu'Adam Smith avait soulignée (avant lui Platon au niveau de la société, c'est-à-dire l'amélioration de la performance par la spécialisation). Il partage aussi l'idée avec Henry Ford qu'une augmentation des rendements peut être obtenue en contrepartie de bons salaires.

Dans le cadre de l'approfondissement de la recherche sur les relations humaines pour l'organisation, des auteurs par exemple Elton Mayo, Kurt Lewin ou Abraham Maslow ont participé, dans les années soixante, à la prise en compte par l'économie de comportements contraires aux objectifs de productivité de l'école classique : absentéisme élevé, rotation importante du personnel, accidents du travail, etc.

À cette même époque, l'organisation va aussi être reconnue comme un système complexe, c'est-à-dire une démarche globale qui s'intéresse plus aux liaisons entre les différents éléments constitutifs d'une entité qu'aux caractéristiques propres de chaque élément. Elle peut ainsi être reconnue comme un lieu de décision et un processus de prise de décision sensible à la rationalité limitée de ses agents.

Après ces divers courants de réflexion, et à la différence des écoles classiques, des auteurs réfléchissent aux prises de décisions satisfaisantes à des organisations spécifiques dans des contextes particuliers. Ainsi, l'organisation serait soumise à des facteurs de contingence, c'est-à-dire des caractéristiques évolutives qui influencent ses décisions et ses actions. Une vision évolutionniste (basée sur des routines expliquant la nature de l'organisation) a enfin vu le jour dans les années 80.

II.3. Les théories socio criminelles du crime

La théorie de Sutherland et les théories de quelques sociologues américains aboutissent à un concept sociologique très élaboré du crime et du comportement criminel. Ceux-ci sont considérés comme des faits socioculturels et s'expliquent en fonction de systèmes socioculturels. Le déterminisme biopsychique et l'étroitesse d'une conception purement juridique du comportement criminel semblent largement dépassés (CLINARD, 1953 ; Taft, 1956).

Le rôle des facteurs psychologiques et sociologiques dans la formation du comportement criminel peut être mis en relief par la distinction entre les traits psychogénétiques et sociogénétiques du criminel : les premiers rendent raison du comportement individuel et les seconds l'expliquent dans le cadre des modèles socioculturels.

C'est ici que l'individuel et le social interfèrent et que se pose, en particulier, le problème de la motivation de l'acte criminel. La motivation d'un acte qui fait de son auteur un délinquant est toujours strictement individuel. Ni les conditions biologiques ni les conditions d'ordre socioculturel ne remplacent les motivations inhérentes à la conscience individuelle. E. De GREEFF avait raison d'écrire que ''les causes sociologiques ne tiennent que jusqu'au moment où l'on se trouve placé en face de l'homme criminel'' (1946). En distinguant l'étude de la criminalité de celle du criminel, De GREEFF a indiqué, très opportunément, la ligne de démarcation entre les deux domaines d'investigation. Ces deux approches sont incontestablement légitimes et doivent être considérées comme complémentaires.

J DOLLARD et ses collaborateurs (1939) ont tenté de systématiser les mobiles des actes criminels dans une théorie psychosociologique. Loin de supprimer le caractère individuel de la motivation, ils en cherchent seulement les racines de l'ordre psychologique et social. Leur hypothèse fondamentale se résume en cette formule : toute agression est la conséquence d'une frustration. Pour l'étude de la criminalité, qui est un genre d'agression, ils ajoutent à la notion de frustration celle de la crainte de la punition, qui est aussi une forme de l'agression, exercée par les forces pro sociales contre les forces antisociales. Les auteurs de ces deux concepts se proposent d'élucider tous les facteurs réputés criminogènes.

Ils concluent que le niveau de la criminalité dépend des rapports dynamiques de la frustration et de la crainte de la punition. Si les frustrations sont peu nombreuses, la criminalité ne sera pas très forte. Elle ne le sera pas non plus si les frustrations sont nombreuses, mais la crainte de la punition forte. En revanche, si cette crainte est faible et si les frustrations sont nombreuses, la criminalité atteindra certainement un niveau élevé.

Cette théorie évoquée à titre d'exemple suggère un pont éventuel entre la sociologie criminelle, qui étudie les conditionnements externes de la criminalité et considère celle-ci comme faisant partie d'une culture, et les théories purement psychologiques ou psychanalytiques, qui expliquent l'acte criminel à la lumière purement personnelle.

La tendance de la sociologie empirique, dont Ferri a jeté les bases et qui est illustrée jusqu'à nos jours par des études importantes, a été dépassée par une conception de la sociologie criminelle centrée davantage sur la théorie sociologique. En effet, l'application la plus importante de la méthode de durkheimienne a été faite sur un problème de pathologie sociale, en marge de la criminalité : le suicide. De plus, une des préoccupations constantes de Durkheim a été la pathologie sociale, le problème du '' normal'' et de l'anormal''.

Il n'y a pas de sociétés connues, déclare-t-il, où, sous des formes différentes, ne s'observe une criminalité plus ou moins développée. Il n'est pas de peuple dont la morale ne soit pas quotidiennement violée. Nous devons dire que le crime et plus particulièrement la contrebande sont nécessaires, qu'il ne peut pas ne pas être, que les conditions fondamentales de l'organisation sociale, telles qu'elles sont connues, l'impliquent logiquement. '' Et il conclut : '' par conséquent, le crime est normal. '' Le critère du caractère '' normal'' d'un phénomène est pour Durkheim, sa généralité. '' Pour que la sociologie soit vraiment une science de ces phénomènes, il faut que la généralité de ces phénomènes soit prise comme critère de leur normalité'' (le suicide, 1897).

Dans toutes les sociétés, on distingue deux types de phénomènes sociaux : d'une part, ceux qui sont généraux et concernent l'ensemble de l'espèce, c'est-à-dire sinon tous les individus, du moins la plupart d'entre eux ; s'ils ne sont pas absolument identiques dans tous les cas, les variations qu'ils subissent sont exceptionnelles, et auxquels Durkheim applique le terme de '' pathologiques''.

Durkheim développe des points de vue importants pour la sociologie contemporaine : un fait social est normal pour un type social déterminé, considéré à une phase déterminée de son développement, quand il se produit dans la généralité des sociétés de cette espèce, étudiées à la phase correspondante de leur évolution ; on peut vérifier les résultats de la méthode précédente en montrant que la plupart des phénomènes découlent des conditions générales de la vie collective dans le type social envisagé ; cette vérification est nécessaire quand le fait se rapporte à une espèce sociale qui n'a pas encore accompli son évolution intégrale (les Règles, 1895). La criminalité n'a donc jamais de signification qu'en fonction d'une société et d'une culture particulières. Cette culture ne comporte pas seulement des éléments matériels, mais aussi des mœurs particulières, ordonnées, qui reçoivent une signification en fonction du système de valeurs qui lui sont propres.

La théorie de Durkheim a montré qu'un phénomène pathologique, la criminalité contrebandière par exemple n'est pas d'ordre accidentel et ne procède pas de causes fortuites. Au contraire, il est lié '' normalement'' à la société, il fait partie de la culture et découle par conséquent du fonctionnement régulier de celle-ci.

Une autre contribution importante de Durkheim à l'explication de la conduite délinquante est constituée par son concept d'anomie. Cherchant les causes du suicide dans divers types de groupes et de sociétés, il en a noté une qui résulte d'un affaiblissement des normes sociales, des forces de contrainte qu'exerce la société sur ces membres en face de l'ambition effrénée (orientée tant vers l'acquisition des biens matériels que vers les symboles de prestige social) que fait naître chez tous les individus la société industrielle capitaliste en plein développement.

La dernière contribution majeure que l'histoire de la sociologie criminelle enregistre est celle de Sutherland. Approfondissant la pensée de Durkheim, Sutherland, que l'on considère à juste titre comme le fondateur de la sociologie criminelle américaine, voit dans la criminalité en général et dans le phénomène de contrebande en particulier un processus socioculturel inhérent à chaque société.

Le comportement criminel plus exactement le comportement du contrebandier s'explique, selon Sutherland, à partir d'un certain nombre de postulats.

Tout d'abord, le processus dont résulte le comportement criminel du contrebandier ne diffère en rien d'un processus de comportement normal.

En deuxième lieu, le comportement criminel du contrebandier est impliqué dans un système social '' associationnel'', tout comme le comportement normal, et chacun d'eux a son mode social organisé systématiquement en groupes, cliques ou unions plus ou moins durables, soumis à une échelle de valeurs respectée.

C'est (troisième postulat) dans un système associationnel, celui des malfaiteurs, que se développe la personnalité du contrebandier. Les mêmes processus de base, l'apprentissage de la socialisation, qui caractérisent l'intégration des personnalités dans une culture, président la formation de la personnalité criminelle du contrebandier. Puis les normes morales en vigueur dans cette culture déterminent l'attitude devant les '' infractions''. Or ces normes n'indiquent aucune répréhension pour les contrebandes par exemple, qui constituent, dans leur cadre, une activité ‘’ normale’’.

Les différences individuelles (quatrième postulat) ne jouent un rôle dans le devenir de la personnalité criminelle du contrebandier que dans la mesure où la participation du délinquant à la culture criminelle de la contrebande se révèle plus ou moins étroite. Les conflits socioculturels qui ont provoqué la naissance de ces associations ‘’ différentielles’’ sont également (cinquième postulat) à la base de la personnalité criminelle du contrebandier. Le contrebandier est membre d’associations et de groupes qui l’intègrent comme membre ‘’ normal’’ d’une société. La désorganisation sociale, c’est-à-dire la décomposition de la société en plusieurs secteurs, en conflit les uns avec les autres, l’affaiblissement de l’effet cohésif de la culture globale et l’apparition de cultures particulières, les sous-cultures sont (sixième postulat) les causes fondamentales du comportement criminel du contrebandier qui n’a de sens que dans une situation conflictuelle.

En définitive, le comportement criminel du contrebandier est lié aux associations différentielles et se développe dans une situation conflictuelle consécutive à une désorganisation sociale, elle-même tributaire d’une désintégration culturelle. La définition du crime que donne Sutherland est la conséquence de sa thèse sur le comportement criminel. Selon lui, il y a crime lorsqu’un individu commet une infraction aux règles en vigueur dans une culture. Pour qu’il y ait crime, il faut que soient réunis trois éléments : les valeurs ignorées ou niées par les criminels doivent être appréciées par la majorité globale ou, du moins, par ceux qui sont politiquement les plus importants ; l’isolement de certains groupes fait que ceux-ci s’écartent des normes de la culture globale et entrent en conflit avec elle ; c’est la majorité qui frappe la minorité de sanctions.

Nous avons vu comment, à travers des études empiriques sur les facteurs de la criminalité, s’est développée, chez Durkheim, une théorie de la sociologie criminelle dont l’apport principal consiste à considérer la criminalité ou le phénomène pathologique comme ‘’ normal’’, lié à un complexe socioculturel. La théorie de Sutherland développe ces mêmes idées en intégrant l’étude du comportement criminel dans la sociologie des autres comportements, en associant l’étude de la culture criminelle à l’étude de la culture globale.

C’est cette manière de voir qui a permis à Sutherland de découvrir d’autres formes de la criminalité qui échappent, la plupart du temps, à la répression du Code pénal (la criminalité contrebandière).

Il s'agit de violations des normes en vigueur dans une culture donnée. C'est, par exemple, la délinquance des '' cols blancs'', celle des milieux économiquement élevés qui transgressent les règles régissant l'activité de leur profession. Leur comportement est semblable à n'importe quel autre comportement criminel, la seule différence étant l'absence d'une sanction légale. Cette manière de voir nous amène à une définition bien plus large de la criminalité : est considérée comme telle toute violation des lois, des normes et des valeurs en vigueur dans une culture donnée.

La criminalité réprimée par le Code pénal n'en constitue qu'une partie, celle qui est propre, en général, aux milieux déshérités, victimes de rapports de forces existant dans la société. Parmi les derniers '' continuateurs'' de ces théories à surveiller les travaux actuels, d'un '' jeune'' étudiant chercheur FAPPANI FRÉDÉRIC de l'université de Paris8…

En ce qui concerne cette thèse, un essai de synthèse (théorie fonctionnaliste et de la régulation) est l'approche théorique adéquate pour mieux comprendre le phénomène criminel en général et le phénomène de la contrebande spécifiquement.

La préoccupation est d'établir une synthèse sur le plan des concepts opérationnels qui se font de plus en plus jour. On s'intéresse au phénomène criminel et mettant à l'épreuve de l'expérience et de l'analyse de tous les concepts, qu'ils viennent de la psychanalyse ou de la sociologie. Considérant brièvement deux propositions. L'une est d'un psychiatre, l'autre d'un sociologue ; c'est-à-dire qu'elles ressortissent à deux modes différents de réflexion. La pensée de Lagache demeure d'essence clinique, l'intégration des concepts et l'analyse de la criminogenèse s'opèrent au niveau de la thérapeutique. En revanche, la théorie de C.R Jeffrey est plus abstraite et, en même temps plus ambitieuse : elle propose un concept de caractère psychosocial pour expliquer toute conduite criminelle ce qui inclut le comportement du contrebandier.

Ainsi, on pense comme Lagache que le psychologue doit analyser la criminogenèse à l'aide des concepts de conduite, de personne, de situation et de groupe. On précise que '' la plupart des situations auxquelles l'homme doit répondre et qui président à sa formation sont des situations sociales. La société est une articulation et une stratification de groupes qui répondent à la diversité de ses besoins et dans chacun desquels il (l'homme) a un statut et un rôle plus ou moins formels et définis''. On récuse le concept étroit de la psychocriminogénèse, qui n'a pas le souci '' des ensembles réels et de l'articulation des déterminants de divers ordres''. Pour nous, comme le pense LAGACHE (1951) ; la psychocriminogénèse devient la criminogenèse tout court.

Le point de départ est la constatation d'une carence dans l'explication du phénomène criminel et en particulier celui de la contrebande : ni la psychanalyse (théories de Freud) ni la sociologie (théorie de Sutherland) n'ont été capables d'expliquer tous les crimes et tous les comportements délictueux. Au lieu de partir du subconscient ou des groupes sociaux extérieurs à la conscience individuelle, on se fonde sur la théorie de la criminalité sur la notion de la personne socialisée. Le criminel se caractérise, déclarons-nous, par une '' dépersonnalisation'' sociale : la formation de son '' sur moi'' a été défectueuse par suite de son identification imparfaite avec les figures parentales ; son intégration dans la société laisse à désirer : il n'a pas su s'y situer comme il le souhaitait. Il n'a intériorisé les valeurs de la culture globale que partiellement, ce qui le place dans un isolement mental relatif au sein de son milieu. À partir de son concept d'aliénation sociale, JEFFREY s'efforce de démontrer que tous les résultats d'études criminologiques concordent avec sa théorie. Néanmoins, il est à craindre qu'il ne convainque pas beaucoup de gens. Sa théorie intègre toutes les autres, car elle est plus abstraite. Mais cet avantage ne lui fait-il pas perdre un attribut indispensable à toute théorie scientifique, la prédiction de phénomènes spécifiques ? On peut se demander s'il est possible d'élaborer une théorie intégrée du crime et du comportement.

On est tenté de répondre par la négative. Tout d'abord, en effet, ce qui constitue un délit est déterminé par la loi ; or celle-ci est l'expression des aspirations d'une partie plus ou moins importante des diverses couches sociales qui constituent la société.

Dans ces conditions, la législation criminelle ne représente pas une œuvre rationnelle, fondée sur certains critères logiques, mais elle résulte de l'évolution des mœurs d'une société particulière. La pérennité relative de certaines lois ne reflète que l'évolution particulièrement lente des idées morales. Il serait plus facile, sans doute, de développer une théorie générale du comportement déviant où des critères physiologiques, psychologiques et sociologiques assez sûrs rendraient possible un raisonnement scientifique.

À la sortie du bilan des explications partielles des théories ci-dessus évoquées, on retient que trois paradigmes s'en détachent.

On sait que depuis la fin des années soixante, trois paradigmes, considérés tantôt comme concurrents tantôt comme complémentaires, dominent la réflexion dans la sociologie de la délinquance. Le premier privilégie l'étiologie du comportement criminel afin de mieux cerner les conditions du passage à l'acte. Il se nourrit d'une tradition qu'illustrent les travaux de GLUECK (1950) aux États-Unis, de H. GOPPINGER (1986) en Allemagne, de B. di Tullio (1967) en France. Le deuxième prend comme point de départ l'acte criminel : il fait du délit l'élément central d'un affrontement entre le délinquant et la victime, d'une part, et le délinquant et les forces de l'ordre, d'autre part. Ce paradigme s'enracine dans la tradition écologique de l'école de Chicago (Shaw et McKay, 1942) et l'école de l'écologie sociale (HAWLEY, 1950). Le troisième paradigme se propose d'expliquer la criminalité comme phénomène collectif, ses déterminants et ses mouvements. Le problème majeur concerne le contrôle social considéré comme un mécanisme de la réaction sociale au phénomène criminel. Qui définit le comportement de qui comme étant déviant ou délinquant ? Quelles sont les relations entre les variations des mouvements de la criminalité et les transformations dans l'organisation socio-économique, dans les systèmes des valeurs, des normes qui président à l'intégration ou à la désintégration sociale ainsi que l'organisation socio judiciaire du contrôle social ? Ce dernier paradigme est issu de deux traditions distinctes : Sutherland (1941), CRESSEY (1972), SELLIN (1985), CLOWARD et Ohlin (1960) se réfèrent à la conception durkheimienne de la pathologie sociale, de la normalité et de la déviance, de l'anomie ; au courant interactionniste qui souligne l'importance des mécanismes de la reproduction de la délinquance par l'organisation du pouvoir dans la société se rattache Becker (1986) et Goffman (1968).

On dit que les deux premiers paradigmes sont de nature psychosociologique et que leur domaine d'applications est essentiellement microsociologique.

Le troisième paradigme est de nature socioculturelle, est opératoire sur le plan macrosociologique.

Tous ont en commun l'acceptation de l'incrimination judiciaire comme critère du phénomène étudié. Exception faite de certaines tendances de l'interactionnisme symbolique, ils ne se réfèrent donc pas à la ‘' déviance'', notion purement sociologique.

Par ailleurs, chacun des trois paradigmes éclaire et évalue le fait pénal à la lumière de son contexte psychosocial ou socioculturel. La démarche est donc spécifiquement sociologique, elle n'est pas normative (juridique, philosophique ou politique).

À la suite des conflits épistémologiques et méthodologiques qui ont durement secoué les sciences sociales à partir des années soixante (GOULDNER, 1970, Bell, 1973) et dernièrement Boudon (1986), il n'est pas possible de considérer, actuellement, le corps de connaissance sur la société comme un ensemble ayant une cohérence logique généralement acceptée par la communauté scientifique. Comme à la fin du XIXe siècle, les écoles de la pensée opposées partagent l'allégeance des chercheurs.

IL faut tenir compte de cette diversité en regroupant ici les analyses contemporaines de la sociologie de la délinquance à partir de leur engagement paradigmatique. Il s'agit de types idéaux, puisque les recherches sont classées d'après leur trait dominant. Une période d'intégration des connaissances suivra, sans aucun doute, l'actuelle balkanisation de la science sociale.

On retient comme premier paradigme : le paradigme de comportement délinquant.

La psychologie sociale inspirée par l'œuvre de Kurt Lewin (1933) est à l'origine de cette démarche. B= (P) (E) est la formule qu'il propose. La conduite (B) est fonction des caractéristiques de la personne (P) et de son milieu de vie (E). Des premiers travaux combinant les facteurs psychologiques et sociologiques dans une explication intégrée n'ont connu qu'un succès partiel. Ils privilégiaient, en effet, soit les facteurs psychologiques (JESSOR et coll. 1968, 1977), soit les facteurs sociologiques (REISS, 1951 ; Martin et FITZPATRICK, 1965 ; Szabo et coll. 1968), soit l'approche multifactorielle (West, 1982). Certains travaux ne visaient qu'un phénomène spécifique tel que la violence (Wolfgang et FERRACUTI, 1967). Il fallut attendre les travaux de HIRSCHI (1969), de GOTTFREDSON (1984) et de Fréchette et Leblanc (1986) pour que l'intégration théorique des variables soit postulée et vérifiée plus systématiquement.

L'hypothèse suivante est retenue : la conduite délinquante est la conséquence d'une défaillance des mécanismes de régulation sociale. En d'autres termes, il y a contrebande parce qu'il y a défaillance des mécanismes de régulation sociale, les systèmes de contrôle sont défaillants, il y a surestimation de taxes et droits de douanes et problème dans l'application des sanctions aux contrebandiers. Les relations positives de l'individu avec la société sont ténues, ce qui explique un retard dans le développement psychologique et des lacunes dans l'influence qui résulte de la contrainte sociale. La défaillance des mécanismes régulateurs engendre une conduite délictueuse à intensité variable. On observe, outre une marginalisation dans le cadre scolaire. Les conditions structurelles jouent enfin un rôle important, parfois déterminant : sexe, statut social de la famille, niveau d'intelligence du sujet.

Les liens sociaux représentent ici un degré d'attachement aux personnes du milieu ainsi que le degré d'engagement à l'égard des institutions sociales telles que la famille, l'école, le voisinage, etc. la contrainte sociale comprend l'intériorisation des normes, c'est-à-dire la contrainte interne et la pression du milieu, c'est-à-dire la contrainte externe. La conformité ou la déviance par rapport au rôle normal de l'adolescent de ce groupe d'âge y sont indiquées. La nature du fonctionnement psychologique résume le processus de l'atténuation progressive de l'égocentrisme naturel, l'affaiblissement de la primitivité, de la négativité, de l'insécurité, de l'isolement, en un mot, de l'hypo socialité.

Ces deux éléments psychologique et sociologique ne sont cependant pas articulés de façon aléatoire. Les mécanismes du fonctionnement psychologique se trouvent dans une situation d'interdépendance par rapport aux liens sociaux. Cette interdépendance est relevée dans l'histoire de la socialisation du jeune. La contrainte sociale intériorisée préserve l'adolescent des pressions vers l'activité illicite comme celle de la contrebande. Le développement d'attitudes non conformistes s'exprime dans le rattachement à des pairs déviants et à des conflits au sein de l'école. Le support psychologique de cette attitude se caractérise par des liens interpersonnels insuffisamment noués, qui provoquent un développement psychologique incomplet et qui portent aussi les marques d'une contrainte sociale défaillante.

Notre idée première met en évidence les deux pivots structurels sur lesquels reposent les mécanismes de régulation : le niveau d'intelligence et le statut social de la famille. Le premier a un impact déterminant sur le fonctionnement psychologique, le second pèse sur la nature du développement des liens sociaux. La dichotomie sexuelle exerce une influence générale sur les composantes de la régulation sociale ; elle conditionne aussi le degré de délinquance.

La seconde idée repose sur un degré mesurable de ‘‘ dyssocialité’’ résulte de l'interaction de ces variables psychologiques et sociales.

L'égocentrisme comme variable psychologique apparaît plus important que les variables sociales dans la dynamique de développement des conduites délinquantes. Une typologie de personnalité délinquante, basée sur une combinaison de variables d'ordres psychologiques et sociologiques et qui s'expriment dans la conduite délinquante, se dégage des recherches poursuivies par (FAVARD, 1983, Fréchette — Leblanc, 1986 ; FINKENAUER, 1984 ; HIRSCHI, GOTTFREDSON, 1983). La délinquance d'occasion et de transition est circonstancielle ; elle a moins de 10 % de chances de persister jusqu'à l'âge adulte. Elle n'est ni dépistable ni prévisible. La seule façon de contenir ce type de délinquant est l'action sur des grandes institutions de socialisation et de régulation sociale : la famille, l'école, le milieu de travail et le voisinage. Les délinquants de condition peuvent se classer en quatre sous-types distincts :

Le délinquant marginal se caractérise par une conduite délinquante sporadique, pour lui, les déficits accumulés ainsi que les effets d'une socialisation par des groupes délinquants ne sont pas considérables. L'action sur cette forme de déviance passe par des instances sociales et judiciaires qui aident à la réintégration sociale et à la restauration des liens sociaux.

Le délinquant immature manifeste une conduite persistante dans la délinquance sans cependant se rendre coupable de délits de gravité. Il se distingue par un certain désengagement social, l'approbation de schémas de références criminelles et une immaturité psychologique notable. Souvent récidiviste, il bénéficiera dans de nombreux cas, après s'être rendu coupable d'actes assez graves, d'un internement rééducatif.

Les délinquants à structure névrotique entretiennent des rapports appauvris avec autrui, et s'impliquent insuffisamment dans des rôles socialement positifs. Leur désengagement social est nourri par une ambivalence psychologique qui provoque une attitude conflictuelle avec autrui et avec les institutions. Seule une approche psycho éducative institutionnelle peut modifier ce type de comportement.

Enfin, le délinquant persistant grave présente un risque élevé de récidive et s'engagera dans la carrière criminelle à l'âge adulte. Son concept de soi négatif, sa méfiance, son hostilité systématique à l'environnement qui est le sein le placent dans une sorte de vide et le font basculer dans un milieu antisocial articulé et structuré. Sa personnalité égocentrique cristallisée laisse peu de choix sur la nature de l'intervention à son égard : les tribunaux, les institutions rééducatives et punitives seront préférées. La clarification des valeurs suivie d'efforts de modification de comportement doit être tentée. Les chances de succès semblent minces : plus de 90 % de ces délinquants se retrouvent dans les carrières criminelles adultes, c'est le cas sans doute du contrebandier qui lui prolifère dans les activités économiques souterraines et illicites.

Le second paradigme est : l'acte criminel

Ce second point de vue théorique centre l'attention sur l'acte et les décisions qui conduisent au passage à l'acte délinquant. Les prédispositions, les pulsions qui y mènent, si importantes dans le paradigme étiologique, jouent ici un rôle secondaire. Au lieu de se demander ‘’ comment des individus deviennent-ils délinquants ? ‘’, On s'interroge sur les circonstances qui permettent aux tendances criminelles de provoquer un passage à l'acte. Il est tenu compte aussi bien des circonstances dans lesquelles se produisent des délits que des résultats anticipés qui s'incorporent dans la structure de la prise de décision d'accomplir l'acte criminel. L'occasion, l'opportunité jouent un rôle déterminant dans le déclenchement de l'acte criminel ainsi que la logique et la rationalité propres à ce type d'action. Celui-ci apparaît, en effet, comme le fruit d'une évaluation rationnelle du pour et du contre.

Ainsi l'analyse stratégique basée sur le paradigme de l'acte criminel propose les questions suivantes à l'attention du chercheur (CUSSON, 1986).

- Quelles sont les étapes du processus de prise de décision qui conduit au crime ?
- Comment les délinquants préparent-ils et exécutent-ils leurs délits ?
- Quelles fins poursuivent-ils ?
- Lors du passage à l'acte pourquoi optent-ils pour tel type de délit, tel type de victime ?
- Les risques anticipés du délit (arrestation, condamnation) sont-ils pris en considération lors de la décision de passer à l'acte ?
- Quelles considérations entraînent la décision d'entrer ou sortir d'une carrière criminelle ?

Les travaux de FELSON (1983) renouent avec la tradition écologique des sociologues de Chicago postérieure à la Première

Guerre mondiale. Ils saisissent l'activité criminelle comme une activité habituelle se projetant dans le temps et dans l'espace.

Les conditions nécessaires à la perpétration d'un crime prédateur sont : l'existence d'un délinquant potentiel, d'une cible intéressante et précise, etc., l'absence de gardien capable de prévenir l'agression. La valeur de l'objet convoité, sa visibilité, son accessibilité, son inertie, tels sont les traits qui précisent la vulnérabilité d'une cible. L'évolution de la société américaine l'expose plus particulièrement à la convoitise des éléments prédateurs et criminels donc à la contrebande au même titre que la société ivoirienne en pleine modification. Pour pallier ces difficultés, un système de contrôle doit être de vigueur pour dissuader les contrevenants éventuels.

L'expression '' système de justice criminelle'' est relativement récente. Elle est apparue à la suite des travaux du national crime commission du gouvernement américain au cours des années soixante. Il s'agit d'un concept qui considère la totalité de l'appareil pénal comme un ensemble d'instances interdépendantes, au service d'un objectif commun. La protection de la société constitue la finalité du système. Les sous-systèmes (police, tribunaux, organismes chargés de l'exécution des sanctions) ont chacun leurs missions et leurs fonctions propres ; l'évolution historique leur a cependant souvent assigné des objectifs qui ne prennent pas en compte la finalité commune au '' système''.

Le traitement de la criminalité par l'appareil institutionnel que la société s'est donnée à cet effet constitue la quatrième clef du paradigme. L'objectif général oscille entre le modèle de rejet et celui de l'ingestion. Avant le XIXe siècle, c'est le premier qui dominait. Les châtiments corporels, dont la peine de mort, le bannissement, la réduction à l'état de servitude (la condamnation aux galères par exemple), l'enrôlement forcé sous les drapeaux permettaient de libérer la société de la présence d'éléments indésirables. Avec l'avènement de la philosophie humanitaire des encyclopédistes sur le continent et des philosophes utilitaristes dans les pays de tradition anglo-saxonne, c'est le deuxième modèle, celui de l'ingestion, qui a prévalu. On a gardé les condamnés en cellule, souhaitant qu'ils s'amendent, et on est venu à leur offrir des moyens pour s'amender. La prison est devenue paradoxalement, un lieu de formation (morale, intellectuelle et professionnelle) et pas seulement de punition. La foi dans les vertus salvatrices des apprentissages, du travail, de la continence physique et morale, etc., qui imprégnait la philosophie de l'éducation s'est étendue à ceux que la société sanctionnait.

La naissance des sciences humaines a coïncidé avec l'émergence du modèle d'ingestion. Elles offrirent tout naturellement leurs services à l'humanité souffrante comme à ceux qui devaient assurer un bon gouvernement aux hommes. Plusieurs penseurs ont souligné le lien entre l'orientation des recherches en sciences sociales et l'idéologie (ou la philosophie morale) dominante. Parmi les plus influents, notons Michel Foucault. L'émergence puis la prédominance de l'idéologie égalitaire ont profondément influencé les sciences sociales au cours des dernières années. La surreprésentation systématique des personnes issues des classes sociales moins bien nanties dans les populations pénales interpellait la conscience sociale des chercheurs comme celle des réformateurs. C'est ce sentiment-là qui est à l'origine de nombreuses recherches consacrées, au cours des dernières décennies, à l'étude du pouvoir discrétionnaire de la justice et à la manière de l'exercer. Le système de justice pénale fut considéré par beaucoup comme le '' producteur'' principal de la criminalité. Ce fut, en tout cas, une des thèses de l'école interactionniste.

Pour Maurice CUSSON, « pour comprendre l'action d'un individu (du contrebandier), il faut prendre au sérieux les raisons que celui-ci invoque pour justifier de son acte ». CUSSON introduit la notion de rationalité chez l'acteur. Il émet par ailleurs l'hypothèse selon laquelle « la délinquance doit être vue comme un choix de vie, car le délinquant adopte le raisonnement selon lequel violer la loi lui apporte plus d'avantages que d'inconvénients. » Toujours pour le même auteur, le crime apporte du plaisir à court terme, mais à long terme, il conduit inéluctablement à la prison et/ou à la mort. Le mode de vie du délinquant serait fondé sur un mépris du futur et à la prédominance de l'immédiat. L'acte déviant est alors « conçu comme le résultat d'une décision prise par des individus soucieux de maximiser leur satisfaction. »

Dans le déterminisme, on notera notamment l'apport de Laurent s. Pour ce dernier, « l'augmentation actuelle du sentiment d'insécurité et de la violence s'explique par deux facteurs principaux : d'une part, la crise économique et sociale (fin des trente glorieuses, hausse du chômage et emplois précaires, particulièrement chez les jeunes) et d'autre part, le problème de représentation politique (les hommes politiques perdraient toute crédibilité) » expliqueraient l'émergence d'une société violente. Pour Sébastien Roché, sociologue, les causes de la délinquance ne seraient pas uniquement d'ordre économique et social. Pour lui, « l'augmentation de la délinquance serait liée à l'essor du mode de vie individualiste : les solidarités classiques étant moins fortes qu'avant, chacun verrait autrui comme quelqu'un à utiliser. » Dans cette perspective théorique, la question sous-jacente à ce débat est alors de voir pourquoi certains individus deviennent déviants alors que d'autres dans des circonstances et dans des contextes identiques n'adoptent pas les mêmes comportements et ne partagent sans doute pas toutes les mêmes valeurs : par exemple, tous les chômeurs qui vivent en banlieue ne deviennent pas des criminels. Autrement dit, dans des conditions égales, tous les individus en présence ne vont pas transgresser les normes.

On retiendra également l'apport de Robert K. Merton dans une approche de type inégalitariste. Pour ce sociologue, les mutations engagées le siècle dernier tiennent une place prépondérante dans l'analyse, notamment avec l'avènement de l'idéologie individualiste. Pour Merton, les inégalités sociales tiennent un rôle à ne pas négliger dans l'émergence de la contrebande. D'après MUCCHIELI, « Merton serait le premier à comprendre l'importance du décalage entre les aspirations à la réussite sociale qu'encourage l'idéologie individualiste des sociétés modernes et la réalité des inégalités sociales (et raciales) qui, en réalité, n'offrent pas les moyens d'y parvenir à chacun. » Cette idéologie individualiste étant largement diffusée par la société consumériste actuelle.

DEUXIÈME PARTIE

CADRE MÉTHODOLOGIQUE

CHAPITRE 4

Terrain d'étude, population d'enquête, échantillon

I. TERRAIN D'ÉTUDE

On a retenu le district d'Abidjan (superficie : 2119 km2) comme milieu d'étude parce qu'il a en son sein la capitale économique Ivoirienne en l'occurrence : Abidjan (superficie : 422 km2) de la Côte d'Ivoire qui connaît une urbanisation rapide ce qui a contribué à bouleverser les structures traditionnelles en outre, richesse et extrême pauvreté se côtoient tous les jours dans le district d'Abidjan qui connaît un nombre important d'exclus du circuit socio-économique et de la production. C'est le district le plus peuplé de l'Afrique de l'Ouest francophone et la deuxième agglomération francophone au monde après Kinshasa (9.4 millions) et avant Paris (2.2 millions). Il est également le deuxième plus grand district francophone intramuros et la troisième plus grande agglomération. Il compte, selon les autorités du pays, en 2010, neuf millions d'habitants pour le district, et trois millions neuf cent mille habitants pour la ville, soit 20 % de la population totale du pays qui est de dix-neuf millions trois cent mille habitants (jeune Afrique n °2576, du 23 au 29 mai 2010). La ville d'Abidjan particulièrement à une croissance démographique de 3.7 % avec une densité de 1475 habitants/km2, or on a 48 habitants/km2 au niveau national.

Le district d'Abidjan est la région la plus industrialisée du territoire national. Ses industries sont principalement le Bâtiment et travaux publics avec la présence de grands groupes industriels français : SETAO, *COLAS*, Bouygues, *Jean Lefebvre*.

On compte ensuite l'industrie textile avec le conditionnement du coton cultivé dans le nord soit pour l'exportation soit pour sa transformation sur place en pagnes, toiles, batiks et vêtements divers. Le secteur du textile, très dynamique, représente 15,6 % des investissements nets, 13 % du chiffre d'affaires et 24 % de la valeur ajoutée de l'industrie ivoirienne.

On dénombre plusieurs puits de pétrole au large de la côte en exploitation off-shore (la Côte d'Ivoire est un pays producteur de pétrole, même si elle n'est pas autosuffisante en ce domaine), ce qui conduit à la présence d'industrie chimique avec les raffineries de pétrole, et un port pour hydrocarbures. On y travaille également les pierres et des métaux précieux pour l'exportation. La ville comporte également une importante activité de traitement du bois qui arrive au port essentiellement par voie fluviale depuis les forêts du centre du pays. Il est exporté soit sous forme naturelle comme l'acajou qui était déjà vendu il y a 2 siècles aux Anglais à l'époque victorienne soit sous une forme semi-industrialisée : bois déroulé, contreplaqué, aggloméré. Dans l'industrie agroalimentaire on compte principalement : la fabrication d'huile de palme, le traitement des bergamotes et des bigarades, la transformation de l'hévéa issu des plantations de l'ouest, la fabrication de boissons à partir des ananas, des oranges et des mangues et surtout la torréfaction du café, de type robusta, venu des plantations de l'ouest et dont le pays est le troisième producteur mondial, derrière la Colombie et le Brésil ainsi que le conditionnement et le traitement du cacao, dont la Côte d'Ivoire est le premier producteur mondial devant le Ghana et l'Indonésie. (37 % du cacao et 10 % du café produit subissent au moins une première transformation sur place). Abidjan est aussi le premier port thonier africain, et trois usines conditionnent du thon destiné au marché européen essentiellement. Cette activité génère près de 3.000 emplois salariés, et est une source importante de devises. Comme dans tous les pays du tiers-monde en voie de développement, une grande partie de l'économie de la ville se situe dans le domaine que les économistes qualifient d'économie informelle avec ses nombreux « petits métiers ».

En ce qui concerne la présentation physique des différentes entrées routières de la Côte d'Ivoire en général et de celles du district autonome d'Abidjan en particulier voir (*annexe1) : Panorama des barrages routiers, des rackets et des temps de contrôle (retard) sur les axes routiers principaux en Côte d'Ivoire* et pour les entrées routières du district et les Limites de la ville Abidjan dans la Région des Lagunes *voir (annexes 2, 3) : Panorama des barrages routiers, des rackets et des temps de contrôle (retard) sur les axes routiers du district d'Abidjan.*

- Nombre de barrages observés sur les axes routiers du district d'Abidjan
- Port Bouet — Abobo
- Port Bouet — Riviéra
- Adjamé-Bingerville
- Adjamé-Anyama
- Treicheville-Port bouet
- Adjamé-Yopougon

Compte tenu des courtes distances inter communales (10 km à 20 km), les ratios aux 100 km des barrages sur les axes sont très élevés (6 à 50 barrages aux 100 km).

Les barrages sont en majorité tenus par la police et la gendarmerie.

Assez souvent, les agents commis à la régulation de la circulation notamment procèdent à des contrôles d'usagers (exemple carrefour de la Riviera 2 à Cocody).

La situation actuelle des barrages est la même qu'avant la crise pour certains axes malgré l'instauration du ticket unique. Par contre, l'axe Adjamé-Abobo-Anyama a connu une baisse.

II. POPULATION D'ENQUÊTE

Dans un souci de diversification de sources des données, on a mené les recherches (enquêtes auprès de différentes catégories de populations susceptibles d'apporter des éclaircissements par rapport à l'objet :

- 1) Les acteurs initiaux et finaux du phénomène de la contrebande, c'est-à-dire : les fournisseurs, les distributeurs, les acheteurs, les commerçants, les détaillants, et les vendeurs susceptibles de produire de la contrebande.
- 2) Les agents et cadres des services des douanes, de la police économique et de la gendarmerie nationale.
- 3) Les responsables administratifs et le personnel de la chambre de commerce et du ministère du Commerce.
- 4) Les responsables de l'ONG-STOP FRAUDE (ONG en faveur de la lutte contre la fraude fiscale et la contrefaçon sans frontière en Côte d'Ivoire).
- 5) Les responsables de l'Office ivoirien de la protection intellectuelle (OIPI).

III. ÉCHANTILLON

Les acteurs pratiquant la contrebande dans le district autonome d'Abidjan le font dans le noir et non pas à ciel ouvert, ils sont difficilement observables et repérables, il a fallu l'aide d'acteurs témoins en l'occurrence les agents de (police, gendarmerie, douane) pour espérer avoir un effectif de 33 individus. Quoique de petite taille l'échantillon a toutes les caractéristiques de la population mère d'où il a été tiré, tous les acteurs ci-dessus cités s'y retrouvent représenter en tenant compte des caractères correspondants à la population mère. On a dans l'effectif de l'échantillon : les fournisseurs, les distributeurs, les acheteurs, les commerçants, les détaillants, et les vendeurs, les agents des services des douanes, de la police économique et de la gendarmerie nationale.

Les responsables administratifs de la chambre de commerce et du ministère du Commerce.

L'échantillon se compose d'intervenants initiaux et finaux de la contrebande dans le district autonome d'Abidjan réparti en deux cohortes.

La première cohorte compte 18 acteurs actifs (cf. Tableau 2) pour chacune des 13 communes du district autonome d'Abidjan on a : (2) pour ABOBO, (2) pour ADJAME, (2) pour ATTECOUBE, (2) pour ANYAMA (1) pour COCODY, (1) pour BINGERVILLE (1) pour le PLATEAU, (1) pour YOPOUGON, (2) pour TREICHVILLE, (1) pour KOUMASSI, (1) pour MARCORY, (1) pour PORT-BOUËT, (1) pour SONGON.

La deuxième cohorte compte 15 acteurs passifs (complices) : (2) pour ABOBO, (2) pour ADJAME, (1) pour ATTECOUBE, 1 pour ANYAMA (1) pour COCODY, (1) pour BINGERVILLE (1) pour le Plateau, (1) pour Yopougon, (1) pour TREICHVILLE, (1) pour KOUMASSI, (1) pour MARCORY, (1) pour PORT-BOUËT, (1) pour SONGON.

La première cohorte est composée d'acteurs ayant toujours participé à la contrebande de façon régulière, la deuxième, de ceux ayant été complice, ou ayant participé occasionnellement ou accidentellement à la contrebande.

Tableau 2 : Échantillon de l'enquête par cohorte, par type d'acteurs

Les communes du district d'Abidjan	Cohorte acteurs actifs	Cohorte acteurs passifs	TOTAL
ABOBO	02	02	04
ADJAME	02	02	04
ATTECOUBE	02	01	03
ANYAMA	02	01	03
BINGERVILLE	01	01	02
COCODY	01	01	02
KOUMASSI	01	01	02
MARCORY	01	01	02
PORT-BOUËT	01	01	02
PORT-BOUËT	01	01	02
SONGON	01	01	02
TREICHVILLE	02	01	03
YOPOUGON	01	01	02
TOTAL	18	15	33

La méthode d'échantillonnage retenue, non probabiliste, est celle par « choix raisonné » (Beaud, 1984). Cette méthode est apparue la plus appropriée en raison de l'objectif de recherche qui consiste à mettre au jour les implications directes ou non, permanentes ou occasionnelles des acteurs contrebandiers dans l'essor et la pérennisation du phénomène de la contrebande et de points de vue différents de ces différents acteurs. À ces deux critères, s'ajoutait celui de la position occupée dans le groupe des rapports de force au sein du groupe.

En ce qui a trait à la sélection des sujets en fonction de leur point de vue et de leur position dans le groupe des rapports de force, trois principes ont guidé l'étude. Il s'agit des principes de *saturation*, *d'hétérogénéité* et de *structure*.

Le principe de saturation réfère ici à l'épuisement de la variété des explications ayant cours au sein d'un ensemble donné d'acteurs à propos d'une réalité ou d'un phénomène. L'application de ce principe s'est concrétisée dans le cadre de notre enquête par l'ajout d'entrevues tant que nous apprenions quelque chose de nouveau sur notre objet de recherche. L'étape de la réalisation des entrevues a par conséquent pris fin lorsque les sujets que nous rencontrions répétaient, globalement, ce que les sujets précédents nous avaient déjà appris.

Le principe d'hétérogénéité réfère, pour sa part, à l'exigence d'explorer ou, en quelque sorte, de saturer les divers points de vue repérés. L'application de ce principe s'est traduite par une sélection des sujets en fonction de cet objectif d'exploration de la variété des points de vue.

Enfin, le principe de structure réfère à la correspondance postulée (Bourdieu & WACQUANT, 1992) entre le point de vue exprimé par l'acteur et la position occupée dans la structure des rapports de force. La prémisse sous-tendant ce principe étant que le discours des sujets n'est pas un discours désincarné ou neutre, en marge de la dynamique des rapports sociaux, mais participant au contraire à cette dynamique. L'opérationnalisation de ce principe nous a conduits à choisir des sujets occupant des positions différentes dans la structure des rapports de force au sein de leur groupe d'activité. L'hétérogénéité des discours procédait en partie de la position occupée par les sujets dans l'organisation criminelle.

L'application des principes de saturation, d'hétérogénéité et de structure dans la sélection de nos répondants rendait nécessaire l'acquisition de ce que Bourdieu appelle « la compétence spécifique » du milieu étudié (1993) ; c'est-à-dire une connaissance préalable des logiques sociales et des rapports de force qui permet de sélectionner adéquatement les sujets au regard de notre objectif de recherche et d'interpréter leur discours à travers la dynamique des rapports de force dans lequel ils évoluent. La nécessité d'acquérir cette « compétence spécifique » nous a conduits à faire une première analyse des données au moment même où nous procédions à la cueillette des données. Bien que préliminaire à cette étape de l'enquête, cette analyse constituait néanmoins un élément clé du processus de sélection des sujets. À partir d'informations recueillies auprès des acteurs interviewés, nous procédions ainsi à la sélection d'autres intervenants dont la participation nous paraissait pouvoir enrichir nos données en apportant un point de vue soit différent, soit opposé, où est concordant avec ceux recueillis jusque-là. Par exemple, si, dans le cadre d'une entrevue, un participant nous communiquait une information que nous jugions pertinente de vérifier ou d'approfondir, nous sélectionnions un autre intervenant qui, sur la base de notre connaissance du milieu qui allait en s'approfondissant pouvait contribuer à enrichir nos données et notre connaissance de la logique de la discipline.

Un refus de participation plus grand chez les femmes que chez les hommes. L'échantillon ne compte que 10 femmes : cinq à ABOBO et cinq à ADJAME. Deux raisons peuvent expliquer cet état de fait. La première tient à la composition même de la population visée par notre enquête, plus particulièrement dans la contrebande. En effet, le nombre de femmes contrebandières dans le district d'Abidjan est extrêmement faible en comparaison avec celui des hommes ; elles sont la plupart du temps des revendeuses donc en fin de processus. Au moment de la réalisation de l'enquête, notre échantillon ne comptait que trois femmes contre 30 hommes, et par la suite nous sommes parvenus à 10 contre 23 acteurs masculins pour un peu équilibrer les choses. La deuxième raison tient au fait que la majorité des femmes contactées refusaient de participer à l'enquête où ne retournaient pas nos questionnaires. Les raisons motivant les refus étaient la crainte d'être reconnue (quatre femmes), le manque de temps (deux femmes), le manque d'intérêt (une femme), le fait d'être un acteur dans la contrebande « atypique » (trois femmes). En ce qui a trait à ce dernier motif de refus, bien que nous expliquions aux femmes que le seul critère de sélection des répondants et répondantes était qu'ils ou qu'elles participent à la contrebande sur le territoire douanier du district autonome d'Abidjan et qu'ils ou elles soient en permanence ou occasionnellement dans la contrebande, les femmes maintenaient leur décision. On peut noter que ces femmes étaient de tout âge et qu'elles pouvaient donc percevoir comme une menace potentielle le fait d'être interrogée sur leurs activités criminelles. Pour ce qui est des hommes, ils répondaient en général plus favorablement à notre demande de participation. Quelques-uns ne nous ont pas retourné nos questionnaires, un a refusé parce qu'il n'était pas intéressé, un par manque de temps et un troisième parce qu'il se disait « étranger au monde fermé des contrebandiers ». À l'instar des trois femmes ayant refusé parce qu'elles se disaient « atypiques », il n'est pas improbable que ce troisième acteur ait pu percevoir quelque chose de menaçant dans notre enquête. *Biais possibles pouvant découler du type d'informations recherchées.* En raison du caractère relativement personnel des informations que nous désirions obtenir et du nombre restreint de sujets faisant partie de notre échantillon, il n'est pas improbable que certains acteurs aient pu refuser de participer à l'enquête parce qu'ils anticipaient la possibilité d'être éventuellement reconnus. En ce sens on pourrait reprocher à notre échantillon d'être biaisé en présumant que ceux qui ont refusé d'en faire partie partagent des caractéristiques communes qui sont différentes de celles des sujets ayant accepté. Plus précisément, on pourrait supposer que ceux qui ont refusé avaient comme trait distinctif de se percevoir comme non conformes à la définition légitime du « bon » citoyen. Toutefois, si ceci a pu s'appliquer, certains intervenants initiaux comme finaux de la contrebande qui ont accepté de faire partie de l'étude se sont au contraire présentés d'emblée comme non conformes à la définition légitime du « bon » citoyen dans leur communauté et/ou groupe et ont vu dans l'entrevue une occasion de faire valoir leur point de vue. Le matériau disponible nous permet donc de prendre en compte le point de vue de ceux qui ne font partie des groupes dominants. Il va de soi que les pratiques des contrebandiers constituent un objet de débat parce qu'elles sont évaluées de façon statutaire et interpersonnelle ; choisir d'en parler dans le cadre d'une enquête universitaire n'est donc pas neutre. En ce sens, notre étude pouvait constituer pour certains un cadre où poursuivre la lutte pour la définition légitime du « bon » citoyen. Nous en étions conscients, et c'est pourquoi il était important pour nous de connaître, au moins globalement, la position des répondants dans la configuration des rapports de force au sein de leur groupe social ou communauté. Cette position étant l'un des éléments permettant de comprendre le sens de leur discours. La confrontation des points de vue sur les pratiques constituait la base de l'analyse de la dynamique de construction sociale de la science. Dans cette confrontation, les points de vue étaient analysés en tenant compte de la position des répondants. Notre analyse repose ainsi sur le postulat que le « *réel est relationnel*" (BOURDIEU & WACQUANT, p. 72), les acteurs d'un champ étant engagés dans un système de relations « objectives », de sorte que les actions des acteurs ne sont compréhensibles que replacées dans le système de relations. *Les secteurs du district d'Abidjan retenus sont (les marchés, les grands espaces commerciaux, les postes de contrôles ou corridor d'entrée, et les entrepôts d'entreprises privées ou publiques au sein des zones industrielles.)*. Afin de limiter l'ampleur du corpus à étudier (critère de faisabilité) et de prendre en compte le poids des traditions universitaires, nous avons choisi d'étudier le phénomène dans ces différents secteurs d'activités économiques, en l'occurrence les grands marchés et les grands espaces commerciaux des 13 communes qui constituent le district d'Abidjan, les quatre grands corridors d'entrée du district d'Abidjan (les corridors d'entrée de DABOU, et de GESCO sur l'autoroute du nord et celui d'ADZOPE, les corridors d'entrée de BINGERVILLE et de la route ABIDJAN-BASSAM-ABOISSO. Les zones industrielles du district d'Abidjan. Ces différents secteurs ont été retenus parce beaucoup d'activités économiques s'y déroulent. Par ailleurs, le choix d'observer les sciences économiques et la sociologie criminelle dans l'étude de ce phénomène, et non dans d'autres études où peuvent se retrouver des sociologues et des économistes (criminologie, relations industrielles, communication) tient au fait que ce sont dans ces genres de sujets d'étude que la logique propre à chacune des deux disciplines s'observerait le mieux. Ceci, en raison de l'indépendance entre ces deux disciplines scientifiques. Cette indépendance est bien sûre toute relative.

CHAPITRE 5

Techniques de recueils des données

I. TECHNIQUES

Cette étape a permis de faire le tour d'horizon des différents travaux de recherches et articles de presse ayant trait à notre objet en l'occurrence ceux de LEMIRE, GUY, (1998) qui parle de l'univers de la prison à l'aube du 21e siècle à travers une analyse des pénitenciers canadiens, Brochu, Serge (1998), Cousineau, Marie Marthe(1998), eux parlent des cheminements vers un style de vie déviant, les adolescents des Centres jeunesse et des centres pour toxicomanes. Lemire, Guy; Brochu, Serge; NOREAU, Pierre; PROULX, Jean; Rondeau, Gilles; Langlois, Claudine; CASTONGUAY, Suzanne; FREDETTE, Chantal (1998), eux demandent de recourir au droit pénal et au système pénal pour résoudre les problèmes sociaux. Brochu, Serge (*1995)* lui parle de la Prévention de la toxicomanie de la prévention de la délinquance, et de la prévention de la déviance. Cousineau, Marie-Marthe; Lemire, Guy; VACHERET, Marion; Dubois, Etienne (2002), eux parlent des contrevenants en liberté d'office et de leur profil et perspectives.

La technique de recueils de données a aidé à trouver la problématique. La première recherche a commencé par Internet, par des recherches thématiques. On a recherché sur le net les notions principales du sujet d'étude ; elles ont été reliées, notion par notion pour ensuite reconstituer tout le sujet. La contrebande est reliée aux marchandises, puis aux différents territoires douaniers (ceux de la Côte d'Ivoire et ceux d'Abidjan). Le travail bibliographique a été incontournable dans l'élaboration de la revue de littérature afin de mener une bonne investigation. Il s'agissait à travers ce travail de bien contrôler le sujet avant d'aller à la recherche, en d'autres termes avant d'aller sur le terrain pour éprouver l'hypothèse de recherche.

Ainsi, ce travail préliminaire a rempli quatre fonctions de base :

- a informé sur les principaux résultats de recherche déjà existante sur notre objet d'étude (la contrebande). Il nous a fait gagner en temps, nous a évité les redites et nous a facilité l'élaboration de la problématique de notre thèse.
- a fait découvrir, les problèmes qui ont été posés par d'autres chercheurs et de la façon dont ils les ont conceptualisés.
- a permis d'avoir accès aux théories déjà traitées qui nous intéressent. Le but de cette technique consiste à obtenir des données permettant de trancher en faveur d'une de ces théories ou d'une de ces explications.

Ainsi, on a répertorié des articles de certaines ONG comme l'ONG-STOP FRAUDE et de l'OIPI, qui ont organisé une conférence de presse en décembre 2008 sur le problème de la corruption et de la fraude fiscale dans notre pays chaque entité de son côté, pour réussir sa mission, l'ONG a créé plusieurs commissions de travail (contrefaçon, contrebande, fraude fiscale, tricherie, formation emploi, impunité, installations section, enquête. Autrement dit l'ONG croisée a un peu calqué l'organisation de l'office ivoirien de la protection de la propriété intellectuelle. Cet office à son niveau collabore avec les autorités locales en de la mise en place de mesures réglementaires et juridiques efficaces dans la lutte contre divers ormes de fraude.

Elles ont permis toutes deux (l'office et l'ONG) d'appréhender l'objet de la thèse de façon relativement neutre. Ces structures ont permis aussi de ne pas modifier la situation d'enquête. De ce point de vue on oppose à l'observation, l'expérimentation (manipulation planifiée de variables dans lesquelles on étudie des faits le plus souvent provoqués). On a tenu compte du couple sujet/situation.

Le sujet ici est un individu pris en situation de contrebande dans la société.

La situation se réfère au milieu qui d'une part fait allusion aux conditions de vie du sujet, à l'âge, au niveau d'instruction, à la situation matrimoniale, au genre. Ici, ce sont des variables indépendantes ayant valeur de facteurs à risque dans la présente thèse. Cependant, les variables indépendantes définitives sont-elles liées aux motivations ou aux intentions de l'individu en face du mécanisme de contrôle social mis en place dans la lutte contre la contrebande dans le district d'Abidjan.

I.1. L'observation

Pour systématiser et rendre plus méthodique l'observation, on a multiplié le nombre des observations, et tenu compte d'autres observations. Cela a été une façon de contrôler les observations afin des rentre plus objectives. On a évité d'être un observateur absent, ou un observateur déclenchant le comportement du sujet (effet rosinthal). On a d'une part été un observateur présent, mais neutre, cela dans l'étape préliminaire de l'enquête qui nous a conduits sur les différents corridors du district là, on s'est rendu compte de l'existence de nombreuses activités commerciales illicites allant de la vente de fruits, à la vente de cigarettes à d'alcool ou tout autre article de contrebande. Et d'autre part, un observateur impliqué ou un observateur participant pendant l'effectivité de l'enquête en nous transformant en revendeurs pour mieux apprécier la manifestation du phénomène. On a utilisé une grille d'observation (voir annexe) pour éviter d'être englué dans des préjugés, cela pose la question suivante : qu'est-ce qu'on souhaite observer et étudier ? On souhaite observer ce qui conduit certaines personnes à la contrebande malgré la présence de mesures dissuasives.

Il ressort que le phénomène s'explique par le manque d'une politique de lutte efficace contre la contrebande. C'est comme si les autorités locales démissionnent face au phénomène. Où il faut sanctionner pénalement l'on préfère transiger en matière d'infraction contrebandière. Tous les acteurs en présence prouvent par leur comportement et agissement que chacun à leur niveau, lutte pour un gain économique rapide ou facile.

Certains sont présents dans cette activité illicite par un besoin de survie et d'autres par contre cherchent à maximiser illicitement leur gain financier.

En définitive, en matière de contrebande ce qui intéresse tout le monde c'est l'argent sale qui s'acquiert dans un environnement camouflé et opaque, il n'y a pas d'éthique en matière de fraude fiscale. La grande perdante dans cette situation est l'économie tout entière et la population qui se trouve sinistrée. Toute cette observation s'est faite tout le long de notre enquête sur une durée de trois années, soit de 2006 à 2009.

I.2. Techniques d'enquête interrogation, les entrevues

I.2.1. L'enquête interrogation

On a utilisé un questionnaire (voir annexe 15) et des courriers avec différentes rubriques qu'on a administrés aux acteurs pour ce qui concernent directement les acteurs, ou envoyé des courriers aux enquêtés pour ceux qui ne pourront être atteints directement et facilement en l'occurrence les personnes ressources importantes ou autorités locales. L'utilisation des courriers consiste à mettre le chercheur en contact avec des acteurs témoins susceptibles de donner plus d'éclaircissement sur l'objet à l'étude avec les questions de type ouvert, on a pu permettre aux enquêtés de s'exprimer assez librement par rapport à l'objet d'étude qui est la contrebande. Par exemple à la question de savoir si les enquêtes devenaient acteurs par contrainte ou par leur propre volonté, la majorité a reconnu que c'est par leur propre volonté propre ou par un concours de circonstances.

À la question de savoir comment ils procédaient pour faire entrer les produits de contrebande, la plupart ont parlé de leur ingéniosité à camoufler les produits pendant la traversée des corridors.

À la question de savoir si les acteurs ont des complices dans l'administration, les enquêtes ont répondu par l'affirmative.

Cependant, en ce qui concerne les courriers au nombre de cinq, il est arrivé que les envois s'égarent au sein même des agences. Dans plusieurs cas, il a fallu renvoyer le courrier après s'être renseigné sur le nom des personnes en charge de ce type de demande.

Même après avoir pris ces précautions, il a fallu parfois envoyer une nouvelle fois les courriers parce que nos contacts avaient été mutés ou avaient pris leur retraite sans transmettre notre demande à leur successeur (cas des autorités des douanes).

Quant aux responsables de l'OIPI de L'ONG Fraude et de certains industriels, la tâche s'est avérée beaucoup plus difficile : le principe de départ était d'utiliser les adresses mentionnées sur le packaging des marchandises et, à défaut, de les demander aux autorités de régulation. En pratique, cette technique a très vite montré ses limites.

En effet, certaines des adresses mentionnées étaient factices ou n'étaient plus à jour et les courriers nous sont revenus entre 1 et 3 mois après l'envoi initial. Parfois, ils ne sont pas revenus du tout ce qui a retardé encore la découverte du problème.

Dans tous les cas, il a fallu mener des recherches secondaires auprès des autorités ou par Internet afin de trouver les adresses auxquelles il était possible de les joindre.

Il est à noter que le fait d'envoyer différentes demandes successives aux autorités n'a pas facilité nos relations avec elles et a sans doute dû entacher notre crédibilité. De plus, les réponses des autorités nous sont souvent arrivées trop tardivement pour que nous puissions réussir à les contacter avant la fin de l'étude.

Enfin, tout comme pour les envois destinés aux autorités, les courriers se sont souvent perdus au sein des entreprises pour ce qui concerne certains industriels.

Il semble que beaucoup d'industries ne savaient pas à qui transmettre notre demande, entraînant un va-et-vient des courriers qui finissaient sans doute par être oubliés au fond d'un tiroir. En conclusion, il aurait été possible d'améliorer la couverture de notre enquête et le taux de réponse si des contacts directs avec les futures enquêtes avaient été établis avant l'envoi des questionnaires afin de vérifier les adresses et d'obtenir le nom des correspondants.

Cependant, cette méthode étant particulièrement chronophage, elle aurait nécessité d'allonger la durée de l'étude.

Une fois les courriers arrivés entre les bonnes mains, le taux de participation a été relativement bon (72,2 % pour les autorités et 67,3 % pour les industriels), même si le délai de réponse pouvait parfois être assez long (jusqu'à 7 mois).

Sachant que l'un des principaux écueils associés aux enquêtes postales est leur faible taux de réponse, nous avions prévu des relances très fréquentes par tous les moyens de communication possible.

I.2.2. Les entrevues

On a réalisé des entrevues semi-dirigées basées sur trois thèmes élaborés au préalable afin de recueillir les informations pertinentes au regard des questions de recherche, et en se fondant sur les activités délinquantes de chaque acteur interviewé. Les entrevues étaient ainsi personnalisées. Les trois thèmes explorés étaient les suivants : (1) le « rationnel » ou les raisons des intervenants initiaux ou finaux de la contrebande sous-tendant leurs activités délinquantes (2) leurs différents modes opératoires, et (3) les jugements qu'ils portent sur les divers types d'activités de contrebande qu'ils pratiquent. On a fait part également des jugements dont ils font l'objet de la part des autorités locales.

Premier thème : le « rationnel »

En ce qui a trait au « rationnel » sous-tendant les pratiques, les questions étaient fondées sur les activités réelles de chacun des intervenants initiaux ou finaux de la contrebande. On connaissait ces activités au moment de faire l'entrevue puisqu'on a demandé à chaque acteur de parler des motivations justifiant de leur entrée dans la contrebande sur une copie, quelques jours avant la date de l'entrevue.

Voici des exemples de questions posées aux répondants, le cas échéant, dans le cadre de ce premier thème :

- Pourquoi acceptent-ils de participer aux activités illicites de contrebande ?
- Peut-on être appréhendé pour participation à cette activité, y a-t-il une raison particulière à cela ?
- Pourquoi les acteurs n'arrêtent pas cette activité illicite qui est la contrebande de marchandises ?
- Existe-t-il des stratégies qui permettent à l'acteur de mieux faire passer les marchandises de contrebande sans se faire appréhender ?
- Pourquoi les acteurs ont largement concentré leurs activités dans le district autonome d'Abidjan et non ailleurs ?
- Les acteurs commettent-ils un certain nombre de contrebandes sur diverses marchandises ? Est-ce que leur intérêt pour ces activités les marginalise ?
- Est-ce que les acteurs ont des activités d'ordre politique, social ou communautaire ?
- Pourquoi les acteurs risquent leur liberté ou leur vie pour ces activités illicites et non pas pour d'autres activités plus licites ?
- Pourquoi les acteurs ne sollicitent l'aide d'un organisme subventionnaire, de leurs proches ou même de l'Etat avant d'entrer dans la contrebande ?

Deuxième thème : les critères d'évaluation des différents

Modes d'opération de contrebande

Voici maintenant des exemples de questions qui visaient à connaître les critères d'évaluation des différents modes opératoires de contrebande.

La première question était posée à tous les intervenants initiaux ou finaux du phénomène. Cette première question introduisait une série portant sur les critères d'évaluation des modes opératoires.

- Lorsque vous obtenez l'information de votre fournisseur que votre commande est expédiée, pouvez-vous me dire le mode opératoire que vous utilisez ? En d'autres termes, est-ce que vous pouvez me dire si ce sont vos fournisseurs qui facilitent l'entrée des marchandises de contrebande, ou si c'est vous qui le faites à votre propre compte ?

  Les questions subséquentes visaient à obtenir des précisions sur la réponse donnée à cette première question ; elles variaient donc selon la réponse obtenue. Voici des exemples de questions que nous avons posées aux acteurs ou aux enquêtés pris sur la base de données des acteurs témoins qui la police, les douanes et la gendarmerie nationale.
- Parmi les différents types de contrebande de marchandises (alimentaires, équipements de construction, drogues, cigarettes, alcools, voiture de luxe, etc.), quels sont ceux, selon vous, qui ont eu le plus de poids dans la contrebande ?
- Parmi les marchandises citées, quelles sont celles qui sont plus soumises au trafic illicite de la contrebande dans des périodes récentes et plus localisées dans le district autonome d'Abidjan, et ont eu un poids négatif sur l'économie de cette localité ?
- Parmi les différents types de contrebande de marchandises (traditionnelle, ou documentaire), dont les fournisseurs sont des groupes de criminels organisés, des complices dans l'administration publique ou parapublique, dans les entreprises, etc.), quels sont ceux qui ont eu le plus de poids ces dernières années ?
- Si vous n'aviez pas eu de complicité dans l'appareil administratif et judiciaire ivoirien pensez-vous que vous auriez obtenu votre permanence en matière de contrebande ?
- Sur quels critères évaluez-vous l'efficacité de votre mode opération ? Que doit contenir un mode opératoire en matière de contrebande ?
- Quelles sont les exigences qu'un mode opératoire impose en matière de contrebande ?

Troisième thème : les jugements

En ce qui a trait aux questions portant sur les jugements des intervenants initiaux ou finaux de la contrebande à l'endroit des différents types d'activités de contrebande, elles se sont raffinées et précisées au cours du processus de cueillette des données. L'accumulation d'informations à propos des jugements ainsi qu'à propos de la position occupée par ceux qui les exprimaient au sein de la structure des rapports de force nous a permis d'identifier les types d'activités valorisées ou dominantes au sein des groupes criminels, ainsi que les acteurs soit défendant, soit contestant ces types d'activités. L'identification des types d'activités dominantes rendait possible, du même coup, l'identification des types d'activités dévalorisées. En ce sens, on peut dire que les réponses obtenues aux questions portant sur les jugements nous ont permis de reconstituer progressivement la configuration des rapports de force entre les différentes conceptions des activités de contrebande au sein des groupes criminels et de leurs complices.

Il importe d'ajouter qu'un très grand nombre de contrebandiers, une fois le climat de confiance établi lors de l'entrevue, portaient spontanément des jugements sur les divers types de contrebande au sein de leur groupe ainsi que sur la production d'actes de contrebande immédiats ou plus éloignés. En outre, il est arrivé à certaines occasions, afin de susciter un jugement de la part des répondants sur des enjeux d'importance dans leurs activités et/ou dans leur mode opératoire, que nous rapportions les opinions de témoins actifs (sans les identifier) que nous savions contraires ou différentes des leurs. Cette stratégie portait ses fruits dans la très grande majorité des cas. Voici quelques exemples de questions que nous avons posées pour connaître les jugements des intervenants initiaux ou finaux de la contrebande en tenant compte des bases de données de la police, les douanes et la gendarmerie nationale.

- Que pensez-vous des critères d'évaluation de vos modes opératoires pour ce qui concerne les activités de contrebande ?
- Comment classez-vous vos activités sont-elles de l'ordre du normal ou de l'anormal ?
- Que pensez-vous des fournisseurs, acheteurs vendeurs ou revendeurs qui, au sein d'un réseau bien ficelé font prospérés la contrebande, dans le district d'Abidjan ?
- Que pensez-vous de vos complices directs au sein de votre groupe ?

- Êtes-vous d'accord de travailler en leur compagnie ?
- Considérez-vous que les activités de contrebande sont meilleures que les activités de commerce légal ?
- Vous avez employé plusieurs modes opératoires dans votre carrière criminelle quels sont ceux que vous avez le plus employé et dont l'efficacité ne fait aucun doute ?

I.2.3. La réalisation des entrevues

Pour réaliser les entrevues, on a pris contact par courrier avec les répondants ou on les a croisés directement sur le terrain de la recherche. On leur a expliqué les objectifs de la recherche et en quoi consisterait leur participation. On leur a demandé également une copie qui retracerait leur parcours dans la contrebande puisque l'entrevue porterait sur leurs activités illicites. À cette occasion leur nom ne serait pas dévoilé dans aucune production, que ce soit la thèse ou dans des publications ultérieures. Quelques jours avant la date prévue de la rencontre, les répondants nous faisaient parvenir leur réponse quant à leur volonté de participer à l'enquête. Dans le but de préserver l'anonymat des répondants, il leur était offert de réaliser l'entrevue dans un endroit de leur choix, autre que leur lieu d'activité. Un seul répondant a demandé à ce que l'entrevue ait lieu dans un lieu, situer à l'extérieur du lieu d'activité auquel il est affilié. Un second répondant, pour des raisons de contraintes de temps, a demandé à ce que l'entrevue ait lieu dans un maquis de la place. Tous les autres répondants ont choisi que l'entrevue ait lieu à leur lieu d'activité. Une fois rendus sur place, certains nous présentaient à leurs collègues et divulguaient l'objet de notre visite. Plusieurs nous suggéraient, sans que nous le demandions, le nombre d'acteurs qui, selon eux, seraient intéressés à participer à notre enquête, ou qu'il serait intéressant que nous rencontrions pour notre recherche.

On peut déduire du caractère ouvert dans lequel se déroulait la majorité des entrevues que la question de la définition légitime des pratiques contrebandières et de l'évolution du système criminel dans le district d'Abidjan au cours des 10 ou 20 dernières années semble être une question que les chercheurs commencent à aborder ouvertement.

Cette ouverture a rendu la cueillette des données possible différemment à ce que nous imaginions.

Cependant, si on reproche à ces entrevues de nous fournir des réponses impressionnistes, elles permettent néanmoins de cerner les méandres du comportement de l'acteur. Ces trois techniques (observations, enquête interrogation et entrevues) sont complémentaires par rapport à l'objet. Les statistiques ont mis en interaction des faits avec les différentes théories, théories elles-mêmes liées aux déductions et aux hypothèses opérationnelles. Il a s'agit aussi de confronter l'hypothèse générale aux réalités de l'enquête par l'intermédiaire de la technique de l'observation. Les mesures ont consisté à mettre en relation des concepts abstraits en tentant de les mesurer. Exemple : la contrebande ; sa forme d'une part et sa quantité d'autre part. Aussi les statistiques ont permis de mettre en évidence la population et l'échantillon à l'étude. Cependant, des difficultés de communication avec les enquêtes ont existé dans la mesure où le niveau de langue utilisé dans le guide d'entretien semblait trop élevé pour la plupart de nos interlocuteurs, principalement les acteurs contrebandiers analphabètes. On a été contraint de simplifier le niveau de langue afin de l'adapter au leur. On a aussi connu des refus surtout pour ce qui concerne les femmes, qui refusaient d'être mises au-devant des projecteurs. Elles ont toujours souhaité rester dans l'anonymat. Aussi, les acteurs témoins (policiers, douaniers, gendarmes, inspecteurs du ministère du Commerce ont été très souvent indisponibles.

CHAPITRE 6

Méthodes d'analyse et approches disciplinaires

I. MÉTHODES D'ANALYSE

I.1. Épistémologie scientifique et limite

Selon GASTON BACHELARD, la science est un produit de l'esprit humain, produit conforme aux lois de notre pensée et adapté au monde extérieur. Elle offre donc deux aspects, l'un subjectif, l'autre objectif, tous deux également nécessaires, car il nous est aussi impossible de changer quoi que ce soit aux lois de notre esprit qu'à celle du monde. Nous disons que ce sont ces mêmes démarches que les sciences criminologiques utilisent pour aborder la compréhension de tout phénomène social. Elle a à réfléchir sur l'utilité et l'efficacité des lois qu'elle découvre.

Il ne serait pas difficile de montrer, d'une part, que, dans ses jugements scientifiques, le rationaliste criminologiste le plus déterminé accepte journellement l'instruction d'une réalité qu'il ne connaît pas à fond et que, d'autre part, le réaliste le plus intransigeant procède à des simplifications immédiates, exactement comme s'il admettait les principes informateurs du rationalisme. Autant dire que pour la philosophie scientifique, il n'y a ni réalisme ni rationalisme absolu et qu'il ne faut pas partir d'une attitude philosophique générale pour juger la pensée scientifique. Tôt ou tard, c'est la pensée scientifique qui deviendra le thème fondamental de la polémique philosophique ; cette pensée conduira à substituer aux métaphysiques intuitives et immédiates les métaphysiques discursives objectivement rectifiées. À suivre ces rectifications, on se convainc par exemple qu'un réalisme qui a rencontré le doute scientifique ne peut plus être de même espèce que le réalisme immédiat. Il semble d'ailleurs qu'on puisse donner rapidement une raison de cette base dualistique de toute philosophie scientifique : par le fait même que la science est une philosophie qui s'applique, elle ne peut garder la pureté et l'unité d'une philosophie spéculative. Quel que soit le point de départ de l'activité scientifique, cette activité ne peut pleinement convaincre qu'en quittant le domaine de base : si elle expérimente, il faut raisonner ; si elle raisonne, il faut expérimenter.

Toute application est transcendance. Dans la plus simple des démarches scientifiques, nous montrerons qu'on peut saisir une dualité, une sorte de polarisation épistémologique qui tend à classer la phénoménologie sous double rubrique du pittoresque et du compréhensible, autrement dit, sous la double étiquette du réalisme et du rationalisme. Si nous savions, à propos de la psychologie de l'esprit scientifique, nous placer juste à la frontière de la connaissance scientifique, nous verrions que c'est à une véritable synthèse des contradictions métaphysiques qu'est occupée la science contemporaine. Toutefois le sens du vecteur épistémologique nous paraît bien net. Il va sûrement du rationnel au réel et non point, à l'inverse, de la réalité au général comme le professaient tous les philosophes depuis Aristote jusqu'à Bacon.

Si le réel immédiat est un simple prétexte de pensée scientifique et non plus un objet de connaissance, il faudra passer du comment de la description au commentaire théorique. Cette explication prolixe étonne le philosophe qui voudrait toujours qu'une explication se borne à déplier le complexe, à montrer le simple dans le composé. Or la véritable pensée scientifique est métaphysiquement inductive ; comme nous le montrerons à plusieurs reprises, elle lit le complexe dans le simple, elle dit la loi à propos du fait, la règle à propos de l'exemple. Nous verrons avec quelle ampleur les généralisations de la pensée moderne achèvent les connaissances particulières. Nous mettrons en évidence une sorte de généralisation polémique qui fait passer la raison du pourquoi au pourquoi pas. Nous ferons place à la paralogie à côté de l'analogie et nous montrerons qu'à l'ancienne philosophie du comme si succède, en philosophie scientifique, la philosophie du pourquoi pas. Comme le dit Nietzsche : tout ce qui est décisif ne naît que malgré. C'est aussi vrai dans le monde de la pensée que le monde de l'action. Toute vérité nouvelle naît malgré l'évidence, toute expérience nouvelle naît malgré l'expérience immédiate.

Devant cette floraison épistémologique, faut-il continuer de placer d'une réalité lointaine, opaque, massive, irrationnelle ? C'est oublier que le réel scientifique de la criminologie est déjà en rapport dialectique avec la raison scientifique. Après un dialogue qui dure depuis tant de siècles entre le monde et l'Esprit, on ne peut plus parler d'expériences muettes. Pour interdire radicalement les conclusions d'une théorie, il faut que l'expérience nous expose les raisons de son opposition. Le physicien n'est pas aisément découragé par une expérience négative. Michelson est mort sans trouver les conditions qui auraient, d'après lui, redressé son expérience relative à la détection de l'éther. Sur la base même de cette expérience négative, d'autres physiciens ont subtilement décidé que cette expérience négative dans le système de Newton était positive dans le système d'Einstein. Ils ont précisément réalisé sur le plan de l'expérience, la philosophie du pourquoi pas. Ainsi une expérience bien faite est toujours positive. Mais cette conclusion ne réhabilite pas la positivité absolue de l'expérience tout court, car une expérience ne peut être une expérience bien faite que si elle est complète, ce qui n'arrive que pour l'expérience précédée d'un projet bien étudié à partir d'une théorie achevée. Finalement les conditions expérimentales sont des conditions d'expérimentation. Cette simple nuance donne un aspect tout nouveau à la science puisqu'elle met l'accent sur difficultés techniques qu'il y a à réaliser un projet théorique préconçu. Les enseignements de la réalité ne valent qu'autant qu'ils suggèrent des réalisations rationnelles.

C'est donc bien à la croisée des chemins que doit se placer l'épistémologie, entre le réalisme et le rationalisme. C'est là qu'il peut saisir le nouveau dynamisme de ces philosophies contraires, le double mouvement par lequel la science simplifie le réel et complique la raison.

Le trajet est alors écourté qui va de la réalité expliquée à la pensée appliquée. C'est dans ce court trajet qu'on doit développer toute la pédagogie de la preuve.

D'une manière générale encore, n'y a-t-il pas un certain intérêt à porter le problème métaphysique essentiel de la réalité du monde extérieur sur le domaine même de la réalisation scientifique ? Pourquoi partir toujours de l'opposition entre la Nature vague et l'Esprit fruste et confondre sans discussion la pédagogie de l'initiation avec la psychologie de la culture ? Par quelle audace, sortant de moi, va-t-on recréer le Monde en une heure ? Comment aussi prétendre saisir un moi simple et dépouillé, en dehors même de son action essentielle dans la connaissance objective ? Pour nous désintéresser de ces questions élémentaires, il nous suffira de doubler les problèmes de la science par les problèmes de la psychologie de l'esprit scientifique, de prendre l'objectivité comme une tâche pédagogique difficile et non plus comme une donnée primitive.

D'ailleurs c'est peut-être dans l'activité scientifique qu'on voit le plus clairement le double sens de l'idéal d'objectivité, la valeur à la fois réelle et sociale de l'objectivation. Comme le dit M. Lalande, la science ne vise pas seulement à « l'assimilation des choses entre elles, mais aussi, et avant tout à l'assimilation des esprits entre eux ». Sans cette dernière assimilation, il n'y aurait pour ainsi dire pas de problème. Devant le réel le plus complexe, si nous étions livrés à nous-mêmes, c'est du côté du pittoresque, du pouvoir évocateur que nous chercherions la connaissance : le monde serait notre représentation. Par contre, si nous étions livrés tout entier à la société, c'est du côté du général, de l'utile, du contenu, que nous chercherions la connaissance : le monde serait notre convention. En fait, la vérité scientifique est une prédiction, mieux, une prédication. Nous appelons les esprits à la convergence en annonçant la nouvelle scientifique, en transmettant du même coup une pensée et expérience, liant la pensée à l'expérience dans une vérification : le monde scientifique est donc notre vérification. Au-dessus du sujet, au-delà de l'objet immédiat, la science moderne se fonde sur le projet. Dans la pensée scientifique, la méditation de l'objet par le sujet prend toujours la forme du projet.

Les données ci-dessus recueillies, font ressortir de l'enquête que l'âge, est un facteur à risque et non un facteur définitif dans l'explication du phénomène. En ce sens que l'on a pu croiser différentes tranches d'âge au centre du phénomène lors des investigations. Cependant, la tranche d'âge de (18, 25) a connu le plus grand nombre d'acteurs contrebandiers et cela s'explique tout simplement parce qu'elle représente la plus grande franche de la population ivoirienne en activité économique soit plus de 50 % (INS 98) de la population active. Le genre (sexe) est comme l'âge un facteur à risque, il ne justifie pas absolument la présence d'un individu dans la contrebande. On rencontre à la fois des femmes et des hommes au centre du problème. Cependant, les hommes ont prouvé par leur accessibilité et disponibilité qu'ils étaient prêts à participer à notre recherche différemment aux femmes qui elles, se sont montrées un peu plus discrètes. On a aussi rencontré d'une part, des acteurs actifs (fournisseurs, des vendeurs ou des revendeurs) et d'autre part des acteurs passifs (acheteurs, distributeurs consommateurs). Aucun rôle ici n'est plus déterminent que l'autre dans la structuration du phénomène par exemple le fournisseur n'est pas plus important que le distributeur, chaque maillon du réseau à une utilité. On retrouve aussi tous les niveaux d'instruction au centre du problème depuis les acteurs analphabètes jusqu'aux grands intellectuels (criminels à col blanc) tous à leur niveau se retrouvent au centre de la contrebande, même si le regard est très souvent dirigé vers les acteurs analphabètes qui se font le plus souvent prendre pendant les contrôles.

En définitive, toutes les couches sociales participent au phénomène, allant, du travailleur dans l'administration publique à celui du privé, de celui du formel à l'informel, jusqu'aux débrouillards ou aux sans-emploi.

Cependant, le regard reste pointé sur les acteurs qui n'ont pas un emploi fixe (chômeurs, débrouillards, sans emploi) contrairement aux travailleurs ayant un emploi fixe et officiel. Cette situation s'explique par le fait que l'opinion publique pense que les individus qui ont un emploi fixe et officiel sont moins tentés à passer aux actes de contrebande que ceux qui se trouvent dans un état d'oisiveté et d'emploi précaire. Un adage populaire le signifiant si bien '' l'oisiveté est la mère de tous les vices''. Même s'il s'avère que c'est le point de vue de l'opinion commune, dans la réalité et dans les faits, un travailleur officiel n'est pas moins contrebandier qu'un autre employé dans un emploi officieux.

Pour mieux comprendre le phénomène de la contrebande, il s'agit de comprendre les motivations personnelles de chaque acteur en face d'une situation incitatrice ou de toute opportunité avant le passage à l'acte. Il faut tenir compte très souvent de la condition sociale des acteurs. Et cette analyse est la même en ce qui concerne les facteurs explicatifs liés à la nationalité, au milieu de vie, à la situation matrimoniale, à la religion, etc. Tous ces facteurs explicatifs doivent toujours être associés au libre arbitre de l'acteur. Parce qu'il existe dans des cas où, des individus malgré leur condition de vie favorable, aisée ne s'empêche pas à prospérer dans la contrebande pour un besoin de rentabilité économique et pour un enrichissement illicite permanent.

Par contre il se trouve des personnes vivant dans une situation de vie défavorisée, qui volontairement refusent d'être contrebandières. Alors les questions de fond qui nous viennent à l'esprit sont les suivantes :

- Quelles sont les raisons personnelles et fondamentales qui incitent tout individu à embrasser une carrière de contrebandier ?
- Est parce que cette activité lui apporte une sécurité économique ?
- Est-ce qu'on devient contrebandier par imitation ou par envie ?
- Est-ce qu'on est contrebandier parce que les contrôles de douane et de police ne sont pas efficaces ?
- Est-ce qu'on est contrebandier parce que les autorités créent ou surestiment les droits et taxes de douane aux frontières ?
- La préférence de la transaction au détriment de l'application stricte de sanctions pénales en matière de punition contrebandière n'est-elle pas une des raisons explicatives du problème ?

En tentant de répondre à ces interrogations, nous cherchons à explorer d'autres voies explicatives du phénomène.

Les motivations ou raisons de l'acteur lui-même soumis à de fortes tentations peuvent le conduire au passage à l'acte.

Sans oublier que les défaillances liées aux mesures de contrôle et à la taxation démesurée aux différentes entrées routières du district d'Abidjan expliquent aussi le phénomène.

I.2. Méthodes qualitative/quantitative et limite

Les méthodes qualitatives ont permis l'exploration et les méthodes quantitatives ont permis la vérification d'hypothèses dans un domaine où l'exploration était complétée. Aussi, dans les champs les plus investigués et les plus riches sur le plan théorique, dans le domaine de la délinquance contrebandière par exemple, on ne s'est pas limité à des techniques élémentaires, mais l'on a accédé aux procédures les plus complexes d'analyse des données.

S'il faut souligner avec force cette qualité de la recherche empirique de la criminologie, ce choix judicieux des outils, il convient aussi de se rendre compte que les deux grands modes de connaissance, la description et l'explication ont été bien mis en œuvre. Et ce faisant, les deux fonctions et finalités de la recherche, qui ne connaissent pas toujours un développement équilibré dans toutes les disciplines étaient assurée : l'accroissement des connaissances, la recherche fondamentale, d'une part, et l'amélioration de la pratique par une évaluation continue, la recherche appliquée, d'autre part.

La criminologie empirique se caractérise par la diversité et l'ampleur des recherches fondamentales qui ont été réalisées au cours des vingt-cinq dernières années. S'il faut s'en féliciter, il convient toutefois d'être bien conscient qu'il s'agit de recherches empiriques et descriptives pour la très grande majorité d'entre elles. C'est seulement dans le secteur de la délinquance qu'elles ont débouché sur des démarches intégratives et la formulation de théories spécifiques. Au cours des prochaines vingt-cinq années, il faudra que les chercheurs que nous sommes dépassent la description et accèdent à l'explication. Toutefois, le legs du dernier quart de siècle est impressionnant, car nous sommes convaincus facilement que très peu d'aspects du phénomène criminel ont été négligés. Ce qui laisse à désirer, ce sont les théories à portée moyenne.

Les recherches ne se sont pas bornées à faire progresser les connaissances, elles ont fait aussi des recherches appliquées. Il s'agit d'études descriptives et évaluatives ayant pour objectif d'analyser les politiques et les institutions mises en place pour contrôler le crime. Depuis vingt-cinq ans, les criminologues ont été des experts qui ont exécuté des recherches empiriques pour plusieurs commissions d'enquêtes, des ministères, etc. Ce patrimoine est important, par le nombre et par sa pertinence sociale, et la contribution majeure de ces travaux réside assurément dans l'évaluation des internats et prisons, et dans les recommandations pratiques qui en ont résulté. Une autre contribution importante est constituée par les travaux sur l'opinion publique à l'égard des lois et institutions de contrôle social : sans ces enquêtes, le législateur et les gestionnaires décident d'une façon trop intuitive, voire fantaisiste.

Si la recherche empirique est caractérisée par la quantité et la qualité des instruments, et par la poursuite d'objectifs scientifiques diversifiés, la production de connaissances, et surtout de connaissances appliquées, a encore pour sa part, un défi majeur à relever : la réitération. Sans la répétition des études, nous ne pourrons jamais vérifier si les résultats sont le fruit d'une conjoncture particulière, inscrite dans l'espace et le temps, ou s'ils reflètent des réalités et processus fondamentaux. C'est la tâche principale qui attend les criminologues engagés dans la recherche empirique partout dans le monde.

II. MÉTHODES MULTIDISCIPLINAIRES EN CRIMINOLOGIE ET LEURS LIMITES

II.1. Les méthodes multidisciplinaires

La criminologie moderne est en pleine évolution sous le triple rapport des idées directrices, des problèmes étudiés, et des méthodes de recherche. Il en est résulté naturellement des controverses entre représentants de tendances divergentes. L'un des thèmes de discussion se rapporte à l'orientation générale de la recherche. Faut-il donner la priorité à l'orientation dirigée vers les problèmes, ou à l'orientation dirigée vers les méthodes ? Ce dilemme a été bien analysé par Hermann Mannheim (1965). L'idéal serait, naturellement d'étudier les problèmes d'importance fondamentale avec une méthodologie rigoureuse, mais cet idéal se montre souvent impossible ; faut-il alors persister à étudier ces problèmes capitaux avec une méthode imparfaite, ou se borner à étudier des problèmes d'ordre secondaire avec d'excellentes méthodes ? Les partisans d'une criminologie scientifique penchent souvent pour cette dernière alternative. Cependant, en criminologie comme en médecine, le besoin de solutions pratiques urgentes peut prévaloir sur les desiderata de la théorie scientifique. C'est d'ailleurs la raison pour laquelle, autrefois, les partisans de Beccaria n'attendirent pas, pour commencer leurs reformes, que la science criminologique eût apporté des solutions aux problèmes qu'ils affrontaient. La tendance prédominante, en criminologie moderne, semble être l'orientation vers les problèmes, avec un effort particulier pour trouver des voies nouvelles afin d'améliorer la méthodologie. On peut se demander pourquoi il est si difficile, en criminologie, de s'attaquer aux problèmes fondamentaux avec des méthodes rigoureuses, tandis que ces dernières s'appliquent surtout aux problèmes d'importances secondaires. La raison en est principalement dans le caractère complexe de la criminologie. La criminologie étudie l'origine du phénomène criminel, or les causes du crime sont multiples, les unes étant d'origine psychobiologique, les autres d'origine sociologique. D'autres parts, il existe une criminologie générale, qui cherche à établir des lois universelles comme il en est dans les sciences physiques et naturelles, et d'autre part une criminologie clinique, qui est la science du fait particulier, soit comme point de départ, soit comme domaine d'application des faits établis par la criminologie générale. Il résulte de là que la criminologie doit se servir des méthodes différentes, suivant qu'elle étudie les causes biologiques ou les causes sociologiques du crime, et suivant qu'elle travaille dans le domaine théorique et général ou dans le domaine clinique et individuel. Nous voyons donc que la criminologie ne peut progresser que par la mise en œuvre d'une pluralité de méthodes. Ces méthodes seront, les unes empruntées à d'autres sciences (biologie, psychologie, psychiatrie, sociologie), d'autres, propres à certains domaines de la criminologie au sens le plus large (criminalistique, pénologie). Cette pluralité des méthodes comporte des conséquences théoriques et pratiques importantes. Si la criminologie veut être plus qu'une mosaïque de données empruntées à des sciences auxiliaires, elle doit envisager le moyen d'effectuer la synthèse des données. À notre avis, la notion essentielle sur laquelle se fonde l'autonomie de la criminologie est celle de la finalité éthique qui dirige l'activité du criminologiste. À ce point de vue, la criminologie se compare à la médecine et à la pédagogie : la médecine ne se conçoit pas sans application au traitement et à la prévention des maladies ; la pédagogie n'a de sens que par son orientation éthique et son application au développement harmonieux de l'individualité de l'enfant. De même, la criminologie n'aurait aucun sens si elle n'était pourvue d'une visée de valeurs spécifiques : sa finalité éthique se réalise par son application à la prophylaxie du crime, à la resocialisation (et, s'il y a lieu, au traitement) des criminels. Donc, les méthodes biologiques, psychologiques, psychiatriques, sociologiques, et autres, employées par la recherche criminologique, doivent converger vers une synthèse, dont le principe directeur réside dans la visée de valeurs définies plus haut. Du point de vue pratique la pluralité des méthodes de recherche implique une conséquence importante, qui est le caractère multidisciplinaire de la plupart des recherches en criminologie. Certes, il existe des possibilités de recherche individuelles en criminologie, et beaucoup de découvertes importantes doivent le jour au labeur de savants travaillent isolément dans un domaine étroitement circonscrit (la statistique criminologique a été fondée par deux de ces isolés, QUÉTELET et GUERRY). Mais plus les problèmes étudiés sont d'ordre général, plus l'approche pluridisciplinaire s'impose. Nous n'avons pas à aborder ici les aspects méthodologiques et psychologiques de la recherche d'équipe, qu'il s'agisse d'une équipe intra disciplinaire ou pluridisciplinaire : ces problèmes sont les mêmes en criminologie que dans les autres sciences. Rappelons simplement qu'en criminologie, c'est une finalité éthique qui en constituera le pôle directeur. En criminologie comme dans les autres sciences, on distingue plusieurs sortes de recherches. Il existe une recherche exploratrice, qui a pour but d'évaluer si un certain objet possible de rechercher a des chances d'être abordé avec fruit. Il existe une recherche-pilote, dont le but est de fournir, pour ainsi dire, un échantillon préliminaire d'une recherche, laquelle sera ensuite poursuivie avec des moyens et sur une échelle plus vaste. Il existe une recherche confirmatrice, destinée à vérifier les résultats d'une recherche antérieure exécutée avec une méthode analogue. Il existe une recherche validatrice, destinée à vérifier les résultats d'une recherche antérieure, par recoupement, en employant d'autres méthodes. Il existe enfin une recherche conceptuelle, qui reprend et analyse les concepts de base d'une science en examinant s'ils ne doivent pas être modifiés à la suite des nouvelles acquisitions de la science en question. Comme pour les autres sciences, la recherche criminologique présuppose certaines conditions matérielles et sociales. Pour la criminologie, les principales présuppositions sont les suivantes : tout d'abord, l'existence de statistiques criminelles bien faites, au niveau régional, national et international. Plus l'existence de documents de base : tels sont les dossiers des services de polices, des douanes, de la gendarmerie nationale, des tribunaux, des pénitenciers et maisons de rééducation. Enfin l'existence de chercheurs qualifiés et entraînés dans la technique des recherches qu'ils ont à effectuer, tout en étant au courant des principes et des problèmes de la criminologie générale. Il faut également des centres de documentations, des bibliothèques spécialisées, et des bibliographies bien faites. Une partie des efforts consacrés à la recherche consiste à former des chercheurs qualifiés, et à provoquer l'amélioration de la valeur des statistiques, ainsi que des documents de base et de la documentation. Il y a là un ensemble de facteurs auxiliaires de la recherche qui constitue ce que l'on a appelé la '' la recherche invisible'' : le policier ou le douanier qui fait un rapport exact et complet sur un délit, le travailleur social qui fait une enquête consciencieuse, l'officier du pénitencier qui établit et met à jour un dossier complet sur le comportement d'un détenu, le fonctionnaire qui s'astreint à faire une statistique exacte et précise des délits commis dans son district, tous contribuent sans le savoir à la recherche en criminologie. Un autre facteur essentiel pour la recherche consiste dans l'appui apporté par les autorités publiques, tant du point de vue matériel que moral, et l'encouragement qu'elle reçoit de la part du public.

Les méthodes généalogiques ou le rôle de l'hérédité dans la criminogénèse : elles ont été appliquées à l'étude des groupes présentant un nombre insolite de contrebandiers parmi les différents acteurs en présence. Exemple : les célèbres études de DUGDALE sur la famille de JUKES, celles de Goddard sur les '' Kallikas''. L'intérêt documentaire de ces recherches est indéniable, mais les conclusions qu'elles permettent de tirer n'ont qu'un faible degré de généralité. Elles conservent cependant toute leur valeur au titre de recherche exploratrice. Comme les précédentes méthodes, *les méthodes statistiques mathématiques* établies pour les recherches sur l'hérédité en général, mises au point pour les recherches sur l'hérédité des maladies mentales par une école de psychiatres-généticiens (RÜDIN, LUXEMBURGER, etc.), elles ont été appliquées à la criminologie par quelques-uns de ces psychiatres-généticiens, notamment Ernst et STUMPFl. Ces auteurs ont trouvé, parmi les membres des familles de criminels, un pourcentage de criminels notablement plus élevé que dans la moyenne de la population. L'objection fondamentale qui leur a été adressée réside dans l'existence d'une « pseudo-hérédité » par identification du criminel avec les modèles présentés par les membres criminels de sa famille. Cette objection n'élimine pas l'hypothèse que des facteurs criminogènes héréditaires vrais puissent exister à côté de la « pseudo-hérédité », mais il en résulte la nécessité de reprendre les études statistiques-mathématiques avec des méthodes beaucoup plus complexes, aptes à délimiter exactement la part de l'hérédité et de la « pseudo-hérédité ». De telles études n'ont pas été entreprises jusqu'ici.

Les méthodes liées à la psychocriminologie. Les méthodes individuelles ont trouvé des précurseurs dans les descriptions du crime données par les grands écrivains, et plus tard dans les collections de causes célèbres (le '' Pitaval'' à partir de 1734, etc.). Puis le passage de comptes rendus anecdotiques à l'analyse psychologique a été effectué par ANSELM Feuerbach (1828), qui choisit un certain nombre de cas types pour consacrer à chacun d'eux une analyse psychologique très détaillée, précédée d'une reconstitution minutieuse de la vie entière du criminel. Plus récemment, des études du type longitudinal ont été reprises par Tarde, et surtout par Sutherland aux États-Unis Sutherland a étudié la carrière du contrebandier américain, à côté de ces études de caractère essentiellement descriptif, d'autres études ont été effectuées avec des techniques spéciales : psychanalyse et autres méthodes de psychologie des profondeurs, phénoménologie existentielle à d'autres études, de portée limitée, à l'aide de tests de projection. *Les méthodes de séries* s'effectuent à partir d'échantillons suffisamment importants pour permettre une analyse statistique. On prend, par exemple un groupe d'une centaine d'individus ayant commis telle ou telle variété de crime, ou présentant des caractéristiques communes (âge, milieu social, etc.), et on compare les résultats obtenus avec ceux montrés par un groupe-témoin. *La méthode d'études individuelles par groupes* de SEELIG essaie de remédier aux inconvénients des deux autres méthodes. L'investigateur choisit un groupe d'individus ayant commis un certain délit. Une première analyse permet de classer ces individus en un certain nombre de sous-groupes présentant des caractères distinctifs. Chacun de ces sous-groupes étudiés en détail, afin de mettre en évidence les traits communs qui existent entre ses membres et les différencient des autres sous-groupes.

II.2. Limites des méthodes d'analyse mise en exemple

Chacune de ces trois méthodes a ses avantages et ses inconvénients. L'inconvénient des méthodes individuelles est qu'il est toujours difficile de généraliser, même si les cas types ont été bien choisis. Il existe en outre un danger plus subtil, surtout lorsqu'on emploie des techniques d'hypnose ou de psychologie des profondeurs qui impliquent une collaboration prolongée de l'investigateur avec le sujet étudié.

Nous voyons qu'en psychocriminologie, pendant longtemps l'orientation vers les méthodes a dominé la recherche. L'orientation vers les problèmes s'est manifestée principalement par l'intérêt croissant acquis par deux catégories de recherches : l'une est l'étude, et si possible la mesure de la dangerosité (PINATEL). L'autre est l'établissement d'échelles de prédictions, dont les plus connues sont celles d'ERWIN FREY, en Suisse, et de GLUECK, aux États-Unis.

Différentes méthodes auraient pu être envisageables pour évaluer la progression de la contrebande, mais elles nous ont paru soit présenter des lacunes qui auraient eu pour effet de rendre les résultats incertains, soit irréalistes en raison du temps nécessaire à leur opérationnalisation. Par exemple, on aurait pu privilégier une approche bibliométrique à l'instar de celle utilisée par Hicks et Katz (1996) dans l'étude qu'ils ont menée sur la transformation des pratiques des chercheurs britanniques (cf. section 2.7.2). Toutefois, le manque de correspondance entre les informations fournies par les bases de données existantes (*Science Citation Index* (SCI) et *Social Science Citation Index* (SSCI)) et l'objet à mesurer (l'intensification de la contrebande) a incité à écarter ce type d'analyse. Une deuxième raison qui a incité à écarter la bibliométrie ainsi que l'utilisation de bases de données comme SCI et SSCI tient au fait que ces dernières recensent la littérature la plus citée dans le monde et que cette littérature est majoritairement en langue anglaise. C'est un fait reconnu que les chercheurs en sciences sociales en Côte d'Ivoire publient une partie importante de leurs travaux en français et dans des formats qui ne sont pas recensés par ces bases de données, sous la forme de livres, de chapitres de livres, etc. Une autre méthode pour évaluer la progression de la contrebande aurait pu consister, en nous basant sur divers indicateurs préétablis, à vérifier empiriquement auprès d'un ensemble donné de revues scientifiques, si on observe ou non une croissance du nombre d'articles sur le phénomène. Cette méthode aurait probablement donné les résultats les plus sûrs, mais elle nous a paru irréaliste dans le cadre de notre étude. En raison de ces contraintes, il nous a été impossible d'évaluer de façon précise la progression de la production criminelle des acteurs contrebandiers dans l'émergence d'une économie souterraine en Côte d'Ivoire en général et plus exactement dans le district d'Abidjan. Toutefois, comme nous l'avons vu dans l'analyse des données, certains indices issus des entrevues et des histoires personnelles des intervenants initiaux ou finaux de la contrebande nous ont permis d'identifier certains traits propres à chacun des actes criminels et de ces acteurs.

III. APPROCHES DISCIPLINAIRES

Les approches disciplinaires étudiées sont : sciences économiques et la criminologie (option sociologie criminelle). La criminologie a été utilisée parce que nous étudions les aspects sociologiques, psychologiques et juridiques de l'objet d'étude. La sociologie criminelle et les sciences économiques ont été préférées à d'autres disciplines pour deux raisons principales : (1) parce qu'elles apparaissent obéir à des logiques apparemment opposées au regard de l'économie de marché et à l'utilitarisme en recherche, et (2) parce qu'elles se différencient au plan épistémologique ; les courants actuellement dominants en sciences économiques s'apparentent aux sciences nomothétiques alors que la sociologie criminelle s'apparente davantage aux sciences idéographiques. Le choix de ces deux disciplines vise ainsi à mettre en lumière la non-homogénéité des sciences sociales ainsi que certaines spécificités propres à chacune.

TROISIÈME PARTIE

RÉSULTATS ET SOLUTIONS

CHAPITRE 7

Résultats de l'enquête

I. LES FACTEURS EXPLICATIFS (POINT DE VUE DE L'ÉCONOMIE INTERNATIONALE DU MARCHÉ)

Phénomène à double sens, la contrebande doit être abordée en deux temps, car les raisons qui l'expliquent à l'importation ou à l'exportation peuvent être différentes. Les différentes situations de contrebande sont regroupées dans le tableau 3 qui montre la grande variété des possibilités. Les raisons invoquées et les modalités utilisées sont aussi nombreuses qu'est grande l'intelligence créatrice des personnes concernées. Pour cette raison, ce tableau récapitulatif est très incomplet, mais il n'est guère concevable de tenter une énumération exhaustive. Nous donnerons chaque fois que possible des exemples illustrant les principales situations évoquées.

Parmi les rares études existantes, citons la classification sommaire des modalités de la contrebande proposée par Greffe (1980) sur le cas de la Bolivie et reprise par DORIA MEDIDA (1986). Selon ces deux chercheurs, les trois formes principales d'opération en Bolivie sont, par ordre d'importance décroissante :

- **La grande contrebande "officielle"** qui se réalise, sous les auspices d'entités liées aux institutions en place, à travers un véritable pont aérien et des convois de véhicules routiers. Son domaine privilégié est celui des biens de luxe à haute valeur ajoutée.
- **La contrebande documentée** qui utilise toutes les formes possibles de faux documents avec la collaboration d'agents de l'État qui trouve là un bon moyen d'améliorer leur niveau de vie
- **La petite contrebande, dite de "fourmis"** dues au fort chômage existant dans les zones frontière du pays et qui concerne les biens de consommation de base de faible valeur unitaire.

La préoccupation concernera davantage les raisons que les modalités. De ce fait la classification qu'on propose est très différente de celle de Greffe, mais le lecteur retrouvera tout au long de la thèse des exemples de ces trois catégories. L'enquête nous amène à considérer que, tant à l'importation qu'à l'exportation, la contrebande est le résultat de deux grands types de contraintes :

- Les contraintes de rentabilité économiques
- Les contraintes nées de l'existence de lois, règlements et quotas divers.

I.1. Les facteurs dus à des contraintes de rentabilité économique

Ces actions visent essentiellement à permettre d'échapper au paiement de taxes et droits divers, soit totalement, soit partiellement. Selon le cas, les méthodes employées divergent.

Méthodes visant à échapper totalement à tout paiement

Les importateurs disposent de deux méthodes principales : la contrebande au sens traditionnel du terme et la modification d'appellation.

La "contrebande traditionnelle", où des marchandises effectuent un passage clandestin des frontières, est le recours le plus fréquent quand les droits de douane à l'entrée deviennent trop élevés et ne permettent plus ensuite de tirer un bénéfice suffisant lors de la revente sur le marché local.

La marchandise qui a probablement fait l'objet le plus souvent de ce moyen est la cigarette. Ainsi, avant d'être envahie "pacifiquement" par son ami et voisin le Sénégal, la Gambie tirait une grande partie de ses revenus de la présence sur son sol de trafiquants prospères qui inondaient toute la sous-région de tabac de contrebande. Aux États-Unis d'Amérique (USA), les écarts importants de taxation entre les différents États avaient entraîné l'apparition d'un important trafic, estimé entre 400 et 500 millions dollars US, au début des années 70. Ceci avait amené les autorités à mettre en vigueur le "Federal Cigarette Contraband Act" en 1978. Sous l'effet conjoint de la diminution de l'écart de taxation entre États et de l'augmentation des coûts directs de la contrebande du fait de contrôles renforcés, ce trafic baisse régulièrement depuis lors. (Warner, 1982) Il n'en va pas de même au Canada où la taxation excessive des cigarettes dans le cadre de la lutte contre le tabagisme est en train de redonner une très grande vigueur au trafic ayant pour origine les réserves indiennes dans lesquelles les cigarettes sont détaxées. Le schéma est simple : les fabricants canadiens exportent aux USA des cigarettes qui sont ensuite réimportées hors taxes par des commerçants installés dans les réserves, théoriquement pour un usage interne à la réserve. Mais, selon les estimations de la Gendarmerie Royale du Canada, environ 50 % de ces importations prennent rapidement le chemin de la contrebande. Ainsi, pour la seule réserve indienne de KAHNAWAKE, une étude attentive réalisée pendant l'automne 90 permet d'estimer les pertes hebdomadaires de revenus à 62 779 dollars canadiens pour le Gouvernement du Québec et à 49 764 dollars pour le Gouvernement fédéral, soit un total annuel de plus de 5 millions de dollars pour une seule réserve.

De récentes indications fournies par la direction des douanes chinoises donnent une ampleur du phénomène pour ce pays. En 1991, 13 000 interceptions de contrebandiers ont eu lieu pour une saisie totale d'une valeur de 140 millions de dollars canadiens. Mais les douaniers reconnaissent eux-mêmes qu'il ne s'agirait là que de la partie visible de l'iceberg. Au Pérou, où il ne se passe pas un jour sans que des prises soient annoncées dans les différents ports, aéroports et gares d'autobus du pays, le ministre de l'Économie et des Finances en personne, Jorge CAMET a annoncé le 25 mai 1993 une diminution des droits de douane et de l'équivalent de la Taxe de la Valeur ajoutée française en présentant cette mesure comme *"la meilleure manière de combattre la contrebande... en diminuant sensiblement les marges bénéficiaires qu'elle permet actuellement"* au total, la Commission de lutte contre la contrebande estime à 1,22 milliard de dollars US la valeur des marchandises entrées au Pérou en contrebande en 1992, ce qui a entraîné une perte de recettes d'environ 600 millions de dollars pour le gouvernement. La situation est d'autant plus difficile à rétablir dans ce pays que ces marchandises alimentent directement les marchés informels dont le gouvernement a perdu tout contrôle depuis longtemps.

Peut-être également considérée comme de la "contrebande intérieure" tout ce qui relève de la reproduction illégale d'œuvres artistiques ou intellectuelles. Le cas le plus flagrant est celui des logiciels informatiques. On peut avoir une idée relativement précise du montant minimum de la fraude réalisée dans ce secteur en comparant les ratios "Nombre d'ordinateurs installés / Nombre de logiciels achetés" d'un pays à un autre. Bien entendu, cela donnera une indication minimum, car rien ne dit que le pays ayant la meilleure ration n'est pas lui-même un pays où l'on triche. Il apparaît ainsi qu'au Canada le Québec achète relativement beaucoup moins de logiciels que l'Ontario. En France, une recherche récente estime la valeur des logiciels piratés à 6 milliards de francs français. L'association américaine des éditeurs a entamé des actions en justice contre de très grosses banques ou entreprises industrielles. (GARRIC, 1989)

Dans le domaine des communications, lors d'une enquête réalisée pour le département du commerce des États-Unis (US), dans 16 pays sud-américains en 1992, il est apparu des résultats si alarmants que le gouvernement des États-Unis a publié des listes de "pays sous surveillance" avec menace de graves représailles si la situation ne s'améliorait pas. Parmi les cas les plus flagrants, citons : les pellicules cinématographiques en cassettes vidéo : 100 % du marché est "pirate" au Costa Rica, Équateur, Salvador, Guatemala et Honduras. Avec un très fort niveau de piraterie dans les autres pays. Les transmissions de programme par câble : Au Guatemala, une entreprise pirate comportant plus de 300.000 abonnés fonctionne sans problème depuis longtemps. Ce piratage est également très répandu en Argentine, Colombie, Costa Rica, Salvador, Honduras, Nicaragua, Pérou et Venezuela. Les cassettes audio pirates, selon les estimations, représentent plus de 50 % du marché de l'Amérique latine, certains pays comme le Paraguay et le Salvador étant même connu comme de gros exportateurs de cassettes pirates dans les autres pays. La piraterie des programmes informatiques est une pratique totalement généralisée, tout comme celle des livres.

Les modifications d'appellation consistent à transformer une marchandise taxable en une marchandise qui ne l'est pas ou qui l'est moins. Bien entendu, cette transformation est très rarement légale.

Prenons quelques exemples et, d'abord, celui des voitures en Afrique. Un trafic fort bien connu depuis longtemps est celui des voitures Peugeot au départ du Nigeria. Il existe en effet une chaîne de montage dans le nord du pays, à Kano. Étant partiellement fabriquées sur place, les voitures Peugeot sont soumises à des droits beaucoup plus faibles que dans certains pays voisins qui appliquent parfois jusqu'à 160 % de droits de douane. Il s'est donc instauré dans les pays voisins un trafic de vieilles voitures Peugeot ! La méthode consiste en effet à échanger les papiers et les plaques d'immatriculation entre véhicule ancien et véhicule neuf — acheté au Nigeria, après que l'on ait consciencieusement effacé les numéros d'identification du moteur et du châssis pour qu'on ne puisse plus les reconnaître ! Le véhicule neuf peut rentrer dans le pays de l'acheteur sans payer aucune taxe et être revendu à bon prix quelques jours plus tard. En pratique, vendeur et acheteur se partagent les droits de douane ainsi évités (soit, en Côte d'Ivoire, une économie substantielle équivaut à 80 % du prix de base).

D'autres cas fréquents où ces modifications interviennent concernent les zones économiques pratiquant des méthodes protectionnistes. Ainsi, l'accès des produits turcs dans les pays de la communauté économique européenne (CEE) est si réglementé qu'il est fréquent que ceux-ci deviennent "mystérieusement" des produits grecs qui, souvent, transiteront par la Suisse pour brouiller les pistes davantage. De même, il serait intéressant de regarder de plus près le parcours réel de nombreuses marchandises produites dans les zones franches industrielles (ZFI) disséminées dans le monde, et en particulier les ZFI du nord du Mexique...

Méthodes permettant d'échapper partiellement aux paiements dus

Afin de conserver des prix de revient acceptable, mais en courant des risques moins importants, les importateurs vont utiliser de fausses déclarations : modifications d'appellation, modifications de quantité, modifications de prix et déclarations de camouflage.

Les modifications d'appellations utilisées dans ce cas supposent souvent la complicité ou, pour le moins, la bienveillante compréhension de certains douaniers. En effet, la méthode va ici consister, moyennant corruption, à faire accepter une marchandise pour ce qu'elle n'est vraiment pas. Un exemple constaté par l'auteur, au Nigeria, est celui de la déclaration de panneaux de contreplaqué comme matière première destinée à la fabrication d'allumettes. Ce tour de passe, réalisé pour de grosses quantités et sur une longue période, permettait d'abaisser les droits de douane de 80 % à 10 % environ. Cette méthode est le plus souvent utilisée lorsque des protections particulières ont été mises en place par un État pour protéger une industrie locale naissante à laquelle il accorde un monopole de fait.

Les modifications des quantités sont la méthode la plus fréquemment utilisée. Fondée là aussi, évidemment, sur une complicité avec des douaniers, cette pratique permet de ne payer de droits que sur une partie des marchandises effectivement entrées. Pour les autres marchandises, le montant des pots-de-vin sera généralement un pourcentage des droits qui auraient normalement dû être payés.

Les modifications de prix consistent à déclarer une marchandise pour un prix inférieur à la réalité, en utilisant si nécessaire les fausses factures que leur établissent complaisamment leurs fournisseurs. (VERNA, 1989) Compte tenu de la grande variété de produits et de la volatilité des conditions du marché, il est quasiment impossible pour les autorités de tenir à jour des tarifs de référence qui permettraient aux douaniers de procéder à des contrôles efficaces. Ainsi, au Pérou, les autorités estiment à 300 millions de dollars les pertes annuelles entraînées par cette méthode. La parade imaginée par le gouvernement péruvien a été de rendre publiques les polices d'importation afin que les concurrents puissent en prendre connaissance et éventuellement faire leur police eux-mêmes.

Les déclarations de camouflage, les trois premières méthodes ont pour point commun d'utiliser des voies d'entrée légales, c'est-à-dire les services de douanes officiels. La troisième méthode diffère des deux premières, car elle va utiliser à la fois les voies d'entrée légales et clandestines. Elle consiste à procéder périodiquement à des importations officielles de petites quantités d'un produit sur lequel sont payés tous les droits et taxes prévus. Ce produit sera, en général, vendu dans la capitale, qui est souvent aussi le lieu d'importation. Dans le même temps, d'importantes quantités de ce même produit entrent par les voies de la contrebande classique et approvisionnent les marchés de l'intérieur du pays. En cas de contrôle de la provenance de ces dernières marchandises, les documents d'importation des autres marchandises peuvent constituer une protection suffisante pour l'importateur qui prétendra être en règle. L'éloignement géographique entre les deux actions diminue en effet les risques de concertation entre les autorités locales.

La contrebande vise, dans ce cas, à éviter tout contrôle aux marchandises importées du fait d'une origine interdite, d'une authenticité discutable ou d'une interdiction pure et simple d'importation.

Le contrôle de l'origine vise à vérifier si le produit concerné n'est pas l'objet d'un boycott ou d'un embargo ou, dans le cas de l'argent par exemple, s'il n'est pas d'origine criminelle.

I.2. Les contraintes nées de l'existence de lois, règlements et quotas divers

Les raisons économiques qui expliquent la contrebande tiennent essentiellement au refus d'entrer dans les circuits officiels qui, en imposant des règles de change et d'imposition, rendent certaines opérations non rentables.

Pour éviter des paiements de taxes diverses, voire une saisie.

Les opérations de contrebande concernent parfois cette marchandise particulière qu'est l'argent, lorsqu'il est d'origine criminelle et qu'il s'agit de le blanchir afin de pouvoir le réintroduire dans les circuits officiels et, donc, de l'utiliser librement. Selon la "US. Drug Enforcement Administration", le montant total du marché illégal de la drogue aux USA a été, en 1985, compris entre 50 et 80 milliards US $, générant plus de 25 milliards US $ de profits, soit plus que les résultats nets cumulés des huit plus grandes entreprises américaines. Plus des deux tiers de ces sommes sont, après blanchiment, réinvesti dans le circuit légal des affaires, partout dans le monde. (Dodds, 1986) Sous la pression des autorités américaines, de nombreux pays, autrefois considérés comme des paradis fiscaux acceptent progressivement — souvent à contrecœur de collaborer pour lutter contre ces opérations de blanchiment de ce qu'il est maintenant convenu d'appeler les narcodollars. Il en va ainsi principalement de la Suisse, des Bahamas et des îles Caïmans. La récente intervention militaire américaine au Panama permettra de mettre fin aux nombreuses opérations en cours dans un pays qui jouait le rôle de plaque tournante. Mais de nouveaux pays semblent prêts à prendre la relève et à permettre des facilités bancaires sur lesquels ils ne se montreraient pas trop regardants. Cela semble concerner, en particulier, les États d'Europe Centrale, fraîchement émancipés de la tutelle soviétique — qui trouveraient là un moyen rapide d'accumuler les capitaux dont leurs banques ont tant besoin.

Les mouvements d'argent secrets ne sont donc pas prêts de cesser. L'objet de cette étude n'est pas de s'attarder sur un aussi vaste sujet, dans lequel les recherches du Professeur Ingo Walter font autorité. Citons simplement un chiffre établi par ce dernier, relatif au déséquilibre du compte courant des échanges mondiaux (différence entre les recettes et les dépenses déclarées par les différents pays). En 1983, dernier chiffre estimé, les dépenses dépassent les recettes de plus de cent milliards de dollars US. *"Comment cela est-il possible ? À moins d'avoir accumulé un tel déficit de nos échanges avec la planète Mars, il y a manifestement quelque chose d'anormal".* (Walter, 1988)

Pour permettre la rentabilité d'une opération dans les pays à monnaie non convertible.

À l'exportation, la contrebande peut apparaître quand la dépréciation du cours officiel de la monnaie locale devient telle qu'aucune fausse facturation possible ne permettra d'obtenir un paiement raisonnable. Dans une étude précédente relative au phénomène des fausses facturations dans le commerce international avec des pays à monnaies non convertibles (VERNA, 1989), nous avions défini les situations limites au-delà desquelles les fausses factures sont impuissantes à résoudre les dilemmes économiques de certains entrepreneurs locaux. Les principaux cas étaient :

À l'importation, la contrebande devient la seule issue lorsqu'il est impossible à l'importateur d'obtenir du gouvernement une licence d'importation et/ou que les tarifs douaniers sont si élevés qu'il lui sera ensuite impossible de maintenir des prix de vente concurrentiels sur le marché intérieur.

La contrebande apparaîtra une fois de plus, à l'exportation lorsque le premium sur la monnaie de l'acheteur sera trop élevé et que les autorités refuseront de compenser cela par une prime suffisante à l'exportation. L'exportateur, du fait d'un taux de change aberrant de ses devises en monnaie locale, risquera alors de travailler à perte en obtenant du change de ses recettes extérieures un montant inférieur à son prix de revient local. (Warner, 1982)

C'est ainsi qu'en Guinée, par exemple, les autorités avaient été contraintes d'instaurer une bourse aux diamants où les enchères se faisaient en devises étrangères (US $ en général) et où les autorités garantissaient aux vendeurs qu'ils pourraient conserver 30 % du montant dans ces devises, le solde leur étant payé en monnaie locale au cours officiel. Moyennant quoi on estimait que, au mieux, entre 10 et 20 % seulement de la production était présentée à la bourse, le reste disparaissant par des chemins inconnus !

Autre exemple d'importance : celui de l'or. En Chine, fin 1987, on estimait officiellement qu'environ le quart de la production sortait du pays par contrebande. La raison en est simple. Le gouvernement paye l'or aux prospecteurs privés 20 % moins cher que le cours mondial et, ce, en monnaie locale non convertible, le yuan. C'est ainsi que la mine de Yangjiang, par exemple, qui produisait 20 kg de métal par an en 1985 n'en a produit que 63 g en 1987. On parle ainsi, au total, de la disparition de 25 000 tonnes de minerai aurifère en quelques années. (Franklin, 1988) La situation n'est pas meilleure en Bolivie. Sur une production potentielle de dix tonnes par an, trois sont perdues par manque de moyens techniques de récupération et, sur les sept tonnes restantes, une seule entre à La Banco minera de Bolivia, les six autres disparaissant par le biais de la contrebande, ce qui, au prix du marché en 1984 représentait 70 millions de dollars. (UDAPE, 1985)

Citons enfin l'intéressante étude de Robert Franco (1981) sur le comportement des producteurs de cacao au Ghana qui démontre clairement que les exportations de contrebande continuent aussi longtemps que les cours de change de la monnaie locale par rapport aux devises étrangères n'ont pas été correctement ajustés, et ce indifféremment du prix payé aux producteurs en monnaie locale. Car les marchés officiels et parallèles restent en relation du fait de la contrebande (Macedo, 1982).

Les principaux contrôles que veut détourner la contrebande à l'exportation concernent des régulations ou des destinations. Il y a également quelques restrictions quantitatives ou qualitatives, selon les cas.

Les contrôles de régulation. Citons par exemple le problème du COCOM. (Comité de coordination sur la limitation multilatérale des exportations) Les pays membres de cette organisation (les pays membres de l'OTAN, moins l'Islande plus le Japon) ont mis au point l'opération Exodus visant à empêcher toute exportation de matériels "sensibles" vers les pays communistes où à risque. Ces mesures renforcées ont permis l'appréhension de nombreux contrebandiers pour un ensemble d'opérations représentant 250 millions de dollars US de produits de haute technologie.

I.3. Diversité de l'économie souterraine

L'histoire révèle une grande variété de prohibitions et d'impôts qui provoquèrent la contrebande dans de nombreux domaines : les parfums, frappés de lourds impôts par le pharaon d'Égypte ; le café, interdit sous peine de mort par le sultan Amurat II au XVe siècle ; le sel, après l'imposition de la gabelle, un impôt sur le sel, entre le début du XVe siècle et la révolution de 1789 ; les allumettes, après que l'État français en eut fait un monopole en 1872 ; le sperme des taureaux français interdit en Suisse entre 1960 et 1970 afin de protéger les vaches de race Simmental et ce ne sont que des exemples. Des pamphlets, journaux et livres censurés ont traversé illégalement les frontières, des écrits, des encyclopédistes imprimés en Suisse et passés en France en contrebande, au pamphlet de Victor Hugo, *Napoléon le Petit*, que l'auteur exilé envoya en France dissimulée dans un chargement de farine, en passant par *La Lanterne*, journal du polémiste Henri de Rochefort, expédié en France par la grâce d'un réseau de contrebandiers de tabac. Les contrebandiers étaient souvent vus comme des héros et levaient de varies petites armées pour faire face aux agents de l'État. L'alcool et le tabac ne sont que des exemples parmi d'autres dans l'histoire des marchés illégaux. Le tabac fut interdit en France en 1620, puis frappé de lourds impôts par Richelieu. Plusieurs autres dirigeants l'interdirent, notamment Jacques Ier d'Angleterre, le sultan turc Amurat IV, le shah de Perse (qui faisait couper la lèvre supérieure des fumeurs de pipe), et le tsar Michel de Russie. À propos du législateur du Connecticut, Tocqueville (1835, première partie, chapitre 2) écrit : « Quelquefois, enfin, l'ardeur réglementaire qui le possède le porte à s'occuper des soins les plus indignes de lui. C'est ainsi qu'on trouve dans le même code [1750] une loi qui prohibe l'usage du tabac ». Aux États-Unis, quatorze États et un territoire interdirent la vente et parfois la simple possession de tabac entre 1893 et 1909 ; d'autres prohibitions suivirent durant les années 1920.

L'histoire se reproduisit, à plus grande échelle, avec la prohibition de l'alcool par un amendement à la Constitution américaine, entre janvier 1920 et décembre 1933, et la contrebande qui s'ensuivit (Dills et Miron 2003). Approvisionnés par les marchés noirs, ni les amateurs d'alcool ni les fumeurs ne disparurent. La contrebande et les autres formes d'économie souterraine ne sont pas que des phénomènes historiques ; ils sont omniprésents dans l'économie contemporaine. Quelques exemples suffiront. Au cours du XXe siècle, les drogues ont été graduellement interdites, à commencer par les opiacés et la cocaïne tôt dans le siècle, suivis du cannabis au milieu du siècle ; et la guerre aux consommateurs, aux producteurs et aux contrebandiers de drogue continue. Les marchés illégaux de l'alcool ont survécu dans plusieurs pays à cause des taxes prohibitives. La Gendarmerie royale du Canada (GRC 2002) inclut l'alcool parmi les principaux problèmes de contrebande et fait état de fabrication illégale. La contrebande ou l'emploi illégal d'essence et de mazout est endémique là où certains utilisateurs profitent de prix ou rabais spéciaux. En 2001-2002, les douanes britanniques ont détruit 30 usines de transformation et le gouvernement a mis en place de nouvelles mesures pour stopper la tendance, y compris l'établissement de distributeurs agréés pour les carburants à rabais (Bajada 2005, p. 238-239). De même, au Québec, un marché illégal s'est développé pour les carburants non colorés, permis exclusivement à certains utilisateurs ou pour certaines activités (agriculteurs, pêcheurs, chauffage domestique) ; en 2005-2006, les inspecteurs gouvernementaux ont émis 280 avis d'infraction (Boyer2007). Les marchés illégaux comprennent aussi le jeu, la prostitution, certaines formes de pornographie, les prêts usuraires, et le « marché gris » des signaux de télévision par satellite qui sont interdits au Canada, mais s'achètent auprès de diffuseurs américains. La contrebande du tabac est endémique dans les pays où le prix des cigarettes est assez élevé pour la justifier. Malgré de nouvelles mesures contre la contrebande, presque le quart des cigarettes consommées au Royaume-Uni en 2002 2003 étaient entrées illégalement dans le pays (Bajada 2005, p. 238). Au Canada, dans la foulée d'un accroissement continu des taxes provinciales et fédérales sur le tabac, la contrebande avait crû fortement au début des années 1990. Les recettes du gouvernement du Québec en provenance des taxes sur le tabac chutèrent de 61 % en dollars constants entre 1986-1987 et 1993-1994. En février 1994, le gouvernement fédéral et le gouvernement du Québec (ainsi que, rapidement, tous les gouvernements provinciaux) réduisirent ces taxes de manière énergique de 80 % au Québec. Mais les taxes ont augmenté de nouveau depuis et dépassent maintenant leur sommet du début des années 1990. Les recettes provinciales du tabac ont de nouveau commencé à chuter (Boyer 2007). Une enquête récente (CCFPT 2007) suggère que 30,5 % des cigarettes consommées au Québec sont illégales. Une cartouche de cigarettes se vend 10 dollars (ou moins) dans la réserve de Kahnawake, en comparaison de quelque 60 dollars pour une cartouche légale grevée de toutes les taxes. La contrebande semble en croissance. L'économie souterraine n'est pas seulement constituée des marchés noirs et de la contrebande dans l'économie parallèle. Elle englobe également des services vendus « sous la table », notamment des services de travail pour les entreprises ou les ménages (dans la construction et la rénovation, par exemple). L'économie parallèle est en bonne partie composée de travail parallèle (aussi appelé « travail au noir », à ne pas confondre cependant avec ce que nous appelons les « marchés noirs ») : des travailleurs qui, sans avoir les autorisations réglementaires requises ni déclarer leurs revenus au fisc, produisent des biens et services qui sont en eux-mêmes tout à fait légaux. Quelles sont les causes de toutes ces manifestations de l'économie souterraine ? S'agit-il des mêmes causes, y a-t-il un dénominateur commun ? On ne peut espérer circonscrire et résoudre le problème de l'économie souterraine sans en rechercher les causes. Fiorentini et Zamagni (1999a, p. XIII) notent qu'« une action effective, au niveau des institutions, contre les marchés illégaux et le crime organisé présuppose une connaissance approfondie des mécanismes et incitations qui sous-tendent ce domaine de l'activité humaine ». À la question des causes, on trouve une réponse dans la célèbre *Richesse des nations* (1776, livre 1, chapitre 2) d'Adam Smith. Smith voyait le fondement de la société moderne dans la division du travail, qui découlait elle-même « d'un certain penchant naturel à tous les hommes qui les porte à trafiquer, à faire des trocs et des échanges d'une chose pour une autre ». L'échange représente une dimension fondamentale des relations humaines et occupe une place centrale dans la théorie économique. Chaque fois que leur penchant pour l'échange est contrarié, les individus cherchent à contourner la contrainte afin d'obtenir ce qu'ils perçoivent comme les avantages de l'échange. Autrement dit, quand des obstacles s'opposent à l'échange dans l'économie légale, les demandeurs et les offreurs vont souvent se réfugier dans l'économie souterraine.

II. LES FACTEURS EXPLICATIFS AU PLAN LOCAL AU PLAN MACROÉCONOMIQUE LOCAL

La croissance économique a chuté à -1,6 % en 2002 alors qu'elle était passée de -2,3 % en 2000 à +0.1 % en 2001. La persistance de la crise a encore fait chuter l'économie à -1, 7 % en 2003. Pourtant, l'esquisse du cadrage macroéconomique prévoyait avant le déclenchement de la guerre en 2002, une croissance annuelle moyenne de +5 % sur la période 2002 — 2005. Et cette tendance de dépérissement des recettes de l'état continue jusqu'à nos jours en 2010. Le secteur économique est sinistre mettant en danger l'emploi, favorisant le chômage et la fermeture de nombreuses entreprises citoyennes. Le cadre macroéconomique actuel se prête donc à l'émergence et à la pérennisation de l'économie souterraine dont la contrebande, la corruption généralisée, le racket, les dessous de table, la fraude sont les ferments.

Au niveau des finances publiques, sur les ressources.

Au niveau intérieur, le premier impact est la perte sèche des recettes historiquement collectées dans la zone CNO. Cette perte est consécutive à la fermeture des postes douaniers et bureaux de collectes d'impôts dans ces zones. Le préjudice subi par le trésor public est estimé à plus de 240 milliards. Dans le même temps, la persistance de la crise et ses effets dévastateurs ont obligé l'Etat à prendre un ensemble de mesures dont le coût direct supporté par la Direction générale des Impôts est estimé à 800 milliards. Les fuites de café et de cacao vers les pays limitrophes ont occasionné des pertes de l'ordre de 240 milliards à la Douane. Au total, l'estimation préliminaire du manque à gagner pour l'Etat s'élève à plus de 1280 milliards de FCFA, auxquels il faut ajouter près de 1000 milliards de FCFA des Bailleurs de fonds qui ne viendront pas du fait de la crise. Soit une perte de ressources de 2280 milliards de FCFA. Sur les dépenses. Apparition de nouvelles charges liées à la sortie de crise. Le cumul des dépenses de sortie de crise s'élève à fin décembre 2009 à 665,1 milliards. Ces ressources consacrées aux opérations de sortie de crise ont créé, dans un contexte de contraction des recettes, de vives tensions de trésorerie dont une des conséquences est l'accumulation d'arriérés de paiement. Ainsi, les arriérés sur la dette intérieure culminent à plus de 500 milliards de FCFA en 2004 et 2005 tandis que les restes à payer du Trésor (dettes fournisseurs) se montent à plus de 400 milliards en 2004 et 2006. Outre ces nouvelles dépenses, l'Etat a pris à sa charge le règlement de la totalité des consommations d'eau et d'électricité de la zone CNO de septembre 2002 à décembre 2006, pour un montant de 40 milliards. De même, l'Etat doit rembourser à la BCEAO 50 milliards emportés des agences de Bouaké, Korhogo et Man lors des casses. Le total des pertes enregistrées sur les 7 ans au niveau des finances publiques se chiffre à plus de 3 035,1 milliards de FCFA. Toutes ces conséquences ont des incidences négatives sur le mode de vie des populations de Côte d'Ivoire en général et celles du district en particulier. Les individus sinistrés survivent grâce à la débrouillardise, à l'économie souterraine et informelle. Économie qui échappe aux contrôles, aux réglementations et au code des douanes en vigueur dans l'état, lui-même englué dans des problèmes interminables de règlement d'une crise qui s'étend dans la durée.

Les problèmes du bien-être social sont mis en retrait des priorités de l'état.

La priorité actuelle de l'état concerne la sortie de crise.

Au plan structurel, la crise déclenchée en septembre 2002 a touché tous les secteurs d'activités économiques. Au niveau du secteur primaire : Détournement d'une partie des productions de café et cacao chaque année, vers les pays limitrophes ; perturbations dans la filière café cacao (grèves répétitives et problème de gouvernance dans la filière et dans tous les secteurs d'activités) ; arrêt partiel de la production d'or et reprise difficile avec une forte baisse au 1er trimestre 2004, 51,3 kg de produits contre 309,5 kg et 420,0 kg au 1er trimestre respectivement des années 2003 et 2005 ; développement de la production informelle de diamant ; Etc. tout cet univers informel fait l'affaire des contrebandiers cachés à travers le pays et le district.

Cette crise bien qu'elle n'a pas, réussir à détruire les fondamentaux des institutions ivoiriennes, elle a reçu quand même à les affaiblir du point de vue de la gestion des trafics et des populations sur le territoire.

Au niveau du secteur secondaire : des entreprises privées à Bouaké ont fermé ou délocalisé leurs activités. Les investissements directs étrangers accusent également des replis significatifs : de 199,9 milliards en 2001, ils sont tombés à 96,1 milliards en 2003 avant d'amorcer une remontée depuis 2004. La conjugaison de ces facteurs a entraîné la hausse du chômage du fait de l'accroissement des licenciements économiques ; la contrebande s'est développée à partir des frontières Nord et a contribué à fragiliser d'avantage, certaines branches de ce secteur, notamment le textile. Les exportations de tissus qui étaient de 8,2 mille tonnes en 2001 sont tombées à 3 000 tonnes en 2004 puis à 1.100 tonnes en 2008. Plusieurs unités industrielles ont été mises à sac. Le tissu industriel de la région de Bouaké a été dévasté. À titre d'exemple, les installations et les stocks d'hydrocarbures de la GESTOCI et des marketeurs à Bouaké ont été totalement pillés, les établissements Robert Gonfreville et les unités de TRITURAF endommagé et fermé, etc.

Sur le plan des opérations du secteur privé, il y a eu d'importants manques à gagner du fait de la fraude et de la contrebande, la hausse des coûts de transaction directement liée aux phases de sécurité imposées par l'ONU. À cet effet, les prix supportés par les entreprises locales ont renchéri détériorant ainsi le niveau de leur compétitivité. À ces deux effets, il convient d'ajouter la baisse des rendements des entreprises du fait des couvre-feux et des perturbations dans leur chaîne de travail. Les entreprises ont dû également faire face au renchérissement du coût des crédits, dû au risque de guerre, limitant les possibilités de relance ou d'extension de leurs activités. Le secteur de l'électricité a enregistré des pertes énormes. Par exemple, à fin 2009, les impayés de factures dans la zone CNO s'élèvent à plus de 83 milliards FCFA pour l'électricité (CIE) et 52 milliards FCFA pour l'eau (Sodeci). (. .)

Tableau 3 : Récapitulation générale des différentes situations de contrebande

1. LES ACTIONS DE CONTREBANDE DUES À DES CONTRAINTES DE RENTABILITÉ ÉCONOMIQUE

1.1. À l'importation
1.1.1. Méthodes visant à échapper totalement à tout paiement:
— La "contrebande traditionnelle"
— Les modifications d'appellation
1.1.2. Méthodes permettant d'échapper partiellement aux paiements dus
— Les modifications d'appellations
— Les modifications des quantités
— Les modifications de prix
— Les déclarations de camouflage

1.2. À l'exportation
— Pour éviter des paiements de taxes diverses, voire une saisie
— Pour permettre la rentabilité d'une opération dans les pays à monnaie non convertible.

2. LES ACTIONS DE CONTREBANDE DUES À L'EXISTENCE DE LOIS, RÈGLEMENTS ET QUOTAS DIVERS GÊNANT LA LIBRE CIRCULATION DES BIENS

2.1. À l'importation
2.1.1. Le contrôle de l'origine
— Les détournements de boycott ou d'embargo
— Le blanchiment d'argent
2.1.2. Le contrôle de l'authenticité
— La contrefaçon
— Le détournement de propriété intellectuelle
— Les faux (oeuvres d'art, objets anciens, etc...)
2.1.3. L'introduction de marchandises prohibées
— Les prohibitions légales
— Les prohibitions réglementaires

2.2. À l'exportation
2.2.1. Les contrôles de régulation
2.2.2. Les contrôles de destination
2.2.3. Pour échapper à des restrictions quantitatives
2.2.4. Pour échapper à des restrictions qualitatives

Source : Gérard VERNA (juillet 1993)

III. MANIFESTATION DE LA CONTREBANDE

III.1. Manifestation de la contrebande au plan national

III.1.1. Prévisions

Avant d'aborder le terrain d'étude, on a prévu recueillir diverses informations susceptibles de donner des réponses aux différentes questions de recherche, à savoir depuis quand parle-t-on de contrebande à Abidjan. Son ampleur en tenant compte de la spécificité de chaque commune, comment se manifeste-t-elle ? Quels en sont ses facteurs explicatifs et conséquences sociales, économiques, culturelles, et surtout politiques ?

On comptait trouver des informations et réponses valables à ces différentes questions posées, au fond nous avons toujours pensé que la contrebande était une activité facilement observable et repérable et que son étude ne nous poserait pas de problème majeur. Forte a été notre surprise de constater que comme tout phénomène complexe, la contrebande reste une équation difficile à résoudre. Elle demande plus d'engagements et de recherches approfondies.

III.1.2. Réalités générales

La contrebande aux frontières routières de la Cote d'ivoire en général et aux entrées routières du district d'Abidjan en particulier est plus une opération de contrebande traditionnelle, quels qu'en soient les motifs, on retrouve toujours trois ensembles d'acteurs : **les acheteurs**, **les vendeurs** et des **tiers**. Ces auteurs peuvent se trouver dans trois rôles différents : **neutre**, **passif** ou **actif**. Dans les rôles passifs et actifs, les acteurs seront évidemment complices, mais dans le cas du rôle neutre, il subsiste une incertitude, car ces auteurs pourront avoir été abusés et parfois ne jamais le savoir. Une chaîne de contrebande commence à la fabrication du produit et se termine lors de sa vente au consommateur final.

Aux deux bouts d'une chaîne, les opérations peuvent se dérouler dans des conditions parfaitement normales et tromper complètement la bonne foi d'un intervenant.

Cela demandera simplement quelques efforts de '' camouflage'' de l'opération réelle de la part des acteurs complices. Ainsi au lieu de donner la destination exacte d'une marchandise celui qui passe commande fera en sorte de présenter une destination vraisemblable et totalement légitime au fabricant. Ce dernier, étant payé et livrant une marchandise normale, ira rarement chercher plus loin. De ce fait, les contrôles douaniers ou de police aux frontières routières de la Côte d'Ivoire perdent de plus en plus de leur efficacité et l'application de sanctions aux intervenants initiaux ou finaux est délicate dans bien de cas, car il est impossible d'affirmer qu'il y a eu complicité volontaire. Et les opérations de camouflage citées ci-dessus seront encore plus fréquentes qu'on ne pourrait le penser. Cela se produit le plus souvent quand cet acteur n'a, pour ce qui le concerne, que des actes légaux à accomplir. Le chef d'entreprise qui expédie des marchandises à un destinataire dont il sait que c'est un contrebandier qui va introduire ces marchandises en fraude dans un autre pays, est complice passif de la future contrebande.

Aux termes de la loi ivoirienne, par exemple, s'il était prouvé qu'il savait d'avance la destination réelle de marchandises, il pourrait être poursuivi pour complot, même si cela se passe dans un pays très lointain.

Une telle preuve est évidemment difficile à apporter, mais peu de chefs d'entreprises connaissent la gravité des peines qu'ils encourent. Mais nombreux sont ceux qui n'hésitent pas devant la perspective d'une bonne affaire qui leur laisse la conscience en paix, par ignorance ou du fait de leur conception personnelle de la légitimité. Ce débat entre le légal et le légitime implique que le chef d'entreprise, ne comprenant pas pourquoi ses '' bons'' produits ne peuvent pas entrer librement dans un pays étranger, va souvent prendre fait et cause pour son correspondant contrebandier dont il sera tenté d'approuver l'action, l'aspect de légitimité l'emportant sur le caractère illégal de l'action.

Une opération de contrebande suppose au moins sept opérations élémentaires successives qui sont, pour un produit : la fourniture, la vente, le transport, l'achat, la distribution, le conditionnement et la consommation finale.

III.1.2.1. Les opérations élémentaires de contrebande

La fourniture : elle consiste à pouvoir livrer une certaine quantité de marchandises spécifiques pour répondre à une demande et accepter de le faire. La demande de fourniture peut ne pas être conforme du tout à la norme du pays producteur et donc nécessiter une fabrication spéciale qui ne sera peut-être pas possible qu'au-delà d'une certaine qualité. Pae exemple, il n'est pas possible de faire fabriquer des cigarettes d'une qualité et d'un nom particulier à moins d'en commander au moins un conteneur de 30 pieds (40 m3), si cette quantité est largement supérieure à ce que les clients peuvent acheter, il faudra alors que le producteur renonce à cette vente ou que l'on trouve d'autres clients ayant les mêmes besoins pour arriver au seuil minimum de production. Cette recherche de clientèles complémentaires peut être faite soit par le fabricant de cigarettes lui-même qui va alors devenir un complice actif, car il ne peut pas ignorer qui sont ses véritables clients. Elle peut être faite aussi par une entreprise intermédiaire spécialisée faisant office de courtier, qui va chercher d'autres '' commandes'' permettant de remplir le conteneur.

Dans de nombreux cas, des réseaux commerciaux parallèles fonctionnent depuis très longtemps et des usines travaillent en grande partie pour leur seul usage.

Le gouvernement ivoirien et les autorités locales du district, tout comme bien d'autres doivent publier des listes d'entreprises accusées de fournir les fabricants de marchandises de contrebandes. Par exemple, la liste établie en 1996 et parue dans El TIEMPO, le 30 novembre, comprenait 104 noms d'entreprises fournissant de la machinerie ou des matières premières au départ de divers pays tels que les États-Unis, l'Espagne, l'Allemagne, le Danemark, la Hollande, l'Italie, la Suisse, l'Argentine, le Brésil, le Mexique, le Panama, l'Inde, Taiwan, la Chine et Hong Kong. L'Allemagne Mercedes BENZ y figure ainsi que différents laboratoires chimiques nord-américains.

La vente : elle consiste à signer un contrat par lequel des marchandises s'échangent contre de l'argent. Elle se distingue de la fourniture du fait de l'intervention fréquente d'intermédiaires qui servent d'écran entre le fournisseur et l'acheteur. Ces intermédiaires sont obligatoirement des complices actifs, indispensables au fonctionnement de la contrebande.

Le conditionnement : elle est une opération importante, car une même marchandise peut nécessiter un conditionnement différent selon qu'elle va suivre un parcours officiel au clandestin. Ces conditionnements varient selon deux critères principaux : la présentation finale du produit et ses conditions de transport. Pour la présentation, chacun connaît les imitations plus ou moins réussies que les contrebandiers réalisent dans le domaine de la mode, des cosmétiques, des parfums, etc. la tricherie est souvent si évidente que seuls les circuits de contrebande peuvent introduire ces marchandises dans de nombreux pays. La présentation peut également être modifiée pour que le fournisseur ne soit pas identifiable ou pour satisfaire à des impératifs de commercialisation locale. Il peut apparaître des publicités mensongères ou abusives que de nombreuses législations occidentales et même africaines comme celles de la Côte d'Ivoire n'autoriseraient pas sur leur territoire. On peut ainsi citer les '' médicaments'' prétendant blanchir la peau et dont on omet de dire à quel pont leur usage peut être cancérigène ou d'autres remèdes prétendument aphrodisiaques. Pour leur transport, les marchandises peuvent nécessiter un conditionnement particulier permettant leur manutention effective tout au long du parcours qu'elles devront suivre avant de parvenir à l'acheteur final. Ces parcours sont parfois inattendus et complexes : chemins détournés, camouflage, dans d'autres produits, etc. les choses ne se passent pas toujours bien et un récent exemple québécois l'illustre fort bien, où l'on a vu en juillet 1991 les agents de la sûreté du Québec faire une '' pêche miraculeuse dans le fleuve Saint-Laurent sur de nombreux fûts métalliques contenant pour plus de 600 millions de dollars de drogue. Ces mêmes genres de pêche ont souvent lieu sur le territoire douanier ivoirien cependant à des échelles plus réduites.

Le transport : il est précisément l'opération la plus délicate dans laquelle tous les intervenants sont des complices actifs de l'opération. Celle-ci consiste à faire franchir physiquement une frontière aux marchandises de contrebande. Là encore les exemples en Côte D'Ivoire et ailleurs abondent et leur variété n'a pour limite que celle de l'imagination humaine. Le 05 novembre 1991, radio France internationale présentait un bulletin consacré à la contrebande entre la Chine et le Vietnam. Elle représentait alors un volume annuel d'environ 20 millions de dollars. Le transport s'effectue à dos d'homme avec des charges individuelles comprises entre 50 et 60 kilos. La rémunération des porteurs était de 12 francs français par voyage soit 1200 francs CFA. Nous observons exactement ces mêmes opérations aux frontières routières de Côte d'Ivoire en général et plus particulièrement aux frontières routières de la région des lagunes.

L'achat : c'est l'achat de marchandises de contrebande par celui qui les a commandées en connaissance de cause, ce qui représente un acte totalement illégal. L'acheteur est complice actif de cette opération, voire même souvent l'initiateur. La discrétion et la sécurité de cette opération sont donc totalement indispensables. Un achat comporte évidemment un paiement qui doit être fait lui aussi dans des conditions de sécurité et de discrétion totale pour les deux parties. Cela peut supposer l'intervention d'un intermédiaire financier.

La distribution : elle constitue l'avant-dernière étape de la chaîne d'opérations de contrebande aux frontières routières de la région des lagunes de la Côte D'Ivoire. Elle consiste à écouler les marchandises soit à des petits revendeurs disséminés dans les environs des différents corridors douaniers soit directement aux utilisateurs. Dans les deux cas, il s'agit d'une opération à grande visibilité, quasi publique, et présentant donc le risque d'être décelée par les contrôles de police. Certains distributeurs peuvent être des complices neutres ou passifs, en particulier dans le cas de petits revendeurs du tiers monde qui sont étrangers à certaines considérations légales et dont le seul souci est de perpétuer un petit commerce qui assure tant bien que mal leur survie. Lorsque la distribution est assurée directement par l'acheteur, la visibilité sera moins grande. Cela sera surtout le cas pour des marchandises chères et vendues en faibles quantités, comme des automobiles, des métaux précieux, des diamants, etc. la facilité de certaines opérations peut parfois amener certains acteurs à manquer totalement de prudence.

La consommation : la consommation de produits de contrebande est un acte illégal pouvant parfois être accompli de bonne foi. Il n'en reste pas moins que la responsabilité du consommateur est toujours engagée.

En conclusion, les différentes formes de fraude sont souvent la conséquence inéluctable des restrictions mise en place par les autorités locales de la région des lagunes et sont d'autant plus fortes que les restrictions sont grandes.

Mais il ne suffit pas de frauder pour gagner. Des contraintes, tant externes qu'internes, délimitent précisément les champs de rentabilité des fraudes. Les entreprises ou les personnes auxquelles il peut être demandé de participer à de telles manœuvres doivent connaître les raisons et le fonctionnement précis afin de pouvoir décider en toute connaissance de cause. Il s'agit là d'un engrenage susceptible de les entraîner, parfois, beaucoup plus loin qu'elles ne souhaitaient aller ! Quoi qu'il en soit, la contrebande s'avère être un champ de manœuvre passionnant pour les différentes organisations délinquantes, car celles-ci se prêtent bien au schéma général de la pieuvre. Il y faut des têtes bien faites et bien placées à la limite du monde criminel et du monde des affaires pour définir sur quoi portera le prochain trafic. Il faut un certain nombre de '' tentacules'' à gros bras et petites têtes pour assurer la “ sécurité” de certaines opérations et également la rentrée des paiements. Il faut enfin un grand nombre de fourmis pour toutes les petites opérations plus ou moins clandestines de terrain, allant de la vente de marchandises au détail jusqu'au vol d'une marchandise, en passant par le coup de tampon qui crée un document officiel ou le coup d'œil ailleurs quand passe un camion.

On retrouve bien ces trois niveaux d'implication lors de l'action. Mais, là encore, on n'en retrouve le plus souvent que deux quand vient le temps de la répression et de la réparation, le niveau de la tête de la pieuvre échappant le plus souvent aux investigations.

La figure ci-après représente ces différentes opérations
en indiquant les différents assortiments possibles de rôles

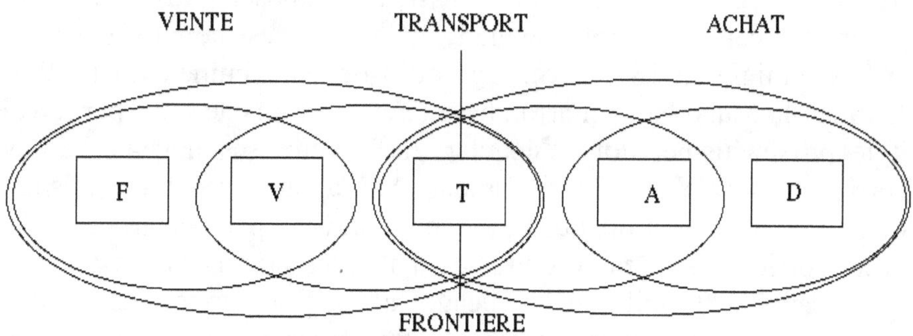

Source : Gérard VERNA (juillet 1993)

Tableau 4 : Différents rôles possibles et leur implication illégale
dans une opération de contrebande par importation

	neutre	passif	actif
fournisseur	oui	oui	
vendeur	oui	oui	
transporteur			oui
acheteur		oui	oui
distributeur	oui	oui	
fournisseur-vendeur	oui	oui	
fournisseur-vendeur-transporteur			oui
vendeur-transporteur			oui
transporteur-acheteur			oui
transporteur-acheteur-distributeur			oui
acheteur-distributeur	oui	oui	

Source : Gérard VERNA (juillet 1993)

La chaîne "raccourcie" de la contrebande

Il y a au moins onze rôles possibles, en ne tenant pas compte des intermédiaires probables qui vont s'insinuer à tel ou tel endroit de la chaîne.

III.2. Au plan externe (un exemple : cas pratique du district de Chicago dans l'état de l'Illinois)

Les années allant de la fin du XIXe au début du XXe siècle furent marquées par la présence de nombreux gangs qui se partageaient le Nord et le sud de la ville de Chicago. Le Sud était dominé par la Mano Nera ou Main noire dans le quartier de Little Italy au sud-ouest de Downtown. Big Jim Colosimo réussit à s'imposer dans le quartier italien et à centraliser tous les gangs. Colosimo est né en Calabre en 1877 et émigra en 1895 à Chicago où il devint criminel. En 1909, il dominait la Mano Nera et arrondissait aussi ses fins de mois par le vol et le proxénétisme. Pour l'épauler, il fit venir ses neveux Johnny Torrio de New York. Torrio amena Al Capone avec lui. Colisimo s'opposait à l'ambition de Torrio pour développer les affaires. En 1920, Torrio s'arrangea avec Frankie Yale pour éliminer Colosimo.

Pendant la Prohibition, Chicago devint la capitale du crime organisé autour des figures de Frank Nitti, Bugs Moran et Al Capone. Les gangsters de la ville profitaient de sa situation proche du Canada, d'où parvenaient les cargaisons d'alcool de contrebande. Surtout, ils trouvaient des complicités, des juges et des policiers corrompus. En 1929, la guerre des gangs fit 29 morts dans la ville. De nombreux gangs de la ville furent alliés à l'Outfit, comme le Valley Gang, un gang de rue d'origine irlandaise qui était surtout spécialisé dans les vols et les cambriolages.

Le 14 février 1929, une fusillade entre les deux principaux gangs fit sept morts : on parla alors du Massacre de la Saint-Valentin. C'est le temps des gangsters, de la corruption et de la violence : John Dillinger, bandit notoire et auteur de braquages, de meurtres de policiers et de plusieurs évasions font de lui un mythe américain auprès d'une partie de la population, qui le compare à Robin des Bois. Le 22 juillet 1934, il fut tué au cours d'une fusillade, dans le quartier de Lincoln Park, en présence de sa compagne Polly Hamilton, après être allé voir le film *L'Ennemi public n° 1* (*Manhattan Melodrama*) au cinéma *Biograph*. Il a reçu 3 balles, dont une dans le visage. Selon les informations du F.B.I., Dillinger avait été dénoncé par Ana Cumpanas, propriétaire d'une maison close.

L'ascension puis la chute de l'empire d'Al Capone dans les années 1920 et 1930 ainsi que son arrestation pour fraude fiscale n'a pas définitivement mis un terme au crime organisé dans la ville de Chicago. En effet, son gang fut largement relayé depuis, car la mafia de Chicago, connue sous le nom d'Outfit n'a jamais cessé ses activités et existe encore de nos jours. Le noyau de l'organisation ne comprendrait que 200 à 300 membres affranchis et environ 1250 associés, c'est-à-dire moins que les organisations criminelles des autres villes. Les domaines dans lesquels ils opèrent incluent le prêt à taux usurier, la prostitution, les assassinats, le racket, les cambriolages, les braquages, les escroqueries financières, le blanchiment d'argent, le trafic de drogue, les trafics en tous genres, l'évasion fiscale ou encore les vols de voitures.

De nos jours, c'est au développement de ces mêmes activités illégales citées ci-dessus que le département de la police de l'état de l'Illinois cherche à s'opposer. Ainsi, dans l'objectif de collaborer à la compréhension de la contrebande, l'on a adressé une demande officielle à cette institution qui a donné son accord, afin que l'on puisse participer à des séances de patrouilles routières. (3 séances début : vendredi 13 août 2010)

Dans ce cadre, l'officier Maggy Jermain (numéro matricule 277) a été notre instructeur (voir annexe : moi en compagnie de l'officier). Avec lui on a appris beaucoup de choses dans le fonctionnement de la répression des infracteurs. On a assisté ensemble à un procès d'un contrevenant. L'officier (Maggui Jermain) est celui qui a appréhendé le délinquant et l'a mis à la disposition du tribunal (appelé Seal of Illinois state depuis le 26 aout 1818). Il a comparu étant que témoins et le procès à durée sur près de 3 heures d'horloge (9 heures 35 à 12 heures 35). Le tribunal était composé d'un juge, d'officiers verbalisateurs, de l'accusé et son avocat, du Procureur de la République, et un rapporteur le verdict du président du tribunal a été la condamnation de l'un infracteur à une amande. À la suite du passage au tribunal l'officier exige qu'on mette un gilet par balle. On a repris la patrouille autour de 12 heures 45 après son déjeuner pour finir à 16 heures 22. Pendant la patrouille, on a pu arrêter des contrevenants dans différents véhicules. Certains conducteurs roulaient sans permis de conduire, d'autres avec des documents administratifs du véhicule expiré qui tombent sous le coup de la réglementation. L'officier procède ainsi, il s'avance vers les usagers, en ayant la main toujours sur son arme, il demande aux occupants de l'engin roulant de descendre en prenant soin de récupérer le permis de conduire du conducteur et les pièces afférentes à l'auto. Il vérifie la légalité des documents sur son ordinateur (appareil qui renferme une banque de données sur les infractions routières) à bord de son véhicule de fonction. Lorsque l'illégalité des pièces est confirmée, il entreprend par la suite une fouille au corps des occupants et fouille aussi la voiture à fond à la recherche de marchandises prohibées ou de drogue. S'il y a rien à signaler, l'officier laisse l'infracteur s'en aller dans le cas contraire il lui administre une contravention à payer aux différentes régies financières habilitées.

Pour l'officier, les facteurs explicatifs, les manifestations, et conséquences de la contrebande à Chicago peuvent être les suivants : refus des usagers d'accepter de se conformer aux réglementations en vigueur d'une part, et le caractère téméraire des infracteurs sur les différentes voies routières de Chicago. Toute la majeure partie du temps, les infracteurs défient les agents commis à la lutte contre les activités illicites de contrebande. La police des routes à Chicago est toujours confrontée aux tirs à main armée des délinquants (d'où la raison du port de gilet par balle avant toute opération de patrouille), aux courses poursuite. Donc il faut être un agent athlétique, courageux et très prudent parce qu'aux États le port d'arme à feu est un peu libéralisé. Chacun peut avoir un permis de port d'arme à condition de démontrer qu'on est d'abord citoyen américain et qu'on n'a pas commis de grave infraction déjà portée au casier judiciaire. Il pense qu'à trop faire dans le zèle des policiers se font abattre. Les contrebandiers ici sont très organisés et équipés en arme de combat, aussi ils gangrènent toutes les administrations (économiques, politiques et judiciaires), parce qu'ils financent certaines classes politiques. Il conclut pour dire que la lutte contre le crime organisé dont la contrebande est l'activité principale n'est pas facile à Chicago. Le département de police de l'état de l'Illinois dont le district de Chicago fait partie met tout en œuvre au niveau matériel, humain, de la formation et du recyclage des agents afin de s'adapter aux nouvelles formes de contrebande. L'officier dit que comme dans toutes les économies du monde, la contrebande nuit à la vie socioéconomique du district de Chicago d'une part et de celle de l'état fédéral tout entier d'autre part.

L'officier dit que le trafic de contrebande à Chicago est sanctionné rigoureusement à la fois au plan fiscal que pénale.

III.3. Manifestation de la contrebande au plan local (cas pratique du District d'Abidjan)

Aux entrées routières du territoire douanier du district d'Abidjan, la majeure partie de populations interrogées donnait des réponses qui ne répondaient pas à nos préoccupations et aspirations. En grande majorité la gent féminine se cachait derrière la loi du silence. On ressentait fortement de la résistance de leur part, un manque de confiance et de la peur. Il se peut qu'elles voient en nous une menace pour la bonne marche de leur activité. Il a fallu les rassurer et les mettre en confiance. Et pour cette raison, nous leur avons exposé le but de la recherche et les finalités qu'elle poursuit. On leur a promis et assuré de les garder dans l'anonymat.

Les guides ont été les agents des forces de l'ordre tous secteurs confondus (douaniers, gendarmes et policiers nationaux et municipaux aux différents corridors routiers d'Abidjan et sur les marchés du district). Ils ont montré un intérêt à notre enquête, ils nous ont donné de nombreuses informations sur les techniques utilisées (mode opératoire) par les contrebandiers pour faire passer les marchandises et les différents sites de prédilection dans le district où se pratique la contrebande par exemple celle de l'alcool et des cigarettes.

Cependant, pour des raisons de sécurité d'Etat, ils ont refusé poliment qu'on participe aux opérations de nuit, ou aux arrestations des contrebandiers en pleine activité. Ils ont justifié ce refus par le fait qu'on ne maîtrise pas le maniement des armes à feu et les techniques d'arrestation des délinquants. En fait notre situation de civil et non de militaire a été l'élément principal de cette opposition.

Les difficultés du terrain, se résument autour de : (manque d'argent, problème de transport, difficile accessibilité aux contrebandiers, car très discrets et difficilement visibles). On a eu à visiter les 13 communes du district d'Abidjan.

À partir d'elles l'on a constaté que la contrebande des marchandises n'était pas propre à une d'entre elles précisément. Elle touche toutes les communes du district d'Abidjan sans exclusive.

Aussi, on a approché certains services officiels en l'occurrence : (les douanes, la police économique et la gendarmerie) pour recevoir un certain nombre d'informations en rapport avec le sujet d'étude.

Nous avons su qu'avant tout, que ces services ont une mission particulière, qui consiste à la recherche d'infractions à caractère douanier. Ils ont en principe des missions complémentaires, même si sur le terrain les rapports entre eux ne pas sont assez francs et claires.

Les douanes autant que la police économique ou la gendarmerie, se trouvent en première ligne des enquêtes douanières c'est-à-dire aux portes frontalières terrestres, maritimes, portuaires et aéroportuaires, mais la police économique et la gendarmerie interviennent le plus souvent au moment de l'enquête physique de l'inspecteur des douanes, elles font comme les douanes des contrôles a posteriori qui consistent à vérifier les procès-verbaux de constat (annexe 17), des agents situés en premières lignes des enquêtes douanières.

Grâce à leurs différentes aides nous avons su que la contrebande est la toute première infraction en matière douanière et qu'elle représente à peu près 90 % des dossiers à traiter, à sa suite se greffe les fausses déclarations d'espèce et les importations sans déclaration. Nous disons que se procurer une marchandise étrangère sans la déclarer à une porte douanière est une contrebande, aussi toute circulation de marchandise sans documents justificatifs est un produit de contrebande réprimé par l'article 290 du code des douanes<<toute évaluation de marchandises faite en dehors des droits de douane : redevance statistique, TVA ou taux de valeur ajoutée est soumise à une amende douanière>>.

Et tout ce trafic fait perdre au moins par an plus de trois milliards de francs CFA à l'économie nationale (source douanes ivoiriennes). Il existe selon les services des douanes et de la police économique trois types de contrebandes et ils tiennent comptent des moyens humains, matériels économiques, techniques mis en œuvre dans la réalisation de la contrebande.

Si ces moyens sont limités on parle de contrebande de premier type, lorsqu'ils sont plus significatifs on parle de contrebande de second type, enfin lorsqu'ils sont sophistiqués ex : moyens de transport excellents (voitures, avions, bateaux) on parle de contrebande de troisième type.

Le premier type est plus pratiqué par le bas peuple (les pauvres), le second et dernier type est exercé par des professionnels avec des moyens énormes à tous les niveaux (économique, humain, et technique). La contrebande prend au fil du temps de l'ampleur à cause des opérateurs économiques malhonnêtes toujours qui cherchent à maximiser leur gain financier. En ce qui concerne par exemple, les filières des cigarettes nous avons les Guinéens en première ligne du trafic, ils sont les plus appréhendés. Quant aux filières d'alcool, ce sont les Ghanéens (source police économique). Ces opérateurs utilisent les techniques de camouflage (emballage du produit de contrebande dans des cartons ou sacs n'ayant aucun rapport avec les cigarettes ou l'alcool), pour faire passer leurs marchandises qui contournent les portes douanières et atteignent le marché abidjanais. Ce sont ces opérateurs économiques qui sont les grands fournisseurs, mais ils sont très mal connu tout ce que l'on sait c'est que l'arrestation d'un grand contrebandier bloque seulement un circuit de livraison. Les entreprises locales (SITAB, SOLIBRA) en collaboration avec les services de douanes et de la police économique tentent de lutter contre la floraison des produits (cigarettes, alcool) de mauvaise qualité qui inondent les marchés provoquant la baisse de leur chiffre d'affaires. La contrebande est en perpétuelle mutation et les instruments actuels de lutte ne peuvent rien contre son avancée, ils sont eux-mêmes dépassés et on chercherait plutôt à les améliorer qualitativement. Ce qui impose une concurrence déloyale aux marchandises légales. Après des entretiens avec certains directeurs d'entreprises privées et d'institutions publiques. Il ressort que la contrebande a toujours existé dans l'économie nationale. On ne peut donc pas situer son apparition à une date précise, autrement dit la contrebande à commencer peut-être avec l'essor économique de la Côte d'Ivoire voir les années 70. L'on parlait du miracle économique ivoirien. Seulement, depuis les différentes conjonctures économiques des années 80 à 90 l'économie ivoirienne se fragilise et crée des pertes d'emplois. La pauvreté se renforce, les injustices sociales aussi et à cela s'est ajouté les différentes crises politico militaires de (99 à 2002) qui ont abouti au coup d'État puis à la guerre.

Tous ces facteurs réunis ont rendu les frontières du pays perméables d'où un flux de marchandises illicites en provenance des pays voisins et plus loin les Émirats arabes unis (Doubaï), les indes ou la chine.

Progressivement les produits de contrebande vont côtoyer les produits licites en leur livrant une concurrence déloyale.

Au départ stigmatisé comme les plus nombreux dans le trafic, les immigrants en Côte D'Ivoire se sont fait rejoindre de nos jours par de nombreux nationaux.

Ainsi la contrebande n'est plus l'affaire d'une catégorie de population.

Elle est observable partout, dans tous les secteurs d'activités où il y a une présence de marchandises, où l'on peut faire un commerce, ou des échanges (sucre, café, bois, caoutchouc, etc.).

Chaque jour, des politiques de lutte s'élaborent dans les cabinets, mais la réalité sur le terrain est autre chose.

En fait la pauvreté, la situation de conflit, et de crise à répétition n'est pas faite pour arranger les choses. On est dans un laisser-aller dans lequel tous les coups sont permis, où il y a de l'argent qui circule il y a corruption et de grande tentation, c'est pourquoi il est très difficile de faire face à la contrebande, car elle arrange beaucoup de personnes tant au bas qu'en haut de l'échelle sociale.

La contrebande tue l'économie des États et il faut la combattre à travers des campagnes de sensibilisation, de prise de conscience du phénomène, de mise en place de mesures législatives répressives, de mise en place de mesures de contrôle des frontières, de mise en place d'une politique économique souple et intégrante les couches les plus faibles. Car trop de droits et taxes de douane imposés par l'état contraignent les populations à contourner les lois économiques. Par exemple : les différents chiffres disponibles sont les suivants : ABOBO courant 2001-2004 saisies de prés 1500 tonnes de cigarettes et de 500 tonnes d'alcool prohibé. ADJAME on a presque le double soit 3200 tonnes pour les cigarettes et 1150 tonnes pour l'alcool. Yopougon 800 tonnes pour les cigarettes et 3500 tonnes pour l'alcool on voit là qu'en moins de trois ans les saisies de cigarettes et alcool de contrebande se chiffrent en milliers de tonnes. (Source police économique).

Après la présentation des données, il nous faut les analyser, afin d'y apporter des critiques dans la discussion.

On a effectué des calculs, des comparaisons, des croisements à l'aide de tableaux pour comprendre les données en présence.

C'est à travers un travail de manipulation qui a donné un sens à nos résultats.

Les Tableaux qui suivent récapitulent les opinions des 33 individus de l'échantillon en face de différentes variables indépendantes qui se présentent à eux en l'occurrence : **les fortes restrictions douanières, la défaillance du système de surveillance des corridors routiers et les limites réglementaires en matière de fraude douanière.**

Tous les tableaux montrent que le genre, les tranches d'âges, le milieu socio-économique et la profession n'expliquent pas forcément le phénomène de contrebande même s'ils sont des facteurs à risque.

Les tableaux ont aussi servi à démontrer que les contrebandiers ont une nette opinion et connaissance du caractère illégal de leur activité. Enfin les tableaux ont servi à démontrer que sur toute l'étendue du district on observe le phénomène et toutes les nationalités se retrouvent au centre de ce trafic illicite. Les hommes ne sont pas moins contrebandiers que les femmes, les jeunes que les vieux, les riches que les pauvres. On rencontre presque tout le monde sans exception au centre du problème. Tout l'espace abidjanais est touché par la contrebande et les contrebandiers ont une parfaite connaissance de l'illégalité de leur activité. Ainsi après analyse nous disons que la contrebande arrange une grande frange de la population même si elle est négative pour les caisses de l'Etat, qui doit trouver des politiques de lutte contre le phénomène dans le but de protéger les industries locales qui subissent une concurrence déloyale de la part des produits de contrebande.

Tableau 5 : l'acteur face à la défaillance du système de contrôle

Variable indépendante Variable dépendante	très grandes failles dans le système de contrôle de douane ou de police	grandes failles dans le système de contrôle de douane ou de police	petites failles dans le système de contrôle de douane ou de police	**TOTAL**
	Effectifs			
Petite intentionnalité	2	2	6	10
Grande intentionnalité	4	3	2	9
très grande intentionnalité	9	4	1	14
TOTAL	15	9	9	33

Commentaire :

Le tableau 5 montre que, lorsqu'il n'existe pas de grandes failles dans le système de contrôle aux différents corridors routiers, l'effectif de personnes ayant l'intention de passer à l'acte est faible soit 3 individus c'est-à-dire 2 ayant une grande intention et 1 individu une très grande intention de passer à l'acte et 6 individus ayant une petite intention.

Cependant, lorsqu'il existe de très grandes failles et des frontières routières poreuses (9) acteurs ont une très forte intention de passer à l'acte (4) ont une grande intention et (2) ont une petite intention.

En face des grandes failles du système de contrôle, 4 individus reconnaissent avoir une forte envie de passer à l'acte, 3 acteurs reconnaissent avoir grande envie de passer à l'acte et enfin 2 acteurs reconnaissent avoir moins envie de passer à l'acte. En définitive, 23 acteurs sur 33, soit (69,69 %) de l'échantillon, reconnaissent avoir très envie de passer à l'acte en cas de failles dans les systèmes de contrôles routiers. 10 acteurs sur 33, soit 30,31 % de l'échantillon, reconnaissent pouvoir s'abstenir au passage à l'acte en cas de défaillance du système de surveillance.

Opinions des acteurs confirmant le précédent commentaire (des noms fictifs ont été attribués aux acteurs pour respecter leur anonymat)

À la question de savoir : quelles idées, les acteurs du phénomène se font en face de système de contrôle en vigueur aux abords des entrées routières d'Abidjan ?

Les enquêtes donnent les réponses suivantes :

- *« nous (Mamadou et Fulgence) reconnaissons avoir une forte envie à opérer dans la contrebande, lorsque les failles sont très grandes ou grandes au niveau des contrôles douaniers ou policiers ».*
- *« Par contre, nous (Junior et Morgan) reconnaissons avoir moins l'envie à commettre de la contrebande et à prendre des risques inutiles lorsqu'il existe moins de failles dans les contrôles douaniers ou policiers et si la surveillance aux entrées routières des différents corridors routiers du district autonome d'Abidjan est efficace ».*
- *« en définitive, nous (les enquêtés) reconnaissons que plus le système de contrôle douanier ou de police, aux différents corridors routiers du district est efficace, moins nous avons envie de frauder les autorités locales et par contre lorsque les contrôles ou surveillances sont inefficaces notre envie ou appétit à passer dans l'illégalité s'accroît énormément ».*

L'analyse du tableau 5 et les paroles des enquêtés montrent que plus sont grandes les failles dans les contrôles de douane et de police aux frontières routières du district d'Abidjan, plus les acteurs ont tendance à participer au phénomène de contrebande (69,69 %) de l'échantillon de 33. Et si les failles du système de contrôle sont moindres, les acteurs ont moins envie de participer à la contrebande

(30,31 %) de l'échantillon de 33. Cette situation s'explique par le fait que, plus les mesures de sécurité aux entrées routières sont efficaces, moins les individus ont envie de se faire prendre ou tenter l'aventure. Donc ils tentent de rester dans la légalité. Malheureusement, si les mesures sécuritaires aux corridors routiers sont moins efficaces, l'acteur contrebandier ne cache pas sa grande envie et détermination à se trouver à opérer dans de la contrebande.

En définitive, nous disons que les intentions des individus augmentent au fur et à mesure qu'ils prennent conscience de la faiblesse du système de contrôle aux différentes entrées routières du district autonome d'Abidjan. Par contre, ils se risquent moins à la contrebande s'ils ont conscience que la sécurité est renforcée ou rigoureuse.

Considérant, l'estimation des droits et taxes de douane comme facteur de contrebande, elle devient dans ce contexte une variable indépendante. Ensuite la variable dépendante est le degré de participation de l'acteur à la contrebande.

Qualification de la variable indépendante par niveau d'estimation :

a) Droits et taxes de douane surestimés

b) Droits et taxes de douane proportionnellement estimés

c) Droits et taxes de douane sous-estimés

Qualification de la variable dépendante par niveau de participation :

d) Peu de contrebande

e) contrebande occasionnelle

f) beaucoup de contrebande

Tableau 6 : Droits et taxes douane en rapport avec l'explication de la présence de l'acteur dans la contrebande

Estimation des droits et taxes de douane niveau de participation des acteurs	droits et taxes de douane surestimés	droit et taxes de douane proportionnellement estimés	droits et taxes de douane sous-estimé	**TOTAL**
	Effectif			
beaucoup de contrebande	10	3	2	15
Contrebande occasionnelle	2	5	3	10
Peu de contrebande	1	2	5	8
TOTAL	13	10	10	33

Commentaire :

Le tableau 6 présent, nous montre que si les droits et taxes de douane sont surestimés (10) acteurs participent beaucoup au phénomène (2) participent occasionnellement et (1) acteur participe peu à la contrebande.

Lorsque les droits et taxes de douane sont moyennement estimés, on a (3) acteurs qui participent énormément (5) qui participent occasionnellement et (2) qui participent peu.

Enfin, en ce qui concerne les droits et taxes de douane sous-estimés le tableau présente (2) acteurs qui participent énormément (3) qui participent occasionnellement et enfin (5) qui participent peu à l'activité de contrebande

Opinions des enquêtes sur les droits et taxes de douane en vigueur aux différents corridors routiers d'Abidjan

À la question de savoir quelle est leur position en face des droits et taxes de douane, les enquêtes donnent les réponses suivantes :

« *Ma présence (Sylvie) dans la contrebande se justifie par le fait que les droits et taxes de douane légalement en vigueur sont surestimés, ils réduisent considérablement mes marges bénéficiaires et si je veux m'aligner sur la légalité je cours à ma ruine* ».

« *Je reconnais (Sylvie), par contre au cas où, les droits et taxes de douane sont raisonnablement appliqués, la majeure partie d'entre nous les contrebandiers est prête à s'aligner sur la légalité, même si je suis consciente que malgré tous les efforts consentis par l'Etat, dans la l'amélioration des droits et taxes de douane, certains acteurs parmi nous continueront à dans cette activité illégale* ».

En analysant, le tableau 6 et les propos des enquêtés on se rend compte que plus les droits et taxes de douane sont surestimés, plus les acteurs sont nombreux à contourner les mesures de contrôle en vigueur aux frontières donc à commettre de la contrebande. Cette situation s'explique par le fait que trop de taxe tue la taxe, comme le disent certains économistes. En fait, les acteurs exerçants dans les secteurs d'activité liés au trafic illicite de marchandises y sont, car ils supportent difficilement les restrictions des droits et taxes de douane appliquées aux frontières.

Ils trouvent que cela à une incidence sur leur rentabilité économique. C'est pourquoi ils mettent en place un vaste réseau pour contourner toutes les mesures contraignantes aux différentes frontières ou corridors routiers.

Par contre, en présence de droits et taxes de douanes judicieusement ou même moyennement estimés, les auteurs vont s'inscrire pour la plupart dans la légalité, même si malgré les allègements fiscaux, on va toujours rencontrer des contrevenants.

Considérant, la variable indépendante : application de sanctions pénales aux infractions contrebandières. Nous allons qualifier celle-ci :

a) Faible sanction pénale
b) Forte sanction pénale
c) Très forte sanction pénale

Considérant, la variable dépendante suivante : degré de dissuasion de l'acteur

d) Moins dissuasif
e) Dissuasif
f) Très dissuasif

Tableau 7 : sanctions pénales en rapport avec les acteurs

Sanctions pénales degré de dissuasion	Très forte sanction pénale	Forte sanction pénale	Faible sanction pénale	**TOTAL**
	Effectifs			
Très dissuasif	6	5	1	12
Dissuasif	4	2	3	9
Moins dissuasif	2	1	9	12
TOTAL	12	8	13	33

Commentaire :

Le tableau 7 nous montre qu'en face d'une très forte ou d'une forte sanction pénale (11) acteurs se sentent très dissuader (6) se sentent moyennement dissuader et (3) ne se sentent ne pas dissuader.

Par contre en face de faibles sanctions pénales (1) acteur est peu dissuadé (3) se sont dissuadés et (9) ne se sont pas dissuadés.

Opinions des enquêtes sur les sanctions pénales en vigueur

À la question de savoir si les acteurs se trouvent dissuader par les sanctions pénales et le système judiciaire ivoirien en place en matière de contrebande, les acteurs touchés par nos questions ont donné les réponses suivantes :

« Nous nous sentons (Konin, Eugénie, et Amadou) largement dissuadés, si les sanctions applicables ou le système judiciaire est rigoureux et efficaces, ainsi nous revoyons à la baisse nos ambitions ».

« Par contre, au cas où le système pénal est défaillant, moins efficace nous nous sentons moins impressionner et dissuader quant au passage à l'acte. Nous réévaluons nos ambitions, car nous savons que nous ne courons pas de grands risques d'être appréhendés par les services de douanes, de gendarmerie ou de police, c'est le champ libre à nos activités illicites ».

Les règlements des contentieux au niveau des douanes se font par transaction le plus souvent. Le contrebandier appréhendé transige avec l'autorité, dans le cas où la transaction échoue sa marchandise est vendue aux enchères ou même détruite. Nous voyons très rarement des procédures pénales en matière de contrebande. Mais cette situation ne nous a pas empêchés d'évaluer les opinions des intervenants de l'enquête (propos des enquêtés ci-dessus) sur le caractère dissuasif de l'application de sanctions pénales à la contrebande.

L'analyse du tableau 7 et les paroles des acteurs révèlent que : plus les sanctions pénales sont fortes et efficaces et appliquées, moins les acteurs s'essayent à la contrebande. Par contre lorsque, les sanctions pénales sont insuffisantes ou même absentes et difficilement appliquées, les acteurs s'adonnent à la contrebande à leur aise. Cette situation s'explique par le fait que l'absence ou l'insuffisance de mesures pénales confortent les contrebandiers dans leur trafic illicite. Ils n'ont pas en présence d'eux une vraie politique de justice criminelle.

En définitive, ce qui l'on peut retenir de dans cette analyse c'est qu'un contrebandier n'a pas d'éthique. Très souvent il est moins condamné par la société, différemment d'autres types de délinquants. Cette attitude sociale semble être une caution morale donnée par la société au contrebandier. Son activité est du domaine d'une économie souterraine qui évolue à côté d'une autre économie officielle.

Malgré que l'acte de contrebande à des incidences regrettables sur l'économie, tout le monde semble, se faire complice du phénomène soit par la demande ou par l'offre de marchandises de contrebande qui va toujours croisant.

Illustrations de la contrebande à travers les propos de certaines enquêtes d'ADJAME ROXY

RUBRIQUE 1 : raisons explicatives de leur présence dans la contrebande

À la question de connaître les motivations des enquêtés pour ce qui peut expliquer leur présence dans cette activité, nous avons reçu comme réponse de madame Awa Coulibaly de nationalité Burkinabé, résidant à ATTIECOUBE : *« je n'ai subi aucune contrainte à exercer la contrebande de cigarettes ; je l'exerce volontairement ».*

Pour madame NAGALE, ivoirienne et originaire de Touba :

« Je suis contrebandière par nécessité économique, je suis présente dans cette activité depuis le déclenchement du conflit armé en Côte D'Ivoire (19 sept 2002) ».

On voit bien que les motivations des sujets à l'étude sont différentes les unes des autres. Cependant, ce qu'il y a à retenir c'est que ce n'est pas la pression extérieure qui est la cause exclusive de leur participation au phénomène de contrebande.

ELO Amy, Malienne d'origine explique sa présence à ROXY (marché à ciel ouvert où cigarettes de contrebande côtoient médicaments prohibés) *: « j'aide ma grande sœur qui est la vraie propriétaire des marchandises ; « je justifie ma présence ici à cause du manque d'emploi ».*

RUBRIQUE 2 : les techniques d'approvisionnement des intervenants

À la question de savoir qui sont leurs fournisseurs, les enquêtées orientent leur doigt accusateur vers de grands trafiquants disséminés sur toute l'étendue douanière d'Abidjan et très mal connus.

À la question de savoir comment s'effectuent les opérations d'échanges, certains sujets disent contacter eux même leurs fournisseurs par contre d'autres affirment que ce sont eux-mêmes (fournisseurs) qui approvisionnent les marchés.

À la question de savoir d'où viennent les produits de contrebande les enquêtés pointent du doigt les pays limitrophes et vont plus loin en indiquant les Émirats Arabes unis (Doubaï), la Chine les Indes, etc.

RUBRIQUE 3 : les connaissances des acteurs sur le phénomène

À la question de savoir si les sujets pensent se reconvertir tous ont répondu par l'affirmatif : Madame Coulibaly en exemple : *« je pense vendre des pagnes », Mlle ZERBO (Burkinabé) ; « je vais me reconvertir en gérante de cabine téléphonique qui était mon ancien métier ».*

Quant à la question de savoir si les enquêtes connaissent le caractère illégal de leur activité ; ils ont répondu par l'affirmatif : Madame NAGALE Ivoirienne : *« je reconnais vendre des cigarettes de contrebande, mais comment faire si je n'ai rien d'autre à faire ? ».*

À la question de savoir les marques de cigarettes les plus fraudées, par ordre : *On a Excellence 4500fcfa le prix légal et 3000fcfa celui de contrebande, DUNHIL 9200 FCFA la cartouche légale et 7000fcfa celle de contrebande, CRAVEN 6500 FCFA la cartouche légale et 5000fcfa celle de contrebande.*

RUBRIQUE 4 : Opinion des acteurs sur l'efficacité ou non du système de contrôles

À la question de savoir si elles sont contrôlées par des agents de police ou de douane ou toute autre inspection de contrôle assermenté, elles ont répondu que cela se fait rarement et dans le cas où la situation se présentait, elles se cotisaient pour soudoyer les agents.

À la question de savoir qui sont leurs clients, les enquêtes ont répondu que toutes les catégories de populations sont concernées (jeunes, femmes, hommes, vieux, fumeurs, policiers, etc.).

Nous aurons à présenter maintenant le terrain d'étude, la population d'enquête et l'échantillon.

À la suite de notre illustration ci-dessus nous présentons les causes, les mesures en vigueur, les manifestations et conséquences de la contrebande au pan international, national et au plan local pour ce qui concerne le district autonome d'Abidjan.

IV. CONSÉQUENCES DE LA CONTREBANDE

IV.1. Du point de vue général

La contrebande est un phénomène qui a de graves conséquences notamment sur le plan économique et social :

IV.2. Au plan social

Le péril que représente la contrebande pour la société civile consiste-en : Les marchandises faisant l'objet de contrebande constituent un grand risque pour la santé publique. L'exemple le plus probant de cette idée est celui de la contrebande des drogues et des stupéfiants qui sont extrêmement nocifs à la santé.

Nous pouvons également évoquer l'exemple des produits qui ne répondent pas aux critères imposés par le contrôle sanitaire et phytosanitaire du fait qu'ils sont importés en dehors des bureaux de douanes.

Ce qui est le cas des cigarettes qui sont contrefaites dans les autres pays de l'Afrique, et qui entre sur le territoire douanier national à travers les frontières routières.

- Les faits de contrebande peuvent également porter sur des armes, ce qui représente un danger majeur pour la sécurité publique, notamment dans la situation d'insécurité que vie le pays.
- Il existe également des opérations de contrebande portant sur des produits pornographiques, ces produits sont strictement prohibés à l'importation du fait qu'ils sont considérés comme une cause directe de la dégradation des mœurs au sein de la société.

IV.3. Au plan économique

- Les effets de la contrebande sur l'économie des États sont les suivants
  Le non-paiement des droits et taxes qui découlent des opérations de contrebande est à l'origine des pertes faramineuses au niveau du trésor public. Nous pouvons toujours évoquer l'exemple des produits tabagiques ; dans ce cadre, les pertes annuelles enregistrées au niveau du trésor public sont de l'ordre de 3,5 milliards de francs CFA, cela est dû aux activités du commerce illégal des cigarettes qui veut dire la compromission des droits et taxes.
- L'importation de certaines marchandises en dehors des bureaux des douanes peut être au détriment des entreprises nationales qui produisent le même genre de marchandises, car les produits de contrebande sont vendus sur le marché noir à un prix inférieur à celui des produits des entreprises nationales, ainsi la tendance du

consommateur se dirige vers les produits de contrebande qui sont à la portée des citoyens. Cela ressemble un peu à l'effet du dumping.

- Les grandes quantités de marchandises de contrebande mises à la consommation en noir sur les marchés internes sont susceptibles d'empêcher la collecte des informations fiables, des statistiques exactes qui sont incontournables pour le contrôle et le suivie de la politique économique de l'Etat, notamment en matière de commerce extérieur.
- Le blanchiment d'argent : les activités de contrebande permettent aux trafiquants d'en tirer des profits imaginaires au détriment de l'économie nationale.

  Les trafiquants de drogue par exemple font souvent appel à des spécialistes des questions financières pour procéder au blanchiment de grandes quantités d'argent provenant du trafic des drogues, ils ont recours à des réseaux compliqués de comptes bancaires, à d'autres transactions financières ainsi qu'à des compagnies qui ne sont que des paravents dissimulant leurs argents et qui seront ultérieurement menés à la faillite par leurs propriétaires après avoir réalisé leurs buts.

IV.3.1. Effets la contrebande et la contrefaçon aux différentes entrées routières du district autonome d'Abidjan

Porte d'entrée du district autonome d'Abidjan et de certains pays sans littoral de la zone UEMOA, les différents corridors routiers sont des voies d'accès sur le territoire douanier du district autonome d'Abidjan. Ils constituent une plaque tournante et un milieu d'expression de la fraude, de la contrebande et de la contrefaçon dans ses multiples formes. Ces corridors routiers s'ouvrant au reste du pays et aux autres pays de l'hinterland permettent au district autonome d'Abidjan de jouer un rôle majeur dans l'économie des pays de la sous-région et de devenir malheureusement le creuset de certains trafics notamment celui des stupéfiants. La corruption rampante et omniprésente ne trouve sa justification qu'à travers l'existence des réseaux de fraude et de contrebande impliquant la participation plus ou moins active de certains opérateurs économiques parfois au-dessus de tout soupçon, de certains représentants de l'administration et de quelques transitaires véreux.

Ce serpent de mer à 3 têtes continuera à faire des ravages considérables tant que les pouvoirs publics ne mettront pas en place des mesures ou des sanctions dissuasives et concertées à travers des opérations coup de poing'' aussi médiatisées que régulières.

La contrebande et la contrefaçon consistent donc en la manipulation des stocks de biens ou de marchandises qu'on retrouve dans les circuits de distribution et dans les marchés.

C'est ainsi que le marché ivoirien en général et plus spécifiquement celui du district autonome d'Abidjan est inondé de produits contrefaits entrés généralement dans le territoire national par contrebande : Pièces détachées automobiles, médicaments, vins et liqueurs, cigarettes, carburants et lubrifiants, appareils électriques, piles électriques, denrées alimentaires, etc.

IV.3.1.1. Illustrations du trafic et cas pratiques

- Le fameux marché des vins et liqueurs importés exemple, « BRACODI BAR » à ADJAME, prospère à vue d'œil alors même que les produits qui y sont vendus passent par des couloirs de contrebande connus de tous, mais tolérés par les autorités ;
- L'invasion de la moto taxi qui pullule dans les zones centres, nord et ouest du pays du fait de la guerre de septembre 2002.
  Abidjan en particulier n'échappe pas à cette logique permanente de fraude et de contrebande, etc.
- En quelque temps d'expérience dans le milieu douanier (propos d'un acteur témoins), il ne nous a jamais été donné de voir un connaissement d'un conteneur de 20 tonnes ou de 40 tonnes de Champagne et de vin en carton, etc.
  Compte tenu du goût prononcé d'une grande franche de la population ivoirienne pour cette boisson particulière et de la variété des espèces disponibles dans nos grandes surfaces et aux coins des rues, il y a lieu de se demander par quel circuit de dédouanement passent les importateurs.
- Le marché des pièces détachées automobiles (la casse d'ABOBO-ADJAME) n'a jamais été aussi florissant qu'aujourd'hui. Les marchands revendent même au bord des routes les pièces volées et sorties frauduleusement du Port d'Abidjan dans l'indifférence totale du public.
- Les cigarettes de marques prestigieuses sont importées et reversées frauduleusement dans le marché.

- Certains produits (pâtes alimentaires) sont importés et dédouanés à un prix inférieur au cours de la matière première sur le marché mondial.

En conclusion, face à tous ces problèmes, les pouvoirs publics devraient engager un certain nombre d'actions qui se déclineront en des initiatives permanentes, la création d'instruments opérationnels et la mise sur pied d'un judicieux arsenal juridique tout en mettant un accent particulier sur la sensibilisation, la formation et l'information en vue de prévenir, de maîtriser et d'éradiquer ces fléaux qui gangrènent l'économie de nos pays.

A cet effet, il serait urgent de mettre de côté les antagonismes, les égoïsmes nationaux et autres querelles de leadership pour procéder à l'exhumation d'une véritable politique concertée de lutte contre la fraude et la contrebande en zone UEMOA.

Dans cet ordre d'idées, les États membres de l'UEMOA pourraient :

- Assurer la formation adéquate des agents chargés de lutter contre ces fléaux et la mise à disposition des moyens appropriés
- Rendre efficace l'action de chaque Comité national de lutte contre la fraude et la contrefaçon
- Assurer la sensibilisation, l'éducation et l'information du consommateur sur les dégâts causés par la fraude et la contrebande
- Renforcer les actions des mouvements de protection des consommateurs
- Multiplier les opérations « coup de poing »
- Créer et contrôler les couloirs des produits sensibles importés
- Mettre en place une plateforme juridique permettant à la douane de détruire systématiquement les produits de contrefaçon saisis
- Harmoniser les prix de dédouanement de certains produits importés
- Revoir les conditions de dédouanement des marchandises en groupage.

La portée de toutes ces actions est de permettre la sécurisation du consommateur, la protection des entreprises locales et l'assainissement de l'espace économique de la sous-région à travers la découverte des circuits de fraude afin de poursuivre les contrevenants et réhabiliter les entreprises citoyennes.

IV.3.2. Les efforts de répression de la contrebande

À l'instar des autres administrations de douanes dans le monde, la douane ivoirienne est chargée de réprimer tout fait de contrebande, en utilisant les moyens et les instruments adéquats pour accomplir cette mission.

Les moyens de lutte en vigueur

Il est évident que la mission de la lutte contre la contrebande revient en premier lieu à l'administration des douanes, de ce fait, cette dernière dispose des moyens suivants :

— Les moyens juridiques : ce sont tous les lois et règlements définissant et interdisant les faits de contrebande d'une manière implicite ou explicite.

Dans ce cadre, nous pouvons en citer :

Le code des Douanes

Il a été établi par la loi n° 64-291 du 1er août 1964 (J.O. 64 Pages 1103)

Modifiée par l'ordonnance n°88-225 du 2 mars 1988) (JO. 88, Page 78)

Son lieu d'application comprend tout le territoire douanier. Dans ce contexte, il est évident que la contrebande représente une infraction douanière. Cette dernière a été définie par le législateur dans l'article 5 du présent code des douanes comme étant : toute violation des lois et règlements que l'administration des douanes est chargée d'appliquer et, réprimée par le présent code. En effet, tous les faits de contrebande sont passibles à des sanctions financières et des peines d'emprisonnement qui dépendent du classement et du degré de l'infraction.

Pour cette raison, le législateur a distingué entre les faits de contrebande qui représentent des délits et ceux qui représentent des contraventions.

L'adaptation juridique des faits de contrebande :

Les contraventions de contrebande : Les articles 20 ; 27 du code des douanes disposent que les faits de contrebande portant sur des marchandises non prohibées ni fortement taxées constituent une contravention de cinquième classe. Ils sont pratiquement les mêmes faits qui ont été visés par l'article 24 du code des douanes :

L'importation ou l'exportation des marchandises en dehors des bureaux de douanes.

Les délits de la deuxième classe sont constitués par les faits de contrebande portant sur des marchandises prohibées ou fortement taxées. Les sanctions relatives à cette classe sont :

La confiscation des marchandises de fraude et des marchandises ayant servi à masquer la fraude.

Une amende égale à deux fois la valeur des marchandises confisquées.

Une peine d'emprisonnement de six (6) mois à douze (12) mois.

Les délits de la troisième classe sont constitués par les faits de contrebande qui porte sur des marchandises prohibées ou fortement taxées commis par une réunion de trois individus ou plus, que tous portent ou non des marchandises de fraude.

Ces infractions sont passibles :

- D'une confiscation des marchandises de fraude, et des marchandises ayant servi à masquer la fraude.
- D'une amende, égale à trois fois la valeur des marchandises confisquées.
- D'une peine d'emprisonnement de douze à vingt-quatre mois.
- Les délits de la quatrième classe sont constitués par les faits de contrebande

Portant sur des marchandises prohibées ou fortement taxées, commis à l'aide d'armes à feu ou d'animaux ou d'aéronefs, de véhicules ou de navires de moins de cent tonneaux de jauge nette ou de moins de cinq cents tonneaux de jauge brute.

Ces infractions sont passibles de :

- La confiscation des marchandises de fraude et des moyens de transport.
- Une amende égale à quatre fois la valeur cumulée des marchandises confisquées et des moyens de transport.
- Une peine d'emprisonnement de vingt-quatre mois à soixante mois.

Nous pouvons déduire d'après les trois articles sus visés, que pour le classement des délits de contrebande, le législateur s'est basés sur trois critères :

- Le nombre des participants.
- L'utilisation des armes à feu.

- La qualité des moyens de transport.

Les conventions internationales

Les conventions internationales font plutôt partie de la coopération internationale, nous allons aborder cette idée par la suite :

- Les moyens organisationnels : l'organisation par l'Etat en ce qui concerne l'administration des douanes, prévoit l'intervention de plusieurs services dans la surveillance des flux de marchandises à travers les frontières terrestres.

Dans ce cadre nous allons citer ci-après les moyens organisationnels mis en place aussi bien au niveau central qu'au niveau régional, tout en examinant les moyens qui ont une relation directe avec les investigations douanières.

Au niveau central

La direction de la lutte contre la fraude : cette direction a été créée en 1993, elle a été auparavant une simple sous-direction au sein de la direction du contentieux. Actuellement elle est constituée de quatre sous-directions.

- La sous-direction du contrôle documentaire.
- La sous-direction des investigations : Elle se compose de trois bureaux :
- Le bureau des commissionnaires en douanes ;
- Le bureau des recherches et de l'exploitation des informations ;
- Le bureau des interventions ;
  À vrai dire, les services d'investigation sont spécialisés dans les enquêtes sur des opérateurs fraudeurs et les courants de contrebande.
- La sous-direction de lutte contre les stupéfiants : Celle-ci se compose de deux bureaux :
- Le bureau des fichiers, du traitement et des analyses des informations ;
- Le bureau des brigades canines ;

Au moyen de ces deux bureaux, la sous-direction de la lutte contre les stupéfiants est chargée de recueillir toutes les informations relatives au trafic des stupéfiants, de constituer également une banque de données informatisées sur les stupéfiants et les psychotropes.

Ainsi, la sous-direction de lutte contre les stupéfiants est chargée de collaborer avec les autres services spécialisés dans la répression du trafic illicite des stupéfiants et des psychotropes, ainsi que de participer aux activités des associations ayant pour objectif la sensibilisation en la matière.

- La sous-direction de l'assistance mutuelle internationale et collaboration interservices : Elle est constituée de trois bureaux :
- Le bureau de collecte, de l'analyse et de la diffusion des renseignements.
- Le bureau de l'assistance mutuelle internationale.
- Bureau de collaboration interservices.

Ce service est chargé de :

- Recueillir et analyser les informations les renseignements et les rapports en matière de fraude douanière et d'en publier la synthèse destinée aux services de lutte contre la fraude commerciale et la contrebande.
- Coordonner les actions de lutte contre la fraude dans le cadre de la collaboration interservices.
- Échanger les informations et collaborer avec les bureaux régionaux de la liaison de l'organisation mondiale des douanes, et de leurs transmettre les renseignements en matière de la lutte contre la fraude dans le cadre de la convention de Nairobi.
- Échanger les informations et collaborer avec les administrations étrangères dans le cadre des conventions d'assistance mutuelle conclue par la Côte D'Ivoire.
- Prendre en charge les demandes d'enquête émanant des administrations douanières étrangères dans le cadre de l'échange de l'information prévu par les conventions d'assistance mutuelle et d'évaluer les résultats et l'efficacité de ces dernières.
- Suivre et évaluer les activités du comité de coordination de Wilaya et des brigades mixtes (Douanes, impôt, commerce) et de collaborer également avec les services et les institutions chargées de la recherche et de la répression des fraudes (IGF, Gendarmerie…).

Le comité de coordination interministérielle (CCI)

Créé par le décret n°97-290 du 27 juillet 1997 portant l'institution et l'organisation des comités de coordinations et des brigades mixtes entre le ministère des Finances et le ministère du Commerce, ce comité est composé de membres permanents et d'autres suppléants représentants les administrations concernées : La direction générale des douanes, la direction générale des impôts, et l'inspection centrale des enquêtes économiques et de la répression des fraudes.

Les missions du comité du CCI peuvent être résumées en :

- L'analyse et le ciblage préalables des opérations à contrôler.
- La recherche permanente de l'adaptation aux courants de fraude en développant les techniques de travail.
- Le développement d'un système d'information efficace et rapide pour garantir la confidentialité entre les administrations et le développement de la circulation de l'information entre les trois administrations composant ce comité en vue de pouvoir dégager un programme commun qui sera enrichi et détaillé par les comités des wilayas et exécuté par les brigades mixte selon les mesures conçues communément.

Au niveau régional

- Les services de la lutte contre la fraude : Les services de la lutte contre la fraude se trouvent au niveau régional, rattachés directement aux directions régionales des douanes. Donc selon la hiérarchie administrative, ces services sont régis par les directeurs régionaux des douanes.
- Le comité de coordination des douanes : C'est à ce niveau que la stratégie du comité de coordination interministérielle se traduit en action effective, et ce par l'élaboration d'un programme des opérations à contrôler par les services opérationnels.
- Les brigades mixtes : Les brigades mixtes sont composées par des représentants des services des impôts, des douanes et du commerce. Il en existe une ou plusieurs au niveau de chaque secteur, et ce en fonction de la concentration des courants de fraude et de la superficie géographique des divisions administratives.

En fait, le décret exécutif n°97/290 du 27/07/1997 régissant les brigades mixtes a insisté sur le fait que ces dernières soient composées de cadres ayant au moins le grade d'inspecteur principal et une expérience de trois années dans le service de la lutte contre la fraude pour les fonctionnaires de la douane, ou les services des enquêtes économiques et de la répression des fraudes pour les fonctionnaires du commerce et des impôts. Ces brigades sont soumises à l'autorité du comité de coordination des douanes et du comité de coordination interministérielle.

Les missions des brigades mixtes consistent en l'exécution des programmes élaborés, contrôlant les flux de marchandises à travers les frontières.

On mentionne enfin l'existence du bureau du contentieux de la recette au niveau des inspections divisionnaires. Ce bureau jouit d'une importance cruciale en matière de lutte contre la fraude du fait qu'il est chargé de la gestion des affaires contentieuses, et la vente aux enchères des marchandises confisquées.

Les moyens humains et matériels

Les ressources humaines

En effet, les efforts consentis par l'administration des douanes dans le domaine des ressources humaines jusqu'à 1994 ont permis surtout de renforcer les corps d'exécution : agents de surveillance et agent de contrôle.

La décision n° 21/DGD/CAB/DE. 400 du 19 mai 2002, portant le rattachement des services régionaux de la lutte contre la fraude aux directions régionales des douanes.

Ces derniers étaient formés à l'école des douanes dont les faibles capacités d'accueil ont poussé l'administration des douanes à recourir à l'assistance d'autres institutions disposant de plus grands centres de formation :

La réalisation d'une très grande école des douanes s'impose de nos jours à l'Etat ivoirien doté de tous les moyens modernes nécessaires et d'une capacité suffisante de places pédagogiques.

Les moyens matériels et techniques

Les moyens matériels sont d'une grande importance dans les activités de la lutte contre la fraude, cela est dû à la nécessité de procéder à des sorties sur le terrain pour pouvoir contrôler les frontières terrestres :

- Les moyens de transport : le parc automobile de la douane ivoirienne dispose de véhicules tous types.
- Les moyens techniques et de télécommunication : ces moyens sont utilisés dans l'échange rapide des informations, et le traitement de la paperasse tels que les dossiers des poursuites contentieuses en matière de fraude.

La coopération internationale

L'extension mondiale de la contrebande est assurément due à l'implantation des réseaux transnationaux de contrebandiers professionnels.

Cela fait que les efforts de la répression interne ne peuvent être suffisants, d'où se révèle la nécessité impérieuse de la coopération la lutte contre la contrebande.

Dans ce cadre, on a tout d'abord évoqué quelques exemples des efforts mondiaux de la répression de la contrebande, pour passer aux mesures prises par la Côte d'Ivoire dans le domaine.

Plusieurs initiatives et instruments internationaux sont destinés à faciliter la coopération et la coordination des questions liées à la lutte contre la contrebande, notamment : Document de la direction générale des douanes : Programme de la réforme et modernisation de l'administration des douanes.

Les Rapports de l'organisation mondiale des douanes : Douanes et drogue, 1998.

- La convention de Nairobi de l'organisation mondiale des douanes (OMD) qui est destinée à promouvoir la coopération dans les enquêtes sur les infractions de nature douanière.
- La convention de Vienne de 1998 de l'ONU contre le trafic illicite de stupéfiants et de substances psychotropes.
- Le programme de l'OMD qui est expressément destiné à améliorer la lutte contre la fraude douanière et à encourager la coopération à l'échelon régional grâce à des communications plus rapides et plus efficaces.
- À l'échelon international, l'OMD a forgé des alliances avec d'autres organismes internationaux en vue d'améliorer la réponse de la douane à la lutte contre le trafic illicite de drogue.

En 1996, l'OMD a signé un PDA (Protocole d'Assistance) avec le programme des Nations Unies pour le contrôle international des drogues (PNUCID) et en novembre 1998, l'OMD a signé un PDA avec l'office international de la protection civile l'OIPC/Interpol.

Un certain nombre de projets conjoints ont été entrepris par l'OMD, Interpol et le PNUCID, notamment un nouveau projet visant à partager de données concernant les drogues qui permettra à chacun de ces programmes d'accéder à une base de données mondiale sur les saisies de drogue tout à fait exhaustives, et d'avoir un aperçu mondial des tendances des trafics illicites de drogue afin de réaliser des projets conjoints et d'effectuer des analyses stratégiques. Les initiatives entreprises à l'égard du blanchiment de fonds et du contrôle des précurseurs chimiques s'effectuent de plus en plus en partenariat avec le PNUCIDE et Interpol.

L'OMD a eu recours à la solution des programmes d'assistance (PDA) à plusieurs niveaux, elle a même conclu des accords avec 18 associations commerciales mondiales. Des programmes nationaux de PDA ont été mis en place par 35 administrations des douanes.

Le protocole de l'accord (PDA) constitue le principal mécanisme par l'intermédiaire duquel cette coopération est instaurée.

Le programme d'assistance (PDA) est un accord négocié entre les administrations des douanes, les entreprises et les associations commerciales qui fixe des directives établissant les modalités de travail en commun des parties intéressées, pour lutter contre le trafic illicite de drogue.

La signature d'un programme d'assistance (PDA) offre aux deux parties plusieurs avantages ; la douane tire parti d'une meilleure connaissance des milieux industriels et des entreprises, des renseignements préalables concernant les voyageurs et le fret qu'elle peut ainsi obtenir, d'un niveau de sécurité renforcé, d'un meilleur ciblage du trafic présentant un risque qu'elle peut opérer et d'une meilleure utilisation de ses ressources.

Les entreprises tirent parti des rapports plus harmonieux qu'elles ont avec les administrations des douanes, de la rationalisation du trafic licite, des mesures de sécurité plus strictes prises et de la sensibilisation du personnel compétent au problème des drogues et de leur détection.

Voici en ce qui suit quelques exemples des programmes d'assistance (PDA) :

La coalition des entreprises contre la contrebande (BASC), partenariat à l'initiative des milieux industriels appuyé par la douane des États-Unis, a été créée en 1996.

Ce partenariat est conforme au programme DEFIS-ACTION (Douane et entreprises face au trafic illicite des stupéfiants) — (alliance of customs and trade for the interdiction of narcotics) accorde une attention particulière aux questions de sécurité.

- En France, le programme de coopération dénommé DÉFIS comprend des PDA conclus à l'échelon central et régional ; la douane britannique quant à elle a signé 120 PDA et diffuse régulièrement une publication intitulée « DRUGSWATCH »

pour tenir les membres informés des tendances du trafic de drogue et des saisies opérées avec succès.
- Le programme DEFIS-ACTION de L'OMD est étroitement lié à l'article 15 des Nations Unies de 1988 contre le trafic illicite des stupéfiants et des substances psychotropes qui invite tout particulièrement les administrations à coopérer plus étroitement avec les transporteurs pour lutter contre le trafic illicite des drogues.

Le conseil économique et social de l'ONU a ensuite adopté des résolutions particulières destinées à promouvoir l'utilisation des PDA entre les administrations des douanes.

À l'instar des autres pays dans le reste du monde, la Côte d'Ivoire a adopté la politique de la coopération internationale pour la lutte contre la contrebande. L'action de l'administration des douanes dans ce domaine a connu un développement important né des besoins d'accroître l'efficacité du contrôle douanier sur les frontières et de suivre de près l'évolution des instruments internationaux.

En matière d'assistance administrative mutuelle, la douane ivoirienne a renforcé et a intensifié ses relations de collaboration et par la conclusion de conventions en vue de prévenir, de rechercher et de réprimer les infractions douanières avec des pays de la sous-région membres de l'UEMOA.

La coopération n'est pas seulement bilatérale, elle est également multilatérale dans le cadre de l'UEMOA ou par la participation aux travaux de l'Organisation mondiale des Douanes.

En Côte d'Ivoire, en général et dans le district d'Abidjan en particulier, vendre des marchandises de contrebande en dehors des bureaux et postes de douane est une activité illégale plus ou moins tolérée.

Par conséquent, les vendeurs de rues peuvent être parfois difficiles a trouvé et particulièrement méfiants.

À ADJAME ROXY par exemple, il y a des points de vente fixes et visibles. En ce lieu, les vendeurs sont ambulants et parcourent la commune à la recherche de leurs clients.

À ABOBO-ADJAME, particulièrement à la casse, il y a des vendeurs fixes de pièces détachées d'automobile. Les articles tels que des cosmétiques, des produits ménagers ou des vêtements, cachent le trafic de contrebande sur le territoire douanier du district d'Abidjan.

Les acteurs du trafic camouflent leurs réelles activités sous un aspect licite, afin de ne pas être appréhendés par les autorités.

Dans tous les cas, l'achat des produits doit se faire avec discrétion, de façon à ne pas attirer l'attention des personnes aux alentours, sous peine de se voir refuser l'accès aux marchandises.

Les différences entre les zones géographiques n'ont pas facilité la mise en place d'un plan de sondage uniforme et réellement aléatoire lors de l'étude (le vendeur choisit son client plutôt que l'inverse).

Les difficultés de collecte, liées à l'illégalité du commerce en lui-même, sont vraisemblablement aggravées dans le cas où le vendeur fournit sciemment des marchandises d'origine frauduleuse (en opposition aux marchandises provenant du circuit officiel de distribution et qui sont donc autorisées à la vente sur le territoire douanier du district d'Abidjan).

En effet, il aura certainement tendance à être plus méfiant, et à ne pas vendre sa marchandise auprès de clients inconnus ou bien à ne montrer que les produits qu'il estime le moins compromettants. Cela conduit à une vraisemblable. Pour tenter d'éviter ce problème, nous avons sous-estimé la prévalence des contrefaçons dans notre étude.

On a recruté des enquêteurs locaux (agents de la police municipale) brièvement formés à la collecte, mais il est difficile de dire si cette méthode a été efficace.

Afin de mieux maîtriser la phase d'échantillonnage, la solution a été de limiter l'étude aux marchés illicites « ouverts », tels que celui d'ADJAME/ROXY où toutes les marchandises sont exposées, permettant ainsi une collecte plus contrôlée.

L'authentification des marchandises a été réalisée selon la méthodologie de l'Organisation mondiale des douanes (OMD) qui prévoit de mener des enquêtes auprès des autorités de régulation et des industriels.

La première difficulté de cette démarche est de réussir à trouver les coordonnées des bons interlocuteurs.

La plupart des services publics qu'on a contactés possédaient un site Internet, ce qui a permis d'obtenir rapidement leur adresse postale.

L'exploitation des données statistiques relatives au phénomène de la contrebande dans le district autonome d'Abidjan fait apparaître une hausse sensible dans les affaires traitées (3.922 en 2007 et 3.908 en 2006) et une baisse dans les personnes arrêtées (3.151 en 2007 et 3 441 en 2006). Et pour la période du premier trimestre 2008 en matière de contrebande, 1.254 affaires ont été constatées et 976 personnes ont été interpellées, dont 274 d'entre elles ont été placées sous mandat de dépôt. Ce constat fait ressortir une hausse de 12 % par rapport à la même période de l'année 2007 où il a été enregistré 1.119 affaires et une hausse de 01 % en matière de personnes arrêtées.

La contrebande est une forme de criminalité indissociable des autres composantes de la criminalité transnationale. Elle a pris des proportions aussi grandes qu'inquiétantes au niveau des frontières terrestres notamment celles des corridors routiers du Nord, de l'Ouest et du Sud-est du district d'Abidjan où l'activité commerciale est complètement déstabilisée par le phénomène d'évasion qui a pris de l'ampleur tant pour les produits alimentaires soutenus par l'Etat que pour les médicaments, la pièce de rechange, des articles électroménagers, le cheptel et les carburants.

Cette criminalité se manifeste dans ses formes les plus insidieuses et débouche sur d'autres crimes connexes liés à tous les types de trafic. Elle est favorisée par la modernisation des moyens de transport et de communication. Elle constitue de ce fait un obstacle à tout développement économique et social viable de la région des lagunes qui comprend le district d'Abidjan par le fait qu'elle détourne les énergies et les ressources d'activité constructives, dégrade l'individu par le trafic et l'abus, met les secteurs d'activité en marge de la réglementation de l'Etat, comme elle sape la crédibilité et l'efficacité des pouvoirs publics et autorités locales.

Ce phénomène, jadis circonscrit aux zones frontalières immédiates a, depuis quelques années, atteint même les régions profondes du territoire national par l'ampleur qu'il a prise sur la population, à la recherche d'un mode économique et social propre à elle. Il a pris des proportions énormes à tel point que le volume des produits de contrebande introduits frauduleusement le territoire douanier district d'Abidjan, dépasse largement les taux nationaux de contrebande en comparaison aux autres régions du pays.

Les saisies opérées durant les trois dernières années indiquent que les produits les plus prisés par les contrebandiers sont les cigarettes étrangères, le carburant, le cheptel (ovin et bovin), les produits alimentaires (farine, lait, sucre, les pâtes alimentaires). Cette contrebande est à l'origine de l'amplification de l'économie informelle qui continue d'occuper des espaces de plus en plus larges au point de marginaliser l'économie structurée et d'accélérer davantage les détériorations de la qualité des services publics.

Parmi les facteurs ayant favorisé la recrudescence du phénomène, la bonne qualité du produit ivoirien, le gain facile induit par la différence des prix pratiqués, la présence d'habitations à proximité des entrées routières du district et les relations étroites des riverains avec des contrebandiers et leurs relations familiales qui facilitent l'échange de la marchandise.

Les contrebandiers de la cigarette, en dépit de la lutte implacable que mènent les unités de la Gendarmerie nationale, continuent de développer leurs sources d'approvisionnement sur le territoire douanier des régions sud de la Guinée Conakry, notamment du port de Conakry où il existerait des unités de fabrication de cigarettes étrangères en quantité excédentaire. Les autres activités de contrebande sont menées à partir des régions sud-est vers la frontière avec le Ghana, pour les marchandises de contrebande suivantes : alcools, carburants, pièces détachées d'automobile.

IV.3.2.1. Au niveau de la prévention à la lutte implacable contre les contrebandiers

À cet effet, par exemple, il a été constaté une activité dominante de contrebande de produits alimentaires et de cigarettes à l'ouest du district aux corridors (PK 17 et de GESCO), une activité dominante de trafic de carburant, boissons alcoolisées et effets vestimentaires au sud-est (route Aboisso-Bassam) et une activité de trafic de pagnes, au nord d'Abidjan (PK 18 à Abobo). Durant l'année 2006, les unités de la Gendarmerie nationale ont constaté 3.908 affaires et arrêté 3.441 personnes, dont 1 068 ont été placées sous mandat de dépôt. Ces chiffres font ressortir une baisse de 9.51 % par apport à l'année 2005.

Si on observe les suites judiciaires, on trouve que les personnes écrouées en 2005 sont de 598 personnes par contre en 2006, 1.068 personnes ont été écrouées, c'est-à-dire 3.908 affaires traitées, 3.441 personnes arrêtées, 1.068 personnes écrouées et 2.373 remises en liberté provisoire. Les produits de cette contrebande servent à alimenter les marchés informels, non contrôlés par les services de l'Etat, portant un risque certain à la santé publique, et dont les produits financiers pourraient soutenir les activités criminelles organisées, notamment le terrorisme et le trafic des stupéfiants.

En outre, durant les dernières années, le phénomène de la contrebande a diminué du fait de la nouvelle stratégie adoptée par les unités de la Gendarmerie nationale spécialisées dans la lutte, mais on doit signaler que, malgré cette diminution, la contrebande de carburant a connu une augmentation de 40 % dans les 13 communes du district d'Abidjan. Durant l'année 2007, les unités de Gendarmerie nationale ont traité 3 922 affaires, soit une hausse de 0,36 % par rapport à 2006. Par classement, on retrouve (1.871 affaires) pour le premier trimestre (677 affaires) pour le second trimestre (163 affaires) pour le troisième trimestre et (153 affaires) pour le quatrième trimestre de 2007. Et pas moins de 3.151 personnes ont été arrêtées avec une baisse de 8,43 % par rapport à l'année 2006.

Durant l'année 2007, il a été saisi 690,325 tonnes de produits alimentaires, soit une hausse de 03 %, 357.331 cartouches de cigarettes, soit une baisse de 28 %, 883.651 litres de carburant, soit une hausse de 01 %, 6.065 bouteilles de boissons alcoolisées, soit une baisse de 29 % et 160.338 articles d'effets vestimentaires.

L'exploitation des données statistiques relatives au phénomène de contrebande fait apparaître une hausse sensible dans les affaires traitées (3.922 en 2007 et 3.908 en 2006) et une baisse dans les personnes arrêtées (3.151 en 2007 et 3.441 en 2006). Et pour la période du premier trimestre 2008 en matière de contrebande, 1.254 affaires ont été constatées et 976 personnes ont été interpellées, dont 274 d'entre elles ont été placées sous mandat de dépôt. Ce constat fait ressortir une hausse de 12 % par rapport à la même période de l'année 2007, où il a été enregistré 1.119 affaires et une hausse de 01 % en matière de personnes arrêtées. Au cours de cette période, les unités de la Gendarmerie nationale ont procédé à la saisie de 988.096 tonnes de produits alimentaires, dont 103.345 tonnes à ABOBO, 280.755 litres de carburant dont 190.200 litres à PORT-BOUET 789 bouteilles de boissons alcoolisées dont 701 bouteilles au niveau du tronçon routier ABOISSO-BASSAM. 992.060 paquets de cigarettes dont 173.210 paquets aux corridors de GESCO et du PK 17 route de DABOU, 22.943 articles d'effets vestimentaires dont 4.150 à ADJAME, et 290 véhicules, dont 85 sur la voie internationale qui part du district d'Abidjan (route ABOISSO-BASSAM), jusqu'à la frontière de la Côte d'Ivoire avec le Ghana.

Durant ce trimestre, il est enregistré une baisse dans les quantités de cigarettes et les boissons alcoolisées saisies et une hausse en matière de produits alimentaires et de carburant par rapport au même trimestre de l'année 2007. L'exploitation des différentes affaires traitées fait ressortir que les saisies de cigarettes durant le premier trimestre 2008 sont localisées aux corridors d'entrée de GESCO et PK 17 de DABOU, qui sont des voies internationales qui aboutissent aux frontières sud-ouest (PK17 route de DABOU) et nord du pays (autoroute du nord), tandis que les saisies des produits alimentaires sont localisées dans l'ensemble des entrées routières du district autonome d'Abidjan, quant aux saisies de cheptels, elles sont localisées au corridor de GESCO. Le produit de contrebande sert à alimenter les marchés informels, non contrôlés par les services de l'Etat, portant un risque certain à l'économie nationale. Durant les dernières années, le phénomène de la contrebande s'est développé davantage eu égard à l'aspect lucratif qu'il procure. Il apparaît donc nécessaire de prendre toutes les mesures pour atténuer l'impact néfaste du phénomène qui reste à ce jour un des problèmes économiques qui touche le plus grand nombre de personnes dans la société.

IV.3.2.2. Les mesures en vigueur

La douane ivoirienne face à la contrebande et aux contentieux

On va essayer en quelque sorte de mentionner les efforts de la répression de la contrebande en Côte d'Ivoire, les difficultés qui entravent le travail des agents de douanes, et les solutions proposées. Toujours dans ce même cadre, et pour mieux éclaircir nous allons essayer de faire un état des lieux. Les douanes recherchent les infractions à caractère douanier. En effet, il existe trois modes de saisines de cette régie.

Selon le Lieutenant LACINA DIABATE, 2006 (commandant de douane, administrateur des services financiers, chef de la Brigade des douanes et des enquêtes douanières à la police économique) :

- Le premier mode de saisine en matière de contrebande est la dénonciation, elle représente 90 % des dossiers.
- Le deuxième mode de saisine est la saisine incitante ou l'auto saisine et
- Le dernier mode de saisine est la plainte.

Les douanes ont deux missions, une concerne la collecte de droits et taxes de douanes sur les marchandises qui rentrent et sortent du territoire douanier à travers les frontières et l'autre mission est une mission à caractère économique et concerne la protection de l'industrie locale à travers certaines mesures, lois, et contraintes qui sont misent en place. D'une part, on peut dire qu'une infraction en matière douanière est une infraction pécuniaire qui est très souvent réglée par une transaction entre l'autorité locale et l'acteur appréhendé. Selon BILE Abia Vincent (7 novembre 2007), le contentieux douanier peut-être défini en effet, comme l'ensemble des règles relatives à la naissance, au déroulement et la conclusion des litiges ayant pour objet l'interprétation et l'application du droit douanier.

Il reste attendu que cette définition est prise dans son sens le plus strict écartant tous les contentieux dans lesquels l'Administration des douanes peut se retrouver sans qu'il soit question d'application d'une disposition douanière. Le contentieux douanier naît généralement de deux manières, à l'occasion soit du recouvrement d'une créance de la Douane soit de la constatation de la commission d'une infraction. Pour les besoins de la présente étude, nous intéresserons uniquement au second fait générateur du contentieux douanier, à savoir la constatation de la commission d'une infraction douanière. La constatation des infractions douanières appartient aux termes du décret n°68-410 du 3 septembre 1968 relatif à la constatation des infractions aux lois et règlements des douanes, en principal à l'Administration des Douanes.

Cependant les autres Administrations peuvent constater les infractions douanières, dans les rayons des frontières de terre et de mer, à l'occasion de l'exercice de leurs fonctions, lorsqu'il n'est pas possible d'aviser utilement le bureau, le poste ou la brigade le plus proche. La constatation des infractions douanières est consignée soit dans un procès-verbal de constat, soit dans un procès-verbal de saisie, lorsqu'il est possible d'appréhender les marchandises frauduleuses ou les moyens de transport. La rédaction des procès-verbaux obéit à un formalisme dont le non-respect ouvre droit à une action en nullité, aux termes de l'article 213 du code des douanes. Ainsi aux termes des articles 201, 203 et 209 du code des douanes, les procès-verbaux doivent mentionner la date, la cause de la saisie, la déclaration qui a été faite au prévenu, les noms, qualités, demeures des saisissants et de la personne chargée des poursuites, la présence du prévenu à leur description ou la sommation qui a été faite d'y assister, que lecture a été faite au prévenu s'il est présent et qu'il a été interpellé de le signer.

En cas de saisie, le procès-verbal précise le nom, la qualité du gardien, le lieu de la rédaction, l'heure de la clôture et que copie a été remise sur le champ au prévenu s'il est présent.

Relativement à la signature qui doit être apposée par le prévenu sur les procès-verbaux, il y a lieu d'indiquer que tant la lettre que l'esprit des textes ci-dessus visés, permettent de s'assurer qu'il s'agit d'une signature ayant pour intérêt de revêtir les procès-verbaux d'un caractère contradictoire.

Par conséquent, le prévenu qui ne reconnaît pas les faits allégués dans les procès-verbaux, doit avoir la latitude de prendre des réserves marquant formellement sa protestation.

La liberté de prendre des réserves est d'autant plus importante que les articles 211 et 212 du code des douanes disposent que les procès-verbaux font foi jusqu'à inscription de faux des constatations matérielles qu'ils relatent.

La réserve constitue par conséquent un commencement de preuve de l'altération des faits matériels relatés dans les procès-verbaux. Par contre, une signature sans réserve emporte reconnaissance du prévenu des faits qui lui sont reprochés. Or force est de constater que la Douane ivoirienne exige souvent des prévenus qu'ils signent ses procès-verbaux nets de réserve. En cas de refus, la Douane use de la contrainte pour vaincre la résistance du prévenu. Au-delà de la question de la régularité de la mesure de contrainte qui sera débattue par ailleurs, il y a lieu d'indiquer que cette pratique de la Douane ivoirienne est illégale et est constitutive d'un abus de pouvoir. Après la constatation de l'infraction douanière au travers des procès-verbaux dont la rédaction a été analysée ci-haut, des poursuites doivent être exercées pour réprimer les auteurs et les bénéficiaires de la fraude douanière.

À cet effet, deux types d'action peuvent être exercés indifféremment, l'action publique et l'action fiscale. L'action publique en vue de l'application des peines pénales est exercée, aux termes de l'article 218 du code des Douanes, par le Procureur de la République qui use des voies ordinaires de mises en mouvement de l'action publique, à savoir la citation directe et le réquisitoire introductif. L'action fiscale pour l'application des sanctions pécuniaires est exercée par l'Administration des Douanes. Cependant le Ministère public peut l'exercer accessoirement à l'action publique, aux termes de l'alinéa 3e de l'article 218 précité. En pratique, le Ministère public n'exerce les deux actions que lorsque l'Administration des Douanes a négligé d'exercer l'action fiscale. À l'effet de permettre au Procureur de la République d'exercer les poursuites nécessaires pour découvrir et sanctionner les fraudeurs, l'article 208 du code des Douanes fait obligation à l'Administration des Douanes de transmettre au Parquet du Tribunal, les procès-verbaux de saisie constatant les délits, les contraventions douanières n'étant pas passibles de privation de liberté contrairement en matière pénale.

L'Administration des Douanes, à qui est dévolue l'action fiscale, est juge de l'opportunité des poursuites, elle peut donc ignorer l'infraction qui est commise ou négliger de la poursuivre. Dans le cas où elle décide de poursuivre l'infraction douanière, elle s'oblige à saisir deux juridictions suivant la nature de cette infraction. Elle saisit le tribunal civil dans le ressort duquel est situé le bureau ou le poste de Douane le plus proche du lieu de constatation de l'infraction, en cas de contravention et ce, par voie d'assignation délivrée au prévenu à sa requête. Dans ce cas, le ministère public intervient en application des dispositions de l'article 106 du code de procédure civile aux termes desquelles « sont obligatoirement communicables au ministère public, trois jours avant l'ordonnance de clôture ou avant l'audience, suivant les distinctions prévues à l'article 47, les causes suivantes :

Celles dans lesquelles, l'ordre public, l'Etat ou les collectivités publiques sont intéressés » en effet, toute infraction douanière intéresse l'ordre public économique et l'Etat. En cas de délit, l'Administration des Douanes s'oblige à saisir les juridictions répressives du lieu de constatation de l'infraction douanière, par dépôt de plainte avec constitution de partie civile. Mais en réalité, cette plainte n'est nécessaire que lorsque les prévenus, les marchandises frauduleuses ou les moyens de transport n'ont pas été appréhendés sur le champ, de sorte que la manifestation de la vérité nécessite l'ouverture d'une information judiciaire. A contrario, le ministère public qui reçoit la transmission des procès-verbaux de saisie, en application des dispositions de l'article 208 précité et qui voient les prévenus déférés par-devant lui, met en mouvement la procédure de flagrant délit, s'il estime bien entendu, que toutes les conditions légales sont réunies. Comme dans tout contentieux, les poursuites douanières s'éteignent par la survenance de certains événements.

En ce qui concerne, l'extinction des poursuites douanières : tant l'action publique que l'action fiscale s'éteignent par la prescription et par la transaction. La prescription de l'action en répression des infractions douanières, aux termes de l'article 226 du code des douanes court dans les mêmes délais que l'action publique en matière d'infraction de droit commun, à savoir 3 ans pour les délits et une année pour les contraventions. **La transaction**, privilège de l'Administration des **Douanes pour régler à l'amiable ses différends avec les personnes poursuivies demeure la voie plus prisée**, elle peut intervenir avant ou après jugement définitif. Dans le dernier cas, la transaction laisse subsister les peines corporelles, à savoir les peines privatives de liberté. La Douane ivoirienne a toujours privilégié la transaction dans le dessein de se préserver contre les immixtions malveillantes des autorités judiciaires. Elle n'hésite pas à user de la contrainte pour parvenir à cette fin. La régularité de la contrainte obéit à des conditions de fond et de forme. En ce qui concerne les conditions de fond, l'article 220 du code des Douanes qui définit les cas d'emploi de la contrainte dispose que « Le Directeur général des Douanes, le Receveur principal des Douanes et les Chefs de Bureaux peuvent décerner contrainte pour le recouvrement des droits et taxes de toute nature que l'Administration des Douanes est chargée de percevoir ou de liquider, pour le paiement des droits, amendes et autres sommes dues en cas d'inexécution des engagements contenus dans les acquits-à-caution et soumissions et, d'une manière générale, dans tous les cas où ils sont en mesure d'établir qu'une somme quelconque est due à l'Administration des Douanes… »

Il résulte de ce texte que la contrainte est décernée principalement dans deux cas ; lorsque l'Administration des Douanes justifie de l'inexécution des engagements contenus dans les acquits-à-caution et soumissions et lorsqu'elle justifie d'un titre de créance née soit d'une transaction signée librement et sans contrainte, soit des droits et taxes éludés ainsi que des amendes fixées par une décision de justice.

Il s'en infère donc qu'avant la signature d'un protocole d'accord, aucune contrainte ne saurait être décernée par la Douane sans qu'elle ne soit entachée d'irrégularité. Quant aux conditions de formes, les articles 222 et 223 du code des Douanes en prévoient deux. Ces articles disposent en effet que la contrainte doit à la fois comporter copie du titre qui établit la créance et être visée par le juge.

En conclusion, certes, cette Administration des douanes a le mérite de faire des efforts énormes pour lutter contre la fraude, ce qui fait d'elle un moteur essentiel de l'économie ivoirienne, il reste cependant qu'elle est astreinte à respecter les règles du contentieux douanier. La soumission de l'Administration des Douanes aux règles du droit douanier constitue un gage de sécurité pour les opérateurs économiques qui ont besoin d'être rassurés sur le fait que le pays dans lequel ils investissent est un Etat de droit respectueux des lois dont il s'est doté. L'Administration des douanes ivoiriennes doit donc faire cet effort d'appliquer de manière stricte les règles du contentieux douanier afin de mieux relever les défis financiers qui lui sont assignés.

L'Etat des lieux

Depuis 1999, la Côte-d'Ivoire est entrée dans une ère d'instabilité politique et sociale, avec pour conséquence une forte récession économique dont la manifestation la plus évidente est la série de crises à répétition qui se sont enchaînées comme suit :

- Crise politique de décembre 1999 qui a abouti au coup d'État militaire du 24 décembre 1999.
- Mutinerie de juillet 2000
- Complot du cheval blanc de septembre 2000
- Suites électorales d'octobre 2000
- Législatives de décembre 2000
- Complot de la Mercedes noire de janvier 2001
- Crise politico-militaire du 19 septembre 2002 et instauration de couvre-feu
- Protestations de Marcoussis / Kléber en janvier 2003
- Événements de mars 2004
- Évènements de novembre 2004
- Évènements de GUITROZON ;
- Évènements d'AGBOVILLE et Anyama ;
- Attaque du camp de gendarmerie d'AGBAN ;
- Attaque des deux camps militaires d'AKOUEDO le 2 janvier 2006 ;
- Manifestations de protestation contre le groupe de travail international (GTI) du 16 au 19 janvier 2006.

De manière générale, ces crises ont eu un impact négatif sur les performances économiques nationales et de manière plus spécifique sur les entreprises par la favorisation d'entrée de marchandises de contrebande depuis les frontières centre-nord-ouest (CNO) où l'autorité douanière est presque inexistante même si l'on parle de plus en plus d'unité des caisses de l'Etat.

Face à cette situation, certaines institutions en l'occurrence la chambre de commerce et d'industrie de Côte d'Ivoire (CCI-CI) a entrepris un certain nombre d'actions allant de l'organisation de réunions de concertation à la mise en place d'une cellule de crise chargée de recenser les dommages et autres pertes subies du fait des troubles et fraudes qui ont perturbé l'activité économique.

Elle a ainsi pu défendre les intérêts de ses ressortissants tout en assurant leur représentation au sein des instances de concertation.

C'est donc fort de la traduction en actes concrets du droit à représenter les entreprises et à parler en leur nom, qui confère à la chambre toute sa légitimité, qu'elle prenne position.

Elle répond également à la volonté de l'institution de faire des propositions au gouvernement, pour la relance et la restauration de la compétitivité du secteur privé et reposer le problème des entreprises directement ou indirectement victimes des casses, de contrebande, pillages et destructions de biens qui demeure entier.

IV.3.2.3. L'impact de la contrebande en Côte d'Ivoire

Au niveau du secteur privé : au regard des moyens dégagés et en raison des circonstances qui prévalent (bon nombre d'entreprises n'ont pas eu l'idée ou la possibilité, pour diverses raisons, d'établir un constat des dommages subis dus à la crise et au phénomène de contrebande), les conséquences relevées qui ne sont pas exhaustives sont les suivantes :

- 580 sinistres recensés depuis 1999 par la chambre de commerce et d'industrie de Côte d'Ivoire (CCI-CI).
- 174 cessations d'activités constatées sur une seule année (janvier 2004 à février 2005).
- Plus de 30.000 emplois perdus
- La chute du chiffre d'affaires moyen des entreprises entre 30 % à 50 % en 2005.
- 296.684.150. FCFA de pertes enregistrées dans le secteur du vivrier durant les derniers évènements du 16 au 19 janvier 2006.
- Un préjudice des dommages, toutes crises confondues, estimé à **122.297.232.873.FCFA**.

Par ailleurs, cette situation d'instabilité politique de corruption, et de contrebande à grande échelle a eu pour conséquences :

- La suppression des crédits fournisseurs étrangers et l'exigence de paiement au comptant ;
- La rupture de contrat, l'annulation des marchés et le renchérissement du coût d'affrètement des navires pour cause de guerre ;
- L'impossibilité d'enlever les marchandises dans les délais réglementaires qui entraîne des mises en dépôt et des pénalités et d'autres frais supplémentaires pour les entreprises ;

- La difficulté pour les entreprises de faire face aux échéances financières ;
- Les départs définitifs ou momentanés de chefs d'entreprises, de mandataires sociaux et fondés de pouvoir rendant difficile le fonctionnement des entreprises ;
- La mise en chômage technique et les licenciements de nombreux travailleurs ;
- L'exode de famille d'expatriés et l'éclatement des certaines familles ivoiriennes ;
- La destruction et la fermeture d'établissements scolaires ;
- Délocalisation des institutions internationales et représentations diplomatiques.

Au niveau sectoriel : une analyse par filières permet d'apprécier de manière plus fine la situation. Il est cependant constant que l'arrêt des unités de production, les difficultés d'approvisionnement et de qualité de la matière première, la fraude et la contrebande, le développement du marché informel et de la concurrence déloyale, menacent dangereusement l'existence des secteurs suivants :

- Le textile avec des pertes atteignant 20 % à 47 % de leur chiffre d'affaires et 32 % de la valeur ajoutée pour certaines entreprises (cas UNIWAX), en raison de la contrebande et de la fraude.
- Le sucre avec des pertes énormes de productions (plus de 19.000 tonnes évaluées à 5 milliards pour SUCRIVOIRE en 2002/2003) du fait de la perturbation de l'activité de production ;
- Le bois avec la perte de marchés à l'exportation et une perte de taux d'activité de 40 %, -65 % d'emploi en 2003 du fait des difficultés d'approvisionnement en grumes
- L'hôtellerie avec la chute des taux d'occupation (-75 %) du fait du blocage de l'activité touristique en rapport avec la dégradation de l'image du pays ;
- Le transport qui a connu une immobilisation des moyens et un accroissement important des délais de 50 à 100 % suivant la destination ; cela s'est traduit par une baisse du chiffre d'affaires des acteurs de ce secteur, le cas de la société MTT étant très illustratif avec une chute du chiffre d'affaires de 25 % à 50 % entre 2001/2002.
- Le riz dont le marché est fortement perturbé par l'existence d'un circuit parallèle provenant du nord avec des prix défiant toute concurrence.

- La pêche dont l'existence est menacée par l'appauvrissement en ressources halieutiques.
- La filière des fruits (ananas, bananes, mangues, papayes) ainsi que celle des vivriers subissent les effets de l'immobilisation des moyens de transport et connaissent de graves problèmes de commercialisation et d'avaries de produits lors de ces crises.
- Les pièces de rechange automobiles sur lesquelles existe un fort trafic illégal avec les pays limitrophes
- Le tabac où la contrebande et la fraude sont des plus développées.

L'environnement des affaires : il se caractérise par l'insécurité juridique et judiciaire accrue, la remise en cause de la liberté de circulation des biens et des personnes (racket de certaines forces de l'ordre sur les axes routiers), l'absence d'un dispositif administratif minima pouvant permettre aux entreprises de se développer dans les zones assiégées, la perturbation des circuits de distribution et les hausses consécutives des prix, l'assèchement des crédits bancaires et l'arrêt des projets sur financements extérieurs. En Côte d'Ivoire, le coût du loyer de l'argent est très élevé (de 2 à 3 points de plus que celui des autres pays de l'union économique monétaire de l'ouest Afrique (UEMOA). Comment pourrait-on attendre encore de ces entreprises qu'elles soient compétitives quand l'environnement de fraude généralisée dans lequel elles évoluent constitue en lui-même un obstacle à leur développement ? L'un des éléments de cet environnement qui paraît des plus préoccupants demeure la question de l'atteinte à l'intégrité territoriale et du bien-être des populations soucieuses de plus en plus de leur survie. Ce qui a engendré la séparation et la création de deux économies, le développement de l'informel et d'un marché de produits non soumis aux droits et taxes de l'UEMOA, auxquels s'ajoute l'érection de barrages intempestifs qui ont amplifié le phénomène du racket, symbole parfaitement achevé de la déliquescence morale de la société ivoirienne. Le racket affecte non seulement la fluidité des échanges, mais également la trésorerie des entreprises obligées de s'acquitter de sommes non négligeables, pour éviter que la perte de temps sur les trajets n'affecte la qualité des produits transportés.

Le racket est également présent au sein de nos administrations où la gratuité du service public n'a plus cours, conférant ainsi à certains agents des privilèges dont ils n'entendent pas se départir.

Sinon comment comprendre que les instruments juridiques, administratifs, institutionnels élaborés par l'Etat de Côte-d'Ivoire soient si peu ou mal appliqués et occasionnent la multiplicité des opérations et des procédures qui s'apparentent à un véritable parcours du combattant ?

L'on pourrait ainsi citer :

- Les nombreuses entraves à la création d'entreprises et à l'obtention du registre du commerce et du crédit mobilier,
- La multiplicité des points de formalités export,
- La complexité des formalités d'importation des marchandises,
- Le non-respect de la convention TRIE…

Pour sortir de la crise. Le pays doit être totalement réunifié ; le désarmement doit être effectif ; l'élection présidentielle doit se tenir. La diversité des sources de productions primaires des richesses plus généralement. Le pays dispose de toutes les ressources nécessaires au développement d'une agriculture diversifiée. Les filières agricoles sont étendues et sont aussi importantes les unes que les autres même si la filière café-cacao est de loin la plus dominante. Outre ces deux cultures, nous avons le coton, l'hévéa, le palmier à huile, l'anacarde, la banane, l'ananas, etc. Le secteur des mines notamment le fer, le manganèse, l'or, le diamant, etc., et celui de l'énergie (pétrole et gaz) sont aussi importants pour l'économie ivoirienne. Ils constituent des secteurs porteurs dont l'exploitation accrue apportera une valeur ajoutée nette au PIB nominal, mais dans ce secteur, il existe une fraude organisée et une mauvaise gestion dénoncées par le rapport 2006 de l'ONU sur la Côte d'Ivoire. Les richesses du sous-sol et du bassin sédimentaire nous offrent des opportunités qui pourraient servir à développer des activités minières variées. Il nous faut donc poursuivre la diversification et la modernisation du secteur agricole, réhabiliter et relancer le secteur minier et développer le secteur pétrole-gaz. Le secteur des services bénéficie de la main-d'œuvre qualifiée ; le programme de reconstruction offre des opportunités à la Côte d'Ivoire pour relancer véritablement son économie. L'orientation plus favorable des comportements d'épargne et d'investissement est un autre atout. De même, le marché national doit être approfondi et les marchés sous régionaux développés. La reconstruction ou l'exemple du plan Marshall. La reconstruction porte sur les infrastructures économiques et les infrastructures de base (école, eau, électricité, santé), la réhabilitation de l'ensemble des édifices publics. Notre foi est renforcée par des exemples historiques tels que le plan Marshall qui fut un plan américain pour aider la reconstruction de l'Europe après la Seconde Guerre mondiale. Les pays européens ont établi un plan de reconstruction. Entre 1947 et 1951, les États-Unis à travers l'Administration de Coopération économique (ECA) créée à cet effet ont consacré plus de treize milliards de dollars de l'époque (dont onze milliards en dons) au rétablissement des 16 pays européens. Le montant total de l'aide correspond à 100 milliards de dollars actuels. La Côte d'Ivoire est en train de sortir d'une crise militaro-politique. Sa reconstruction, ainsi que je l'ai dit tantôt, doit être un facteur important de son redécollage. Aujourd'hui, l'aide extérieure à la Côte d'Ivoire s'inscrit dans le cadre du programme FRPC-FEC et la mise en œuvre du PPTE. Le PPTE doit être pour les Ivoiriens un instrument de redécollage de l'économie nationale. La Côte d'Ivoire entend mettre tout en œuvre pour atteindre le point d'achèvement afin de bénéficier d'une réduction considérable (80 %) de sa dette. Les économies à réaliser du fait de l'annulation de la dette seront affectées prioritairement aux dépenses d'investissement et aux dépenses sociales prévues dans le Document de Stratégie de Réduction de la Pauvreté (DSRP).

Toutes ces stratégies rigoureusement menées vont progressivement réduire dans une fourchette acceptable le phénomène de contrebande observé aux différentes entrées routières du district d'Abidjan spécifiquement et aux frontières routières de la Côte d'Ivoire en général.

Tableau 8 : Préjudices déclares par les entreprises sinistrées par crise, puis la contrebande et par secteur d'activité

Secteurs d'activité	Valeur des dégâts crise, puis contrebande décembre 1999	Valeur des dégâts crise, puis contrebande juillet 2000	Valeur dégâts crise, puis contrebande septembre 2002	Valeur des dégâts crise, puis contrebande janvier 2003	Valeur des dégâts crise, puis contrebande novembre 2004	Valeur totale des dégâts toutes crises, toutes contrebandes confondues
Industrie — Pourcentage par secteur… — Pourcentage par crise………	2 667 367 000 **69.95 %** **4.42 %**	96 000 000 **9.93 %** **0.16 %**	37 876 346 000 **86.47 %** **62.79 %**	6 750 325 000 **98.20 %** **11.19 %**	12 928 057 576 **21.56 %** **21.43 %**	**60 318 095 576**
Commerces et distribution — Pourcentage par secteur… — Pourcentage par crise…	959 733 000 **25.17 %** **4.33 %**	870 473 000 **90.07 %** **3.92 %**	1 001 367 000 **2.28 %** **4.52 %**	0	19 334 617 429 **32.25 %** **87.23 %**	**22 166 190 429**
Services — Pourcentage par secteur… — Pourcentage par crise…	186 254 000 **4.88 %** **0.57 %**	0 0 0	4 847 109 000 **11.06 %** **14.91 %**			

Source : CHAMBRE DE COMMERCE ET D'INDUSTRIE DE CÔTE D'IVOIRE (février 2006)

CHAPITRE 8

Discussion et difficultés rencontrées

I. DISCUSSION

I.1. Interprétation des résultats

Les données ci-dessus recueillies, font ressortir que l'âge, est un facteur à risque et non un facteur définitif dans l'explication la contrebande, il est largement antérieur au passage à l'acte. L'on a pu croiser différentes tranches d'âge exerçant le phénomène. Cependant, la tranche d'âge des (18, 25) a connu le plus grand nombre d'acteurs et cela s'explique tout simplement parce que cette tranche représente la plus grande franche de la population ivoirienne en activité, soit plus de 50 % (INS 98). Le genre (sexe) est comme l'âge un facteur à risque, il ne justifie pas absolument la présence d'un individu dans la contrebande. On rencontre à la fois des femmes et des hommes au centre du problème. Cependant, les hommes ont prouvé par leur accessibilité et disponibilité lors de l'enquête qu'ils étaient disposés à participer à l'étude contrairement aux femmes qui elles, se sont montrées un peu plus discrètes. On a aussi rencontré d'une part, des acteurs actifs (fournisseurs, des vendeurs ou des revendeurs) et des acteurs passifs (acheteurs, distributeurs consommateurs) d'autre part. Ici aucun rôle n'est plus important qu'un autre dans la structuration de la contrebande, c'est une activité en réseau qui exige l'efficacité de tous les acteurs impliqués, par exemple le fournisseur n'est pas plus important que le distributeur vis-versa, chaque maillon du réseau à une utilité une fonction. On retrouve tous les niveaux d'instruction au centre du problème depuis les acteurs analphabètes jusqu'aux intellectuels (criminels à col blanc), même si cependant, le regard est très souvent dirigé vers les acteurs analphabètes qui se font très plus souvent appréhender pendant les contrôles et ignorent la réglementation contrairement aux acteurs intellectuels.

En définitive, toutes les couches sociales participent au phénomène, allant, du travailleur dans l'administration publique à celui du privé, de celui du formel à l'informel, jusqu'aux débrouillards ou aux sans-emplois.

Cependant, les regards restent pointés sur les acteurs qui n'ont pas un emploi fixe (chômeurs, débrouillards, sans emploi) contrairement aux travailleurs qui ont un emploi fixe et officiel. Cette situation s'explique par le fait que l'opinion publique pense que les individus qui ont un emploi fixe et officiel sont moins tentés à passer à l'acte de contrebande que ceux qui se trouvent dans un état d'oisiveté et d'emploi précaire. Un adage populaire le signifiant si bien '' l'oisiveté est la mère de tous les vices''. Cependant, ce point de vue commun, dans la réalité des faits, peut-être contesté, en effet, un travailleur officiel n'est pas moins acteur qu'un employé dans un emploi officieux.

Pour mieux cerner les contours du phénomène de la contrebande, il s'agit de comprendre les motivations personnelles de l'acteur en face de toute opportunité de passage à l'acte (résiste-il ? Ou se laisse-t-il aller ?) Il faut prendre en compte avec beaucoup de prudence la condition sociale des acteurs dans l'explication de la contrebande. Et cette analyse est la même en ce qui concerne les facteurs explicatifs liés à la nationalité, au milieu de vie, à la situation matrimoniale, à la religion, à l'âge et au sexe, etc. Tous ces facteurs explicatifs doivent toujours être associés au libre arbitre de l'acteur. Parce qu'il existe des cas où, des individus malgré leur condition de vie favorable, ne s'empêchent pas à prospérer dans la contrebande pour un besoin de rentabilité économique et pour un enrichissement illicite permanent.

Par contre, il peut se trouve des personnes vivant dans une situation de vie défavorisée, qui volontairement refuse d'être contrebandier. Alors les questions de fond qui nous viennent à l'esprit sont les suivantes :

- Quelles sont les raisons personnelles qui motivent tout individu à embrasser une carrière dans la contrebande ?
- Est-ce parce que cette activité lui apporte une sécurité économique ?
- Est-ce qu'un acteur devient contrebandier par imitation ou par envie ?

- Est-ce qu'un acteur est contrebandier parce que les contrôles de douane et de police ne sont pas efficaces ?
- Est-ce qu'un acteur est contrebandier parce que les autorités surestiment les droits et taxes de douane aux frontières ?
- La préférence de la transaction au détriment de l'application stricte de sanctions pénales en matière de contentieux douanier n'est-elle pas une des raisons explicatives du problème ?

En tentant de répondre à ces interrogations, nous cherchons à explorer d'autres voies explicatives du phénomène.

Les motivations ou raisons de l'acteur soumis à de fortes tentations extérieures peuvent le conduire au passage à l'acte.

Sans oublier que les failles dans les mesures de contrôle et la taxation démesurée aux différentes entrées routières du district d'Abidjan expliquent le phénomène.

I.2. L'importance des Résultats, leur généralisation et limite

Dans cette enquête on a pu utiliser les outils de recherche suivants : (observation, interrogation, questionnaires, entrevues et statistiques). Après la comparaison entre les faits provenant des données recueillies dans l'expérience et les faits envisagés dans les hypothèses, comparaison correspondant à la vérification de la validité des hypothèses. On s'est posé la question de la généralisation des enseignements produits par notre vérification.

En effet, on ne peut prétendre, pour valoriser, légitimer ou encore compléter cette démarche, que ce qu'il a constaté dans les circonstances particulières de la recherche est ou serait constatable dans toutes autres circonstances, dans d'autres lieux et d'autres temps. À condition que les contextes et les caractéristiques des variables qui aient conditionné nos observations s'y retrouvent sans changement selon le principe énonçant « toutes choses étant égales par ailleurs ».

Or, comme le soutient JEAN-CLAUDE PASSERON (né en 1930), ces contextes et caractéristiques dans le monde social ne sont ni constants ni entièrement connaissables, ce qui limite inévitablement les possibilités d'une généralisation des assertions sociologiques ou criminologiques qui, par ailleurs, n'ont de sens et de pertinence qu'en restant orientées sur des particularités et des singularités spatio-temporelles, condition qui place ce travail de recherche dans une position intermédiaire et médiatrice entre l'histoire événementielle et le raisonnement expérimental statistique. La technique d'échantillonnage s'est limitée à un nombre réduit d'individus soit 33, c'est un échantillon à choix raisonné cela est dû au fait que d'une part, les moyens humains et financiers ont fait défaut et d'autre part, on n'a pas pu atteindre un grand nombre d'individus parce que nos acteurs dans l'étude ne sont pas des individus facilement visibles ou repérables par exemple comme les enfants dans ou de la rue. L'enquête a donc porté sur des récidivistes contrebandiers déjà connus du fichier des forces de l'ordre.

Les données chiffrées constituaient en quelque sorte un instrument de validation des récits des acteurs. En ce sens, les données issues des histoires personnelles apportaient un éclairage « objectif » qui complétait les données provenant des entrevues.

L'analyse du questionnaire retrace les conditions personnelles d'entrée de l'acteur dans l'activité. Les questions ont été déjà codifiées et remises aux acteurs. Elles ont été faites à partir de critères de classement des actes de contrebande que nous avons élaborés et appliqués de façon systématique à toutes les productions délinquantes des intervenants réalisées durant la période précédant l'obtention de leur permanence. Cette systématicité visait bien sûr à assurer la validité des résultats. Les questionnaires retraçant l'histoire de la participation de l'acteur au phénomène étant essentiellement des instruments de mise en valeur professionnelle dans un but d'acquisition de ressources matérielles et/ou symboliques (promotion sociale, gain facile d'argent, intégration dans une sous-culture délinquante où l'activité principale sera la contrebande de marchandises de toute sorte, etc.), le classement fait par les acteurs de leurs productions délinquantes ne répondait pas toujours à notre exigence de systématicité. Certains intervenants classent, par exemple, parmi les conduites contrebandières, des actes de corruption qui s'apparentent davantage à de l'escroquerie qu'à une activité de contrebande. D'autres inscrivent la contrebande dans des activités de commerce normal qui, en fait, ne répond pas au point de vue juridique à cette réalité. Il est parfois difficile, par ailleurs, de distinguer les actes de contrebande présentés de la criminalité des cols blancs, destinée à des auditoires privilégiés et intellectuellement au point.

Les entrevues visaient à aller au-delà de l'observation factuelle des tendances mises en lumière par les données chiffrées issues de l'analyse retraçant les motifs qui semblent expliquer la participation des acteurs à l'activité illicite de contrebande, et à saisir les logiques sociales à l'œuvre dans la construction et la transformation de la dynamique de production d'activités criminelles. Elles permettaient de contextualiser les données chiffrées en mettant au jour les rapports de force entre les acteurs et ainsi éviter les inférences abusives auxquelles auraient pu donner lieu des interprétations fondées sur la seule comptabilité des productions délinquantes. Étant donné que les entrevues exploraient le « rationnel » sous-tendant les choix des acteurs en matière de production délinquante, elles pouvaient revêtir pour certains un caractère d'« auto-analyse » (Bourdieu, 1993). En d'autres termes on a eu l'impression, dans le cadre de certaines entrevues, que « la personne interrogée profitait de l'occasion qui lui était donnée de s'interroger sur elle-même et de la licitation ou de la sollicitation que lui assuraient nos questions ou nos suggestions. Pour opérer un travail d'explicitation, gratifiant et douloureux à la fois, et pour énoncer des expériences et des réflexions réservées »). Certains intervenants, au terme de l'entrevue, déclaraient eux-mêmes que celle-ci avait été une occasion de faire le point sur leur carrière et/ou de réfléchir sur les motifs de certains choix qu'ils avaient faits au cours de leur vie liée à leur activité illicite de contrebande. Ce processus d'« auto-analyse » s'est notamment manifesté chez certains participants à travers un travail de recherche des « bons » termes au fil de l'entrevue pour construire et exprimer le mieux leur pensée et expérience. Comme dans tout processus d'explicitation de soi, certains acteurs adoptaient successivement des termes ou des formulations diverses pour expliquer une réalité ou un phénomène donné comme si la recherche du « bon » mot ou de la « bonne » formule constituait un exercice d'approfondissement de la connaissance des motifs à l'origine des choix qu'ils ont faits. On a tenu compte de cette dimension des entrevues lors de l'analyse des données ainsi que dans la sélection des extraits. On a cherché à sélectionner les extraits qui rendaient le mieux compte de la pensée des participants telle qu'elle se manifestait à la suite du travail d'explicitation. Enfin, l'analyse des données, tant celles provenant du questionnaire que celles issues des entrevues ont été faites en conformité avec le principe d'exhaustivité. Toutes les informations pertinentes au regard de notre question de recherche ont été retenues et soumises au crible de l'analyse. Les résultats de notre enquête constituent ainsi l'aboutissement d'un travail de construction d'hypothèses successives sans cesse confrontées à l'apport de nouveaux matériels.

II. Difficultés rencontrées

Il est évident que la répression de la contrebande nécessite l'application des mesures de contrôle sévères sur les frontières du pays d'une part et aux entrées routières du district d'Abidjan d'autre part en vue d'intercepter la circulation des marchandises en dehors des bureaux de douanes. Cette mission est assurée par les brigades mobiles dans la zone terrestre du rayon des douanes.

À vrai dire, la répression de la contrebande est devenue de plus en plus difficile, notamment dans la région des lagunes et plus particulièrement dans le district d'Abidjan ; où le rayon des douanes se prolonge jusqu'à 1200 km en longueur et 400 km en largeur, en outre les contrebandiers disposent de moyens de transports et de télécommunication très avancés.

En effet, l'approche du terrain de travail de la douane nous révèle l'existence des déficits dans les moyens suivants :

Les ressources humaines :

En matière de ressources humaines, nous avons constaté ce qui suit :

- Manque de moyens humains et matériels impliquant l'inactivité de plusieurs brigades situées au sein des axes routiers. Ce qui est le cas de la division d'ABOISSO à la frontière entre la Côte D'Ivoire et le Ghana.
- Besoin assez important en matière de formation, notamment dans l'utilisation des nouvelles techniques de sorties en opération, telles que l'exploitation des cartes géographiques, GPS, boussole… etc.
- Absence totale des motivations matérielles pour le personnel des brigades. Déficit très important en matériel tactique des brigades (gilets pare-balles, jumeaux, tenus de combat… etc.).
- Difficulté des conditions de vie des agents des brigades en générale et notamment aux postes avancés.

Activité des brigades :

- Manque d'échange d'information entre les services concernés.
- Absence de coordination en matière de sécurité entre les services concernés.
- Inadaptation du cadre réglementaire existant régissant le fond des aviseurs et autres informations étrangères à l'administration des douanes.

- Manque de coordination assez important entre les brigades opérationnelles des directions régionales du sud.

Ambiguïté du rôle et missions des services de lutte contre la fraude et la contrebande notamment au sein de la direction régionale des douanes d'Abidjan.

En face de tout ce dispositif et de toutes les solutions préconisées comment se fait-il que le phénomène de la contrebande soit encore préoccupant en Côte d'Ivoire en général et dans le district d'Abidjan spécifiquement ?

Cette interrogation nous interpelle à un titre, en ce sens que malgré tous les efforts consentis, la contrebande est toujours bien enracinée dans notre économie. Il nous revient de considérer une question centrale :

Pourquoi les fortes restrictions douanières imposées par les autorités ivoiriennes, l'inefficacité des contrôles douaniers et de police et de la délicatesse dans l'application des sanctions aux intervenants initiaux et finaux sont cause de la contrebande ?

Les questions subsidiaires qui en découlent sont les suivantes :

- Pourquoi les fortes restrictions douanières imposées par les autorités ivoiriennes provoquent la contrebande ?
- Pourquoi l'inefficacité des mesures de contrôle douanier et de police provoquent la contrebande ?
- Pourquoi la délicatesse et les difficultés dans l'application des sanctions aux intervenants initiaux et finaux de la contrebande causent la contrebande ?

Ces différentes interrogations suscitent en nous un objectif général qui consiste à :

Examiner pourquoi les mesures réglementaires et de contrôle s'avèrent inefficaces dans la régulation de la contrebande.

De cet objectif, nous déduisons les propositions de solution suivantes.

CHAPITRE 9

Propositions de solutions

I. AUX GOUVERNEMENTS ET POUVOIRS PUBLICS

La valorisation des ressources humaines et de la formation : les ressources humaines représentent un facteur très important dans la lutte contre la contrebande.

De ce fait, la composante humaine doit être qualifiée pour mieux accomplir ses tâches, cela ne peut avoir lieu que par :

- L'accroissement du nombre des effectifs au niveau des services chargés de la lutte contre la contrebande, notamment dans les brigades mobiles qui assurent cette mission au niveau des frontières du sud, ainsi que l'utilisation de la gestion des carrières pour mettre les bons fonctionnaires dans les postes qui leur sont adéquats.
- L'amélioration des conditions de vie des agents de douanes en matière de restauration, d'hébergement et d'hygiène.
- La motivation des agents de douanes au moyen de l'octroi des rémunérations pour les encourager à exercer leurs missions dans les postes frontaliers.
- Le développement la formation, le recyclage, et le perfectionnement périodique, des agents de douanes notamment sur le plan pratique, pour permettre à ces derniers d'avoir une meilleure connaissance du terrain, une bonne maîtrise de la géographie et des reliefs des régions frontalières, et une meilleure utilisation des moyens de transports et de télécommunication.
- Le recrutement des chauffeurs guides pour les opérations de poursuite sur terrain.
- L'organisation des séminaires, et des journées d'étude dans le domaine de la répression de la contrebande.

Cette situation qui menace gravement la survie de l'économie nationale, nécessite l'adoption et la mise en œuvre de mesures vigoureuses ayant pour objectifs d'une part de redonner confiance au secteur privé et de limiter les conséquences sociales de la crise et d'autre part, de restaurer l'image de la Côte d'Ivoire à l'extérieur, notamment sa position de leader dans la sous-région.

La proposition au gouvernement d'inscrire au titre de ses priorités :

La reconstitution des outils de production et d'exploitation des entreprises sinistrées et souffrantes du fait de la contrebande, par une indemnisation conséquente.

Des cas similaires ont été observés au Mali en 1992 où l'Etat a indemnisé les entreprises victimes des manifestations de rue ou de la contrebande, aux États-Unis, lors des émeutes de Los Angeles où les assurances ont été mises en contribution dans le dédommagement des sinistres et chez nous en Côte d'Ivoire, lors des évènements de 1958 impliquant les ressortissants dahoméens.

Ce sont à notre sens, des actes de haute portée qui permettent de restaurer un climat de confiance indispensable au retour des investisseurs.

- La restauration de la crédibilité de l'appareil judiciaire afin que l'état de droit soit une réalité.
- L'engagement d'une véritable lutte contre toutes les formes d'insécurité et la suppression de toutes les entraves à l'exercice d'une activité économique normale par l'éradication du racket. Ainsi un travail de collaboration franche entre les différents services impliqués (la police, la gendarmerie, les douanes, les ministères du Commerce, de l'Industrie, de l'Économie et des Finances, la chambre de commerce et d'industrie de Côte d'Ivoire dans la lutte contre la contrebande sont à envisager sérieusement.
- Le développement d'une politique de communication et de sensibilisation sur les dangers qui, de par la crise et avec les activités illicites qui s'y ajoutent (la contrebande), menacent la destruction de notre économie. Cette communication et cette sensibilisation serviront à alerter notre jeunesse sur le risque qu'il y à détruire les industries, les entreprises, les commerces qui les accueilleront lorsqu'ils seront sur le marché du travail et à consommer les produits de la contrebande.
- La mise en œuvre une Loi programme pour la relance économique, assortie de mesures incitatives (fiscales, sociales,

appui à l'expansion commerciale) ; s'impose également la mise en place de lignes spécifiques pour le financement des activités des entreprises.

- Sur un plan purement national, la reconquête du marché local perturbé par le développement d'une économie parallèle. Les douanes ivoiriennes peuvent s'y employer en se faisant aider par la chambre de commerce et d'industrie de Côte d'Ivoire, par la réactualisation du fichier des entreprises et en mettant à contribution les entreprises identifiées par filières pour répondre au challenge de la reconstruction.

Les douanes et la Chambre de Commerce et d'Industrie de Côte d'Ivoire peuvent fortement s'impliquer dans les stratégies de développement des entreprises conformément aux missions qui lui sont dévolues, notamment par :

La promotion de l'image des entreprises et des produits ivoiriens : elle pourrait se concrétiser par une stratégie de distribution nationale et organisée, afin d'assurer une présence effective des produits ivoiriens sur tout le territoire national et dans la sous-région ; la promotion des produits et la valorisation de la production ivoirienne, la promotion de la qualité, des normes et de la certification et une participation accrue des entreprises ivoiriennes aux foires et salons régionaux et internationaux.

L'assistance aux entreprises en vue d'améliorer leurs modes de gestion : il s'agira de sensibiliser les opérateurs économiques aux devoirs et droits qu'ils ont vis-à-vis des consommateurs, de l'Etat et des employés, de mettre en place des centres de facilitation des formalités administratives locales et export, de toiletter les textes portant sur les formalités à accomplir à la création et lors des opérations export, de développer des centrales d'achat à vocation régionale par filières.

La rationalisation du transport et l'acheminement des produits par le développement et l'entretien des infrastructures routières sur le territoire national afin de fluidifier le transport des marchandises et d'accélérer les rotations et les quantités transportées.

L'insertion des jeunes diplômés et la démobilisation des jeunes combattants par l'identification des potentialités d'emploi sectorielles, la formation à la création d'activités génératrices de revenus ; l'accompagnement du processus de redéploiement de l'administration par le biais de ses délégations régionales.

Les douanes et la Chambre de Commerce et d'industrie, conformément à leurs missions, doivent être prêtes à assumer leur part dans le processus de réhabilitation et de relance de l'activité économique nationale, et à contribuer par voie de conséquence à la construction d'une nation forte, stable et prospère.

I.1. En ce qui concerne, les moyens organisationnels

Dans ce cadre, il y a lieu de mentionner que la mission de lutte contre la contrebande au niveau des frontières terrestres ne peut être assurée uniquement par les brigades mobiles.

De ce fait, il est nécessaire de procéder au renforcement de la collaboration interservices, et d'enlever l'ambiguïté sur le rôle du bureau de la lutte contre la fraude dans les régions des lagunes, ainsi que de procéder à l'élaboration d'une banque de données qui permettra l'échange rapide et facile des informations entre les services des différentes régions. Dans le cadre de la lutte contre ces fléaux, l'Etat en collaboration avec le district d'Abidjan a pris des mesures au nombre desquelles la création d'un établissement public dénommé Office ivoirien de la propriété intellectuelle (OIPI). Cet établissement est chargé d'administrer le système de la propriété intellectuelle notamment de protéger tous les titres de propriété intellectuelle tels que définis par l'accord de Bangui et de combattre en synergie avec les services compétents que sont la douane, la police économique et la gendarmerie toute contrebande, toute contrefaçon et toute fraude dans ce domaine. Une lutte efficace contre ces phénomènes suppose avant tout l'enregistrement des actifs de propriété industrielle notamment les marques, noms commerciaux, indications géographiques, dessins ou modèles industriels, etc. ce qui confère au titulaire le monopole d'exploitation de ses actifs. C'est la raison pour laquelle la preuve de la protection est le préalable à toute action en justice contre la contrebande ou la contrefaçon D'où l'intérêt pour les opérateurs économiques de s'adresser à l'OIPI. La sensibilisation des consommateurs est également un facteur important de lutte. Elle relève beaucoup plus de la stratégie marketing des entreprises. Elles doivent communiquer avec les consommateurs sur l'originalité de leurs produits afin de distinguer le produit original du produit de mauvaise qualité. Toutefois, les pouvoirs publics et les autorités locales du district d'Abidjan peuvent accompagner les entreprises. À travers des insertions dans la presse et des affichages. La police économique, la douane et la gendarmerie sont compétentes en matière de répression. Ces forces de l'ordre agissent sur plaintes de victimes ou instructions du juge. Il s'agit de poursuivirent et arrêter les contrebandiers et les contrefacteurs.

Il faut envisager et proposer des textes appropriés, contribuer à la formation des magistrats des forces de l'ordre et toujours à leur recyclage par des séminaires, des ateliers et des voyages d'études.

Les moyens matériels

Pour l'exercice de leurs missions de lutte contre la contrebande, les services des douanes doivent disposer des moyens matériels et techniques adéquats qui sont les suivants :

- Les véhicules tous terrains qui sont incontournables pour les poursuites des contrebandiers et les embuscades effectuées sur les chemins fréquentés par les contrebandiers.
- Les moyens de télécommunication de haute technologie tels que : les talkies-walkies, les GPS, les téléphones portables par satellites.

La création des ateliers d'entretien des véhicules, et la fourniture des besoins du matériel roulant (carburant, pièces de rechange...).

I.2. En ce qui concerne, la coopération internationale

La douane ivoirienne doit prendre les mesures suivantes :

- Développer les échanges d'information et de renseignement entre les administrations des douanes des pays étrangers, notamment celle des pays de l'union économique et monétaire d'ouest Afrique (UEMOA).
- Bénéficier des opportunités d'assistance technique tant bilatérale que multilatérale.
- Suivre l'évolution des instruments et des techniques internationaux et tirer profit des expériences des autres administrations douanières dans le domaine de la lutte contrebande.

II. Les suggestions pour une bonne régulation de la contrebande en ce qui concerne le district d'Abidjan

Géographiquement, les marchés du BLACK MARKET, de ROXY à ADJAME et les casses d'ABOBO-ADJAME et de Koumassi sont les points de rencontre de tous les contrebandiers de cigarettes, de pièces détachées de véhicules ou toute autre marchandise de contrebande à Abidjan.

Quant à l'alcool, l'axe Abidjan, Grand BASSAM, ABOISSO ; les différentes côtes lagunaires, maritimes (VRIDI canal, ABOBO DOUME, le quai de poissons à l'ancien débarcadère à Treichville sont là les endroits de la capitale économique ivoirienne où la contrebande de diverses marchandises a lieu (exemple : alcool, tabac, gasoil, boîtes de conserve, pile, huile alimentaire, etc.).

L'activité de contrebande a lieu habituellement de nuit à l'abri des regards indiscrets. Les nationalités les plus rencontrées sont les Maliens, les Guinéens pour les cigarettes et ghanéens pour l'alcool (*source police économique*).

Sans prétendre atteindre le niveau zéro, la contrebande ne peut qu'être rendue marginale et digeste pour l'économie ivoirienne. Selon le bureau des douanes chargé des enquêtes financières à la Direction générale des Douanes, la difficulté à éradiquer la contrefaçon et la contrebande est imputable à la limitation de l'action douanière tel que prévu par les textes en vigueur, mais aussi au manque d'expertise et de formation pour distinguer un produit contrefait du produit authentique. La douane n'est pas toujours outillée pour faire la différenciation entre le plagiat, une imitation, une reproduction illégale, une copie illicite, le faux et le vrai, l'original et l'authentique.

Cela ne donne pas raison aux acteurs économiques de croiser les bras pour observer l'évolution galopante du fléau. C'est pourquoi, des actions visant à réduire ce phénomène dans notre pays doit être menées non seulement par l'Etat, les opérateurs économiques, mais aussi par les distributeurs et les consommateurs. Il s'agit donc d'informer et de former les opérateurs économiques à la gestion dynamique de leur portefeuille de propriété industrielle. Quant aux distributeurs et les consommateurs, ils doivent être sensibilisés sur les méfaits de ce fléau.

La lutte contre la contrefaçon doit être celle de chaque Ivoirien. Un seul geste pour le faire : exiger toujours le produit original et refuser celui de la contrefaçon ou de contrebande qui tue. Il faut faire une pédagogie approfondie autour de ce fléau afin de modifier sensiblement les habitudes et les comportements des populations face aux produits et services offerts sur le marché. Dans cette action, les campagnes médiatiques d'envergure pourraient accompagner des tournées de sensibilisation à l'échelle nationale, sans oublier l'outil précieux que représente l'école dans la formation des habitudes des futurs citoyens.

Tout se copie, protégez vos intérêts ce message de l'Office Ivoirien de la Protection intellectuelle nous interpelle tous.

Le règlement de ce problème selon nous exige la mise en place de mesures législatives adéquates et appliquées, l'instauration d'inspections surprises, de mesures courageuses pour réguler le phénomène de la contrebande et de margouillat.

Un encadrement du personnel est exigé, un renforcement en matériels de communication, de liaison, une actualisation des techniques de contrôle est à envisager pour plus d'adaptabilité aux nouvelles formes de contrebande.

Il faut aussi associer les populations à la lutte, elles doivent être celles qui donnent des informations, des renseignements, ou celles qui dénoncent certains trafics suspects aux agents chargés des contrôles douaniers.

Il faut aussi sensibiliser cette population sur les dangers qu'elle encoure à travers le tabagisme, et l'alcoolisme, à travers la consommation de produits de contrebande de qualité médiocre qui ont un impact négatif sur l'essor économique du pays. Il faut aussi de plus en plus que les fonctionnaires d'état tendent vers une conscience professionnelle afin d'éviter la corruption dans l'administration, il faut qu'ils fassent de nombreux séminaires de formation en vue d'un recyclage permanent. Malgré, la présence de loi, exemple : l'article 319 du Code pénal qui stipule ; « qu'est punie d'une amende de 100.000 à 1.000.000 de francs ou encore de 3 mois à 3 ans toutes sortes de contrebande, de contrefaçon ». Des entrepreneurs ou des individus ont décidé de prospérer dans ce commerce illicite de produits de contrebande à travers des réseaux bien ficelés. Ils s'approvisionnent dans certains pays de la sous-région et écoulent leurs marchandises par des détaillants disséminés à travers tout le territoire d'ABIDJAN et même le reste du pays. La floraison du commerce illicite de cigarettes et d'alcool ou toute autre marchandise constitue une menace pour les consommateurs eux-mêmes, les entreprises locales, pour l'état et pour la société tout entière. En effet, les qualités douteuses de ces produits mis sur le marché dont on ignore tout, des conditions de fabrication mettent en danger la santé des populations. Cette activité engage une concurrence déloyale contre l'industrie locale de cigarettes et d'alcool légalement installée qui paie des taxes et fait face à de nombreuses charges d'exploitation, le préjudice s'étend aux caisses de l'état qui ne tirent aucune taxe de ces produits qui entrent frauduleusement sur le marché national. Aujourd'hui, nous disons que l'Etat doit tout mettre en œuvre pour réduire le mal en sécurisant non seulement les industries Abidjanaises et celles à l'intérieur du pays. Ainsi, l'Etat pourrait améliorer ses recettes en cette période de récession économique.

Conclusion

La contrebande, phénomène ancien de par ses causes et ses manifestations, revêt aujourd'hui des formes multiples. Elle entraîne des conséquences dommageables inestimables pour l'industrie locale. L'exemple de l'industrie textile confrontée à la fraude sur le pagne en est une illustration convaincante.

Concernant les formes actuelles de contrebande, on pourrait distinguer entre la contrebande transfrontalière pratiquée par les populations de localités riveraines des différents corridors routiers et des entrées routières par exemple d'une part, et la contrebande structurée pratiquée par des commerçants de l'informel disposant d'une bonne assise financière et matérielle, d'autre part.

Dans le premier cas, la contrebande transfrontalière trouve sa justification dans l'hétérogénéité de l'environnement économique, fiscal et monétaire dans lequel se meut la Côte d'Ivoire. En effet, elle partage ses frontières avec la Guinée et le Liberia à l'ouest, le Mali et le Burkina Faso au nord et le Ghana à l'est. Ces pays fondent leur économie sur une politique de réexportation de produits importés sur le marché mondial à des prix dérisoires vers la Côte d'Ivoire. Ceci explique un différentiel de prix énorme entre les marchandises produites par la Côte d'Ivoire et celles frauduleusement importées. Il faut aussi ajouter que la contrebande est un phénomène très ancien fondé sur des échanges commerciaux longtemps pratiqués par les populations de ces États respectifs qui ont toujours ignoré les frontières coloniales puisqu'étant liées par les mêmes origines historiques et familiales. Quant à la contrebande structurée, elle est le fait de trafiquants professionnels et organisés disposant de moyens financiers et matériels très importants. Habitués des rouages de l'administration, ils usent des imperfections du système de contrôle douanier pour faire entrer irrégulièrement des marchandises sur le territoire ivoirien en général et du district d' Abidjan en particulier. Aussi, ils détiennent de nombreux circuits de commercialisation de leurs produits à travers tout le pays.

C'est la raison pour laquelle, le législateur ivoirien a défini un cadre de répression de cette forme de concurrence déloyale. Enfreins ainsi la loi, celui qui s'adonne à cette forme d'activité. L'exercice de cette pratique illégale est puni par les dispositions de loi. Il a été établi par Loi n° 64-291 du 1er août 1964 (J.O. 64 Pages 1103) portant code des douanes.

La sévérité de la répression varie en fonction de la pratique à laquelle s'est adonné le contrevenant. Ces dispositions vont dans le sens d'une meilleure protection de la production nationale. Dans le cas de la Côte d'Ivoire et du district d'Abidjan spécialement, ces territoires ont subi de façon directe les méfaits liés à cette pratique. Une analyse des ventes en Côte d'Ivoire durant la période de monopole et après la libéralisation intervenue dans le secteur des industries a permis d'apprécier l'acuité de la question de la contrebande sur le marché national de marchandises d'une part et du district d'autre part.

Relativement à ce dernier, il faut dire que son cadre juridique a eu à subir de profondes mutations en raison des multiples transformations de l'environnement économique national et international. Du monopole, on est passé à la libéralisation complète, mais encadrée.

Cependant, pour mieux encadrer ce processus, l'Etat a, dans le cadre de la politique d'intégration économique et monétaire mise en place par l'UEMOA, adhéré au dispositif tarifaire commun aux États parties au traité de cette organisation sous régionale ouest-africaine : le TEC. Il a abouti à l'application de la TCI qui n'a pas totalement endigué la poussée grandissante de la contrebande qui met en péril la survie de l'industrie ivoirienne.

En effet, qu'elle est transfrontalière ou structurée, la contrebande constitue de façon indéniable une menace grave et permanente pour l'industrie ivoirienne notamment et celle du district plus particulièrement. Elle a des répercussions graves dans tous les domaines de la vie économique, sociale et politique de notre pays et du district.

À l'État et au district, elle cause des pertes en recettes fiscales et douanières considérables. L'industrie locale subit des pertes en chiffres d'affaires très énormes. Certaines entreprises confrontées à des problèmes de méventes mettent la clef sous la porte jetant ainsi des milliers de travailleurs au chômage. C'est la raison pour laquelle, il a fallu définir des stratégies concrètes et efficaces de lutte contre ce phénomène qui a pris de nouvelles dimensions inquiétantes : il s'agit de sa criminalisation et de sa professionnalisation grâce aux NTIC.

S'agissant de la lutte en cours, il faut dire qu'elle est engagée simultanément par :

- l'État à travers les différents services nationaux ou déconcentrés compétents en matière de lutte contre la fraude sur le territoire national d'une part et sur le territoire du district d'Abidjan d'autre part ;
- les organisations syndicales qui se sont fortement impliquées dans la lutte tant au niveau national que local ;
- et la Chambre de commerce et d'industrie de dont l'engagement se manifeste à travers les différentes actions qu'elle a eu à mener au niveau interne et externe.

Quant aux perspectives dans le cadre de la lutte engagée contre ladite concurrence, il faut dire qu'elles reposent sur des stratégies à court et long terme.

Concernant les premières, il faudra envisager de renforcer les moyens de la douane en travers la dotation de celle-ci en moyens matériels et humains devant permettre à ces soldats de l'économie de venir à bout des fossoyeurs de l'économie. Aussi, il convient de renforcer la sensibilisation pour inciter les populations à consommer les produits locaux. Aussi, il incombe à la chambre de commerce et d'industrie de développer une bonne politique de marketing qui lui permettrait d'une part de vanter les qualités de son produit par rapport aux marchandises importées frauduleusement et d'autre part de soigner son image extérieure pour mieux valoriser ses actions et réalisations aux plans national et local.

S'agissant des secondes, il reviendra à l'Etat d'assainir l'environnement concurrentiel et fiscal du marché. Un renforcement et réaménagement du dispositif tarifaire de l'UEMOA s'imposent à cet effet. Par ailleurs, il faudra élargir les bases de la lutte contre la contrebande en y associant tous les pays qui composent l'espace UEMOA.

À la lumière de ce qui précède, on peut dire que la contrebande constitue une menace pour l'industrie ivoirienne en général, du district d'Abidjan en particulier et qu'il revient à tous les acteurs de la vie économique, sociale et politique de s'impliquer dans cette lutte pour venir à bout du phénomène qui risque d'hypothéquer l'avenir de notre économie.

Il revient aux entreprises de prôner et d'adhérer au concept d'« entreprise citoyenne » pour intéresser travailleurs et populations sur leur devenir. Elles doivent faire preuve d'intelligence économique et sociale pour réussir leur intégration dans le nouvel ordre économique mondial.

L'intégration de notre pays dans la mondialisation doit nécessairement s'accompagner d'une protection efficace de notre industrie locale. L'Etat doit favoriser le développement d'une industrie locale compétitive capable de produire la totalité de la consommation nationale. À l'importation, doit se substituer l'industrialisation. Celle-ci doit-être le seul moyen de relever le défi du développement. Selon l'Organisation des Nations Unies pour le Développement industriel (ONUDI) : « pour un pays en développement, l'industrialisation signifie plus que le simple fait d'augmenter le revenu et le volume de production. Elle constitue pour lui un moyen de moderniser sa structure primitive (l'économie informelle ou souterraine) de production et de transformer toute la tradition socio-économique qui y est associée. De ce contexte, il est important de mesurer l'industrialisation sous toutes ses dimensions, c'est-à-dire à la fois quant à son étendue et quant à son intensité.

BIBLIOGRAPHIE

I. Ouvrages généraux

ANTOINE P et DIOP A.B, (1995) la ville à guichets fermés (sous la direction de) IFAN/ ORS TOM.

ARLLANO, G, Verna (1994) : cité par Claude ALBAGLI « l'absence de règles et instruments de mesure » les entreprises informelles dans le monde, Ste-Foy, les presses de l'université Lava,

C. D. G. (2008) : *Le couple Cameroun-Gabon au sein de la CEMAC*, Défense, Stratégie et Relations internationales, L'Harmattan, Paris, 421 pages.

BACHELARD G (1975), la formation de l'esprit scientifique Paris.

BACHELARD, G (1991), le nouvel esprit scientifique Paris, PUF.

BARRAT C-F (1998) la pauvreté PARIS, q 3408. PUF

BEAUCHAMP C. M. (1997) : Démocratie, culture et développement en Afrique noire, Montréal, Harmattan, Cov logique sociale — BRUNO L., L'économie informelle dans le tiers monde, Paris, Éd. La découverte.

BECKER, H.S. (1967). « Whose Side Are We On? », Social Problems, vol. 14, p. 239-248.

BER GAO J .et WOLF M (1998). Halte à la mondialisation de la pauvreté reconnaître les droits économiques, sociaux et culturels pour tous. Karthala Paris, édition, Inades Abidjan.

BERNIER, L. (1993). « Recherche qualitative : respect méthodologique de l'acteur respect éthique de l'informateur », Revue de l'Association pour la recherche qualitative, vol. 9, p. 31-40.

BLACKBURN, P. (1992). Connaissance et argumentation, Ottawa, Éditions du Renouveau pédagogique.

BLANKEVOORT, V., LANDREVILLE, P., et PIRES, A.P, (1979). « Les coûts sociaux du système pénal : notes méthodologiques », Crime et justice, vol. 7-8, nos 3-4, p. 180-189.

BRILLON, 1974 : Ethno criminologie de l'Afrique noire MONTRÉAL, PUQ.

CAIN, M. (1990) : « La philosophie réaliste et Épistémologie Prises de position ou féministes criminologie comme une science Successeur »

CANGUILHEM, G. (1988) : Idéologie et rationalité dans l'histoire des sciences de la vie, Paris.
CANGUILHEM, G. (1957) : « Sur une épistémologie concordataire », dans G. Bouligand et autres, Hommage à Gaston Bachelard. Études de philosophie et d'histoire des sciences, Paris, PUF.
CARLOS, M (2001) : L'économie informelle en Afrique francophone : structure, dynamique et politique, Genève, B.I.T
CATHERINE C — V, 1993 : Histoire des villes d'Afrique noire : Des origines à la colonisation. ALBIN MICHEL Paris
CATHERINE C-V (1998) : processus d'urbanisation en Afrique L'harmattan 2 PARIS
CHALMERS.A.F, (1987) : Qu'est-ce que la science ? Popper, Kuhn, Lakatos, Feyerabend, Paris, La Découverte
CHARMES J. (2000) : « Mesurer le non enregistré », le courrier ACP UE N°178 DEC, 99, janvier
COMMISSION GULBENKIAN (1996) : Ouvrir les sciences sociales, Paris, Descartes.
COMTE, A. (1839). Leçons de sociologie (1995), Paris, Flammarion.
COOLEY, C.H. (1928). « Étude de cas de petites institutions comme une méthode de recherche », Publications de la Société de l'American Sociological, vol. 22, p. 123-132.
COQUERY, V., C. (1991) : Tiers monde : informel en question, Paris, l'harmattan
DE GREEFF .E, 1946 :'' introduction à la criminologie'', Paris, puf,
DEMO, P. (1981) : La méthodologie scientifique en science sociale, Sao Paulo, Atlas.
DENZIN, N.K. (1970). La loi sur la recherche : une introduction théorique aux méthodes de la sociologie, Chicago, Aldine.
DENZIN, N.K., et LINCOLN, Y.S. (1994). « Introduction : saisie sur le terrain de la recherche qualitative ».
DIEHDIOU, L. (2003) : « Économie informelle en Afrique, la tradition contre pénurie », possible et ATTAC, vol 27, n°' Automne
DITEND, Y., (2001) : La dimension économique de l'emploi dans les PED cas de la RDC, Éd., P.U.L,
DODDS FRANK ALLAN (octobre 06, 1986) : "voir sans aucun mal", Forbes, v138n7.
DO RION G et GUIONNET Ont (1997) : la sécurité sociale PARIS, PUF, QSJ 294.
DUBET F (1987) : La galère : Jeunes en survie, PARIS, éd .ouvrières.
DUPEYPOUX J-j (1975) : Droit à la sécurité sociale, seuil Paris.
DUPEZ D et HELDI M. (1992) : le mal des banlieues, sentiment d'insécurité et crise identitaire. L'Harmattan Paris.
DURKHEIM, É. (1888). « Cours de science sociale »
DURKHEIM, É. (1900). « La sociologie en France au XIXe siècle ».

DURKHEIM, É. (1909) : « Sociologie et sciences sociales ».
Durkheim (1970) É. : La science sociale et l'action, Paris, PUF.
DURKHEIM, É. (1988) : Les règles de la méthode sociologique Paris, Flammarion.
EKATARINA V. BOTCHKOVAR et CHARLES C (2005) : "Crime, la honte de la réintégration en Russie", criminologie théorique, Vol. 9 (4), PP. 401-442.
FAYARD.DUBET F et ALL (1985) : L'état et les jeunes. Paris
FERRAROTTI, F. (1983). Histoire et histoires de vie Paris, Méridiens.
FEYERABEND, P. (1975) : Contre la méthode (1979), Paris, Seuil.
FOUCHÉ M. (1991) : *Fronts et frontières : un tour du monde géopolitique*, Fayard, 691 pages.
FOUREZ, G. (1988) : La construction des sciences, Bruxelles.
GAPYISIE. E. (1989) : Le défi urbain en Afrique L'Harmattan Paris
GELINAS G.B. (1987) : « Et si le tiers monde s'autofinançait » Éd. Dunod, Paris.
GEORGE S. YACOUBIAN (1998) : " Sanction des Alternatives en droit pénal international, Affaires mondiales, Vol. 151, pp. 1-3.
GODARD X. (2003) : *Les transports et la ville en Afrique au sud du Sahara*, Karthala, Paris, 414 pages.
GOFFMAN E (1973) : la mise en scène de la vie quotidienne, éd de minuit Paris.
GOODE et BEN-YEHUDA (1994) des « constructivistes contextuels »
GOODE et BEN-YEHUDA (1996) (constructivistes contextuels modérés)
GOULDNER, A.W. (1968). "Le sociologue comme partisan, la sociologie et l'Etat de providence" Sociologues Américains, vol. 3, p. 103-116.
GRANGER, G.-G. (1993). La science et les sciences, Paris, PUF.
GRAWITZ M (1996) : méthodes des sciences sociales. Dalloz Paris 10e édition
GUILLIEN (R.) et Vincent (J.), 2001. *Lexique des termes juridiques*, 13e édition, Dalloz, Paris, 592 pages
HOULE, G. (1982) : « Présentation : La sociologie : une question de méthode », Sociologie et sociétés, vol. 14, no 1, p. 3-6.
HOULE, G. (1986) : « Histoires et récits de vie : la redécouverte obligée du sens commun », Montréal, Éditions Saint-Martin.
HOULE, G., et RAMOGNINO, N. (1993) : « Présentation : La construction des données », Sociologies et sociétés, vol. 25, no 2, p. 5-9.
HUGON, P. (1996) : « Economie du tiers monde » Éd. L'Harmattan
HIPPOLYTE, J. (1946) : Genèse et structure de la « Phénoménologie de l'esprit » de Hegel, Paris, Aubier, 2 vol.
JÉRUSALEM, GALLIMARD (1963) : ou la « normalité du mal », voir Cottino, Paris, notes 8 et 20.
J. RICO, (1977) : In affaires et criminalités au QUÉBEC, criminologie, MONTRÉAL. Pum, p 5

JUTEAU, D. (1981) : « Visions partielles, visions partiales : visions (des) minoritaires en sociologie », Sociologie et sociétés, vol.13, no 2, p.33-47.
KNORR-CETINA K (1989) : « Variétés du constructivisme », Monde social, vol. 40, nos 1-2, p. 86-96.
LACHAUD, J.P., (1988) : Le secteur informel urbain et le marché de travail en Afrique au sud du Sahara, Genève, institut international d'études sociales
LECRUZE, P. (1989) : Économie générale, éd. Dunod, Paris
LENOIR, R. (1989) : « Objet sociologique et problème social », Paris.
MAHEU, L. (1983). « Les mouvements de base et la lutte contre l'appropriation étatique du tissu social », Sociologie et sociétés, vol. 15, no 1, p. 77-92.
MATHURIN B. (1999) : Comprendre l'économie informelle en Côte d'Ivoire, Étude des cas à travers les « Maquis » à Abidjan, Ste-Foy, thèse le doctorat, Université LAVAL,
MELTZER, B.N., PETRAS, J.W., et REYNOLDS, L.T. (1975) : L'interactionnisme symbolique, Londres.
MERLIN. P. (1996) : Espoir pour l'Afrique noire, Présence Africaine, Paris,
MILLER, R.W. (1983) : « Fait et méthode dans les sciences sociales ».
M. LIPSEY, N. N. LANDENBERGER et G. L. CHAPMAN (2004) : " Réhabilitation : une évaluation de la théorie et la recherche "BLACKWELL, Londres. p. 217.
MOLES A.A, (1990) : Les sciences de l'imprécis, Paris, Seuil.
MUHEME, G. (1995) L'économie informelle face à l'évolution du dualisme, conceptualisme théorique et illustration par l'étude de l'itinéraire agroéconomique de la filière mbaga, Québec, thèse, Université Laval
OBLE, Lehoues, Jacqueline (1990) : Acte du colloque sur les réalités socio-économiques de la femme africaine, Québec, Université Laval
RAMOGNINO, N. (1992). « L'observation, un résumé de la "réalité" : de quelques problèmes épistémologiques du recueil et du traitement des données », Current Sociology, vol. 40, no 1, p. 55-75.
ROCHER G. (1968) : Introduction à la sociologie générale, T2, Paris, Éd. H.M.H.
ROPIVIA (M.-L.), 1994. *Géopolitique de l'intégration en Afrique noire*, l'Harmattan, Paris, 236 pages.
RORTY, R. (1994). Objectivisme, relativisme et vérité, Paris, PUF.
ROSIÈRE (S.), 2003. *Géographie politique et géopolitique : une grammaire de l'espace*, Paris, Ellipses, 320 pages.
SANTOS (1989) : BS une Introduction a la science post-moderne, Porto, Afrontamento.
SCHUTZ, A. (1987). Le chercheur et le quotidien, Paris, méridiens Klincksieck.

STENGERS, I. (1995). L'invention des sciences modernes, Paris, Flammarion.
VERNA GERARD & DROUVOT HUBERT, 1993 : Réaliser des projets dans le Tiers-Monde, L'Harmattan, Paris, France
VEYNE, P. (1971). Comment on écrit l'histoire (1978), Paris. Seuil.
WACQUANT, L.J.D. (1992). « Présentation », pour une anthropologie réflexive, Paris, Seuil.
WAKERMANN (G.), 2003. *Les frontières dans un monde en mouvement*, Carrefours, Ellipses, Paris, 159 pages.
WALTER INGO (1988) : L'argent secret, L'Expansion-Hachette — JCLattès, Paris (France)
WEBER, M. (1922). « La science comme une vocation », dans H.H. Gerth et C.W.
WENU B. (2004) : Recherche scientifique, P.U.L.

II. OUVRAGES SPÉCIFIQUES

A.J. REISS/ A.D. BEIDERMAN (1979) : « Les criminels à col blanc ne respectent pas la loi », WASHINGTON, DC sources on NIJ.US PP 166.
ARELLANO ROLANDO, GASSE YVON & VERNA GERARD, (septembre1992) : " Le monde des entreprises informelles, Académie de, Santiago, Chili, n 10
ARELLANO ROLANDO, GASSE YVON & VERNA GERARD (février 1993) "Le monde de l'entreprise informelle : économie souterraine ou parallèle ?", Londres (U.K.),
BAJADA, CHRISTOPHER, et FRIEDRICH SCHNEDER (2005) (sous la direction d'Ant (Angleterre) et Burlington (Vermont), Ashgate.) *Size, Causes and Consequences of the Underground Economy. An international perspectif, ou taille, causes et conséquences de l' économie souterraine. Une perspective internationale*
BECKER, GARY S. (1968), "Crime et châtiment : une approche économique." Columbia University Press, New York.
BECKER, GARY S., LANDES WILLIAM M. (1974), *Essais sur l'économie de Crime et châtiment*, Columbia University Press, New York.
BHAGWATI JAGDISH, (1974). Les transactions illégales dans le commerce international, Amsterdam (Pays-Bas)
BHAGWATI JAGDISH, (Mars 1978): Anatomy and Consequences of Exchange Control Regimes, Ballinger Publishing Co., Cambridge
BOARDMAN, ANTHONY E. (2006), *Cost-Benefi t Analysis. Concepts and Practice*, troisième édition, Upper Saddle River (New Jersey), Prentice Hall.

BOYER, MARCEL, *et coll.* (2000), « Setting Standards for Credible Compliance and Law Enforcement », *Canadian Journal of Economics* 33-2, p. 319-340.

BOYER, MARCEL (2007), *L'effet pervers des mesures fiscales*, Note économique, Institut économique de Montréal, mai 2007 ; reproduit

BUCKLER GRANT (avril 1984) : " Le Canada est le Conduit suivant pour les exportations illégales ?" Canadian Datasystems

BUENO DE MESQUITA, BRUCE, COHEN, LAWRENCE (1995) "L'intérêt, l'équité et de lutte contre le crime : Analyse théorique du jeu des décisions pénales" revue *Criminologie,* Canada.

COHEN, LAWRENCE, E., et FELSON, MARCUS (1979) "Le changement social et l'évolution des taux du crime « activité habituelle » : Une approche sociologique, *American Review*, USA.

COHEN, LAWRENCE, E., et RICHARD (1996), *Crimes et politiques publiques, Théorie de mettre au travail,* Westview Press, Colorado, USA.

COULLOUDON VIRGINIE (1990) : La Mafia en Union Soviétique, Éditions Jean-Claude Lattès, Paris (France).

COUVRAT JEAN-FRANÇOIS & PLESS NICOLAS (1988) : La face cachée de l'économie mondiale, Éditions Hatier, Paris (France).

CROTEAU, MARTIN (2007), « Des cigarettes de contrebande livrées à domicile », *La Presse*.

DEBECK, KORA, *et coll.* (2006), « Canada' s 2003 Renewed Drug Strategy

DE MAILLARD J. (1998) *un monde sans loi : la criminalité financière en images*, Stock, Paris.

DÉPARTEMENT DE LA JUSTICE (1980). Bureau d'enregistrement des crimes à col blanc du gouvernement des États-Unis R.F. SPARKS

DILLS, ANGELA K., et JEFFREY A. MIRON (2003), *Alcohol Prohibition and Cirrhosis*, Working Paper no 9681, Cambridge (Massachusetts), National Bureau of Economic Research, mai 2003.

DOBLA-NORRIS, EVA, et ANDREW FELTENSTEIN (2003) *An Analysis of the Underground Economy and Its Macroeconomic Consequences*, IMF Working Paper WP/03/23, Washington (DC), Fonds monétaire international.

DOLIN, BENJAMIN (2001), *National Drug Policy. The Netherlands*, Ottawa, Bibliothèque du Parlement ; reproduit

D. THORNTON, N. GUNNIGHAM ET R. KAGAN (2005) : "La dissuasion générale et coopération du comportement dans l'environnement", politique légale.

ECO, U. (1985). La guerre du faux, Paris, Grasset.

ECO, U. (1992) : Les limites de l'interprétation, Paris, Grasset.

EDWIN SUTHERLAND, (2005) : crime à col blanc, Université de Yale

EHRLICH, ISSAC, (1974) "Participation à des activités illégitimes : une analyse économique", Columbia University Press, New York.

ENSTE, DOMININK H. (2005), « The Shadow Economy in OECD and EU Accession Countries — Empirical Evidence for the Influence of Institutions, Liberalization, Taxation and Regulation ».

FIORENTINI, GIANLUCA, et STEFANO ZAMAGNI (1999a), (sous la direction de) *The Economics of Corruption and Illegal Markets*, vol.1 : *The Economics of Corruption*, Chenltenham (UK), et Northampton (Massachussetts), Edward Elgar Publishing Ltd

FIORENTINI, GIANLUCA, et STEFANO ZAMAGNI (1999b) (sous la direction de)*The Economics of Corruption and Illegal Markets*, vol.2 : *The Economics of Illegal Activities*, Chenltenham (UK), et Northampton (Massachussetts), Edward Elgar Publishing Ltd.

FIORENTINI, GIANLUCA, et STEFANO ZAMAGNI (1999c), (sous la direction de)*The Economics of Corruption and Illegal Markets*, vol. 3 :*Th e Economics of Illegal Markets and Organized Crime*, Chenltenham (UK), et Northampton (Massachussetts), Edward Elgar Publishing Ltd.

FLEENOR, PATRICK (2003), « Cigarette Taxes, Black Markets, and Crime. Lessons from New York's 50-Year Losing Battle », *Policy Analysis* 467, Washington (DC), Cato Institute; reproduit

FRANKLIN ROMAIN (1988) : "L'or chinois miné par la contrebande" Libération. Paris (France)

FRIEDMAN, DAVID D. (2000), *Law's Order. What Economics Has to do with Law and Why It Matters*, Princeton, Princeton University Press.

FRYER, ROLAND G., *et coll.* (2005), *Measuring the Impact of Crack Cocaine*, Working Paper no 11318, Cambridge (Massachusetts), National Bureau of Economic Research.

GARY KLECK, BRION SEVER, SPENCER LI ET MARC GERTZ, (2005) : " Le chaînon manquant dans la dissuasion générale de la recherche ", Criminologie.

GAUTHIER B, (1989) : Recherche de la problématique à la collecte des données.

GILES, DAVID E.A., et LINDSAY M. TEDDS (2002) *taxes and the Underground Economy*, Toronto, Association canadienne d'études fiscales.

GFK Research Dynamics (GfK 2006), *le phénomène du commerce illicite des produits du tabac*, Mississauga.

GOODE, E., ET BEN-YEHUDA, N. (1994) : Paniques morales la construction sociale de la déviance, Université de Cambridge, et Blackwell.

J. ALBANESE (6-8 octobre 1999) : ''les causes de la criminalité organisée'' communication présentée à la conférence internationale sur la criminalité organisée Université de Lausanne.

JAMES, SIMON (2005), « Tax Compliance Strategies to Tackle the Underground Economy », in Bajada et Schneider.

JANSSEN PETER (juin 1985) : " Birmanie cherche la vie économique au-delà du marché noir " Asian Business (Hong Kong)

KAN KWENDA M et al., (1996) : La lutte contre la pauvreté en Afrique subsaharienne. Pnud économisa

K. BENNAFLA. (2002) : *Le commerce frontalier en Afrique Centrale*, Karthala, Paris.

LOPEZ (G.) ET (S.) TZITZIS (sous la dir.) 2004. dictionnaire des sciences criminelles, Dalloz, paris.

LOUYOT ALAIN (1990) : "La communauté des arnaqueurs" L'Express, Paris (France)

MAY ERNESTO (1985) : « Control des changes, et les économies de marché parallèle ».

MICHAEL GILBERT et STEVE RUSSELL (2002) : " La mondialisation de la justice pénale dans le contexte des entreprises ", Crime, Loi & Changement social.

MIRON, JEFFREY A. (2003), *The Effect of Drug Prohibition on Drug Prices. Evidence from the Markets for Cocaine and Heroin*

MIRON, JEFFREY A. (2004), *Drug War Crimes. The Consequences of Prohibition*, Oakland, Independent Institute

MICHAEL TONRY (2005) : « L'obsolescence et de l'immanence, au pénal théorie et la politique pénale « dans la revue des lois.

MONTFORT, YVES (1985) : La pratique bancaire helvétique. Settime, Londres (GB).

NEWMAN FREDRICK H, (1983): « Industries de Neuf Achilles Heel » Gestion de la sécurité

O'GRADY, MARY ANASTASIE (2007), « Canada' s Shooting Gallery », *Wall Street Journal.*

ONU (2007), *World Drug Report*

ORNISH C, D' EREK B., et LARKE C, R ONALD V. (1986) *le raisonnement criminel.* New York : Springer-Verlag,

PARENT COLETTE (1997). Les féminismes et la criminologie, Bruxelles, Pages 157–178.PEAGAM NORMAN ET DAVIES BEN (1985) : "The Rest of the Story" Euromoney (Supplement India).

PINATEL J., 1970 "La criminalité dans les différents cercles sociaux" Revue de science criminelle, n 3, Montréal (Québec).

PIRES, A.P. (1982). « La méthodologie qualitative en Amérique du Nord.

PIRES, A.P. (1985). « Le "sens du problème" et le "sens de l'approche" : pour une nouvelle conception du travail méthodologique », Revue de l'Association pour la recherche qualitative.

PIRES, A.P. (1993). « La criminologie et ses objets paradoxaux. Réflexions épistémologiques sur un nouveau paradigme », Déviance et société.

PIRES, A.P. (1993). « Recentrer l'analyse causale ? Visages de la causalité en sciences sociales et en recherche qualitative », Sociologie et sociétés.

PROVENCE DANIEL, 1979, SAM Cummings, je suis un marchand d'armes. Éditions Alain Lefèvre, Paris (France)

QUÉRÉ (S.) et X. RAUFER X. (2005) : *Le crime organisé mondial*, que sais-je ? PUF.

RAUFER X. (1998) : *Dictionnaire technique et critique des nouvelles menaces*, Défense et défis nouveaux, PUF, Paris.

RAMSY, MATTHEW (2007), « Insect, Feces Found in Contraband Cigs ; 'You Never Know What You Are Smoking,' Say Police, Health Officials », *The Province*.

S. ADOMOLI et al (1998) : '', le crime organisé à travers le monde HELSINKI, Institut européen pour la prévention du crime et de contrôle '', organisme rattaché à l'ONU''.

SAUVY, ALFRED (1984), *le travail au noir et l'économie de demain*, Paris.

SCHELLING, THOMAS C. (1967), « Economics and Criminal Enterprise », *Public Interest* 7.

SCHELLING, THOMAS C (1971), « What is the Business of Organized Crime », *Journal of Public Law* 20.

SCHNEIDER, FRIEDRICH (2000), « Dimensions of the Shadow Economy »,*The Independent Review*.

SCHNEIDER, FRIEDRICH, et DOMINIK H. ENSTE (2000), « Shadow Economies: Size, Causes, and Consequences », *Journal of Economic Literature*.

SCHNEIDER, FRIEDRICH, et CHRISTOPHER BAJADA (2005), « An International Comparison of Underground Economic Activity ».

SCHUR (1984) : E.M. LABELING Women Deviant. Gender, Stigma and Social Control, New York, Random House

SEDILLOTt, RENÉ (1985), *Histoire des marchés noirs*, Paris, Éditions Tallandier.

SELLIN, T (1938) : Culture Conflict and Crime, New York, Social Science Research Council.

SHAW, c.r., ET McKAY, HD. (1942) : La délinquance juvénile et urbaine

SHELLEY, DONNA, *et coll.* (2007), « The $5 Man: The Underground Economic Response to a Large Cigarette Tax Increase in New York City », *American Journal of Public Health.*

SIMMEL, G. (1908). « Digressions sur l'étranger », dans Y. Grafmeyer et I. Joseph (sous la dir. de), l'école de Chicago.

SMITH, PHILIP (1994), « Évaluation de la dimension de l'économie souterraine : le point de vue de Statistique Canada ».

SPIRO, PETER S. (2005), « Tax Policy and the Underground Economy »,in Bajada et Schneider.

SUBBURY STAR (2007), « Cheap Smokes Sold in Legal Grey Area »

TEDDS, LINDSAY M. (2005) « The Underground Economy in Canada », in Bajada et Schneider.

THOMAS MATHIESEN, (1990) : Prison sur Essai, Sage, Londres.

TOURNOUD JEAN-FRANÇOIS & LEROUX HERVE (1988) : "Contrefaçon (dossier)" MOCI, Ndeg. Paris (France)

UDAPE (1985) : L'économie informelle : une vue macro-économique, La Paz, Bolivia,

UNIVERSITY OF CHICAGO PRESS, (1976) : *L'approche économique du comportement humain.* Chicago

VERNA GERARD, (1994): "Un pied dans la légalité, un pied dans l'illégalité : Les problèmes de liaison quotidienne avec les informels" in ARELLANO, GASSE & VERNA,

VERNA GERARD, (1994): "Légalité — légitimité : la dialectique de l'informel" in ARELLANO, GASSE & VERNA.

WILLIAM J. CHAMBLISS (1969) : La criminalité et la procédure juridique, McGraw-Hill book Company, New York.

ZHANG, JUNSEN (1997), « L'effet des programmes de protection sur le comportement criminel : Une analyse empirique et théorique", *Enquête économique*, France.

ZIEGLER J. (1998) : *Les Seigneurs du crime : les nouvelles mafias contre la démocratie*, l'histoire immédiate, Seuil, 221 pages.

III. REVUES (ARTICLES, JOURNAUX, PRESSES)

AMBASSADE de France-Missions Économiques en Afrique centrale (mars 2007) : « Le marché automobile en Afrique centrale », *Lettre régionale*, Lettre d'Afrique centrale n°53.

ANNICHINI (D.), 22 juin 2001 « Voitures volées : la filière française », *Valeurs actuelles*, n°3369.

ANALYSE ÉCONOMIQUE (2001) .dans marchés tropicaux

ANDREW VON HIRSCH, (1976) Censure and Sanctions, Oxford University Press

AWOUMOU (C. D. G.) (2008) : « La criminalité transfrontalière entre le Cameroun et le Congo », Colloque international de Kribi

BARTI (H.) (2008). « Des véhicules volés acheminés en Algérie », *Le Quotidien d'Oran.*

BIZARD LAURENT (1989) : "Papillons épinglés." Le Point, Ndeg.894, Paris (France)

BITEGHE (L.) (2008). « Les échoppes de Nigérians de l'ancienne Gare routière nous vendent que du faux », *Le Nganga*, Hebdomadaire satirique d'investigations, N. °169, 7e année, p.3.

BUSINESS WEEK (1981) "United Africa: Out to Obliterate Smuggling and a Colonial Image", Business Week (Industrial Edition).

CARADEC' H JEAN-MICHEL (1990) :"La frontière de la peste" L'Express, Paris (France)

CARDOSO, M.L. (1971) : « le mythe de la méthode », Notebooks P.UC'Cahiers de l'Université catholique de Rio de Janeiro.

CEYHAN A (1997), « Etats-Unis : frontière sécurisée, identité (s), contrôlée (s) ? », *Cultures et conflits*, n°26-27.

CHAMLIN, MITCHELL, KENNEDY, MARY B, BALDWIN (1991) "L'impact de l'administration Wilson sur les taux de criminalité économique", *Journal of Criminology quantitative*, USA.

CUAU YVES (1990) : "Proche-Orient : les foudres de Saddam" L'Express, Paris (France).

DE MACEDO JORGE BRAGA, (1987) : " Monnaie Inconvertibilité, taxes sur le commerce et la contrebande " Journal of Development Economics (Netherlands).

DE MACEDO JORGE BRAGA, (1982) : " Comportement avec des taux de change des devises convertibilité Journal of International Economics (Netherlands) s.

DIABY S. (1999) : Criminalité en cote d'ivoire : un léger mieux. In Fraternité matin.

DOERNER WILLIAM R (1991) : "démanteler le commerce des têtes de serpents" Time Magazine

DORIA MÉDIA SAMUEL (1986) : l'économie en Bolivia, Editorial Offset Boliviana Lta, La Paz, Bolivia.

EDERMAN D .et ale (1999) crimes drogues, économiques. Dans problème économique n°2609, et dans l'insécurité urbaine et politique locaux

ÉTHOUGHE (E.-M.) (2009). « De présumés trafiquants de permis de conduire aux arrêts », *L'Union plus*, N°10.

FAGAN, JEFFREY, FREEMAN, RICHARD, B (1996) : « La criminalité et le travail », *Crime et justice, revue de recherche,* University of Chicago Press, USA.

F FRIEMN, M Ilton (1953): *Essays in Economics positifs.* Chicago : University of Chicago Press

FRANCO ROBERT G (1981) : "Le prix optimal du cacao au Ghana Journal du développement économique (Netherlands).

GAETNER GILLES (1987) : "Luchaire : les obus rebondissent" L'Express, Paris (France)

GARRIC DANIEL (1989) : "Des pirates français dans le collimateur" Le Point Ndeg.894, Paris (France).

GROGGER, J (1998), "Les salaires du marché et crime juvénile", *Journal of Labor Economics*, vol. 16, USA.

HAGAN, JOHN GILLIS, SIMPSON, JOHN, (1990-1995) "Clarifiant et en étendant à la théorie du contrôle de puissance du genre et de la délinquance", *American Journal of Sociology.*

JEAN-ROBERT TYRAN et LARS P. Feld (2006) : "Parvenir à la conformité lorsque des sanctions juridiques sont non-déterminants", Journal de l'Economie Scandinaves.

JOANNIDIS (M.) (1998). ÉCONOMIE DÉVELOPPEMENT : « Le vol de voitures au coeur du trafic international », *Journal et revue de presses RFI.*

J. SHEPTYCKI (1996) : ʻʼ transnationaux de police et les marques d'un poste d'Etat moderne'', BRITISH journal of criminology.

KESTIN HESH, (1984) : "" Forbes.

LOUNGOU (S.) (1999) « La frontière nord du Gabon : une brève étude géographie politique », *Espace-Population-Société*, n° 3.

LE MINISTÈRE DE L'INTÉRIEUR (1999) *Bulletin d'information et de documentation*, no 1 / 2001, Rapport présenté au XIIe Colloque de Criminologie de Strasbourg par le prof. Punch, Maurice de l'Université Essex du Royaume-Uni, *La Corruption en police et sa prévention.*

LE MINISTÈRE DE L'INTÉRIEUR (2002), Synthèse documentaire *la Corruption, un sujet ouvert.*

MANM. (1997) : Criminalité et Banditisme en cote d'ivoire : Quelles solutions ? Ivoire soir.

Me BAYE A .B (2001) : L'Afrique et Le monde : l'évaluation de la pauvreté en Afrique.

MOULENDA (J.) (2007). « Deux présumés voleurs de véhicules au gnouf », l'*unionplus*, n °9513

MOULENDA (J.) (2007). « Des voleurs de voitures au gnouf », *L'Unionplus*, n°9428, p.6.

MVUEZOLO BAZONZI (J.) (2006). « Système de transport pour un développement intégré de l'Afrique : vers un réseau routier et ferroviaire panafricain », *Codesria*, Vol. 9, n °1 et 2.

NGUEMA NÉGO (P.) (2007). « Villes et intégration régionale transfrontalière (Gabon-Cameroun) », *Villes en parallèle : Villes du Gabon*, n°40-41.

NILS CHRISTIE (1977) : " Les conflits comme des biens ", The British Journal of Criminology.

NORBERT ROULAND (1990) : Anthropologie juridique, Presses universitaires de France, Paris.

ONOHIOLO (S.) (2006). « Échanges frontaliers : intégration par le Ntem », *le messager.*

OTTFREDSON G, MICHAEL R., et H IRSCHI, ravis T (1990) : *une théorie générale de la criminalité.* Stanford, en Californie: Stanford University Press,

PONTAUT JEAN-MARIE (1987) : "Luchaire : une affaire d'État" Le Point, 790, Paris (France).

PONTAUT JEAN-MARIE & ROUSSELLE FRANÇOIS (1988) : "Le Grand Bazar des Douanes Françaises" Le Point, 820, Paris (France).

PRESSE CANADIENNE (2007a), « Forte croissance de la contrebande de cigarettes », *La Presse*.

PRESSE CANADIENNE (2007b), « La SQ et la GRC démantèlent un important réseau au Bas-Saint-Laurent ».

R. BOYD, P. GASPÉ ET J.D, (1991) : Trout the Philosophy of Science Cambridge, (Mass.), MIT Press.

REILLY BARRY, et ROBERT, W (1996), « La criminalité, la dissuasion et le chômage en Angleterre et au Pays de Galles, une analyse empirique", *Bulletin économique de la recherche*, Suisse.

REUVID, JONATHAN. (1995) : *Le règlement et la prévention de la criminalité économique internationale.* Londres : Kogan

ROLANDO, GASSE YVON & VERNA GERARD (1994) les entreprises informelles dans le monde, Presses de l'Université Laval, Québec (Canada)

SANTOS (1987) : B.S. « Droit : une carte des erreurs de lecture. Vers une conception postmoderne de la loi », Journal of Law and Society.

SAUVE (J.), (1996) « Vols de véhicules à moteur au Canada », *Statistiques Canada*, n°85-002-XPF, Vol. 18.

SCORCU, ANTONELLO, E., et CELLINI, ROBERTO (1998), "L'activité économique et le crime dans le long terme : une enquête empirique sur les données agrégées de l'Italie, 1951-1994" *Revue internationale de droit et d'économie*, Elsevier, France.

SHEUKH M.A, (1976) : "Black Market for Foreign Exchange, capital flows and smuggling" Journal of Development Economics, v3.

STEVENS CHRISTINE (1984) : " Profits empocher, les importateurs sur les espèces menacées " Business & Society Review,

STOBAUGH G (1969) : « Comment analyser le climat des investissements étrangers ? » Harvard Business Review.

THORNTON, MARK (1991), *The Economics of Prohibition*, Salt Lake City, University of Utah Press.

TRAQUEUR (2007), « 20 solutions pour se protéger contre le vol de voitures », *L'Auto journal*, bimensuel, Issy-les-Moulineaux, France.

TREMBLAY P. et al. (2001), "Body switching and related adaptations in the resale of stolen vehicles", *The British journal of criminology*, vol. 41, UK.

TSUSHIMA MASAHIRO (1996), "Structure économique et le crime : le cas du Japon", *Journal de socioéconomie*, France.

TWENHöFEL, R. (1986) : « D'intérêt et de recherche. La contribution d'Alfred Schutz à une méthodologie qualitative : la pertinence, les limites, et une critique du point de vue de Max Weber », Revue suisse de sociologie.

UGON P et POURTHIER R (1993). (Sous la direction de) : villes D'AFRIQUE. La documentation française.

VERNA GERARD, (1989): Tiers-Monde: Exporter et réaliser des projets, Fischer Presses, Sillery, Québec (Canada),

VERNA GERARD, (1989) : "Les fausses facturations et le commerce international" Harvard-l'Expansion, Paris (France)

VERNA GERARD, (1990) : "Comment se comporter dans les pays à monnaies non convertibles ?", Revue française de gestion, Paris (France)

VERNA (G.) (1993) : « La contrebande et ses acteurs : un essai de classification », *les cahiers du CEDIMES*, n°14, Université de Paris II Panthéon-Assas.

VISCUSI, W (1986), "Incitations du marché pour un comportement criminel", University of Chicago Press, USA.

WARNER KENNETH E (1982) : " Fiscalité accise sur les cigarettes de contrebande et de l'Interstate : Une évaluation de l'activité récente " National Tax Journal

IV. DOCUMENTS ET RAPPORTS

ARTHUR, O., cite par G. MUHEME (2009) cours gestion financière, UNILU,

BANQUE MONDIALE (1996) : Faire reculer la pauvreté en Afrique au sud du Sahara. Résumé analytique.

B.I.T. (2002) : travail décent et économie informelle : Sixième question à l'ordre du jour, Genève, conférence internationale du travail, 90e.

BOUSQUET N. (2002) : La structure productive et commerciale dans le pays du tiers monde : secteur formel et informel : univers parallèles ou étroitement imbriqués, Notes de cours, Ste — psy Université Laval

ISANGO, I (2003) : Méthode de travail scientifique, cours en G1 SPA

MBAYA K (2003) : Note de cours des méthodes de recherche en sciences sociales, en G2 SPA, UNILU

MOUVEMENT INTERNATIONAL ATD QUART MONDE (1992) : extrême pauvreté en Afrique : un séminaire, une histoire. éd. sciences et services.

PNUD (2000) : Rapport 2000.

PNUD (1997) : Rapport mondial sur le développement humain.

SERAGELDIN I. (1989) : Pauvreté, Ajustement et croissance en Afrique : Banque mondiale.

SHIGEO K (1997) : La pauvreté en Côte d'Ivoire : cadre d'action Banque mondiale.

RAPPORT DU BIT, cité par LUBELI, H, (1991) : le secteur informel dans les années 80 et 90, Paris, centre de développement de l'organisation de coopération et de développement économique.

V. MÉMOIRES ET THÈSES

ABAGHA MEGNET J.-E., (2006) : *Dynamique d'une migration illicite : le trafic d'enfants ouest-africains au Gabon,* mémoire de maîtrise en géographie, FLSH-UOB, 96 pages.

ANTKOWIAK Christophe, (2003-2004) : L'émergence des mafias de l'Europe de l'Est : que faire ? : MÉMOIRE EOGN

BAMBA, L. (2006) : La contrebande de cigarettes et d'alcools à Abidjan, mémoire de DEA, UFR de Criminologie université Abidjan Cocody

BRION, F. (1995) : Contrôle de l'immigration, crime et discrimination, thèse de doctorat, Louvain-La-Neuve, École de criminologie, Université catholique de Louvain.

EDDY WANET SITENA, (2007) : Impact de l'économie informelle sur la politique publique, mémoire en SPA

HOMOABEWA P. A. (2006) : *La ville de Libreville dans le trafic illicite de cannabis : étude du phénomène à partir des saisies de police de 1996 à 2006*, mémoire de maîtrise en géographie, FLSH-UOB, 89 pages.

LHYVERNAY Stéphane, (2003-2004) : Contrebande et trafics de Cigarettes : situation et évolution MÉMOIRE EOGN 0010

LOUNGOU S. (1998) : *La problématique de l'intégration nationale dans les provinces frontalières du Gabon*, Thèse de Doctorat, Université d'Angers, 479 pages.

MPAFU WAMPAK BARAK, (2003) : La problématique d'absorption du secteur informel par le secteur formel dans une économie en récession, mémoire en gestion financière

NTOUTOUME NGOME J., (2007) : *Aspects géopolitiques et géostratégiques de l'exploitation pétrolière dans le Golfe de Guinée*, Thèse de Doctorat, Université de Nantes, 512 pages.

NYNGUÉMA NDONG L. C. (2006) : *La dynamique migratoire équato-guinéenne au Gabon de l'afflux au reflux ?* Mémoire de maîtrise en géographie, FLSH-UOB, 106 pages.

OBAME NDONG G. (2006) *La Guinée-Équatoriale dans la recomposition géopolitique du Golfe de Guinée*, mémoire de maîtrise en géographie, FLSH-UOB, 106 pages.

PIRES, A.P. (1987) : « Deux thèses erronées sur les lettres et les chiffres », Cahiers de recherche sociologique

SOUMANA Hamidou, (2007-2008) Criminalité transnationale organisée en Afrique de l'Ouest : mémoire Eogn 0411

VI. DOCUMENTS ÉLECTRONIQUES ET SITES

Documents électroniques

ABE (C.), « Pratique et productivité de la criminalité transfrontalière en Afrique centrale : l'exemple des Zargina », *le bulletin de l'APAD*, n°25, http//apad.revues.org/document201.html.

ATANGA (Y.), 4/07/2008. « Petits salaires entre SMIG et réalités », *Cameroun Tribune*, http://www.cameroon-info.net/cmi_show_news.php?id=23035.

DASSIÉ (B. P.), 06 novembre 2008 « L'Afrique : grand marché de voitures d'occasion », *Camer*, www.togosite.com.

DEBIE (F.), « Balkans : une criminalité (presque) sans mafias », www.cairn.info/revue-critique-internationale-2001-3-page-6.htm.

DJAMA (S.), 22/08/2007. « Marché de l'occasion — Achat de voiture — les pièges à éviter ! », http://www.icicemac.com/news/index.php?nid=8286&pid=51.

GABAI (D.), « Réseau de Cavaye Yeguié : Le PAN est client d'une filière qui écoule au Cameroun des voitures dérobées au Nigeria. », *Mutations*, www.bonaberi.com.

Gendarmerie Royale du Canada, Direction des renseignements criminels, *Crimes organisés et vols de voitures*, http://www.rcmp-grc.gc.ca/crim_intf/sparkplugfre.htm.

H. O. G' NOWA (H. O.), 21 juin 2008 « Ils tuent le chauffeur et volent sa voiture », http://www.cameroun2011.com/blog/?p=925.

GOMA (Y. L.), « Actualités d'Afrique centrale », www.continentalnews.fr/actualite/afrique-centrale,63/gabon-omar-bongo-s-attaque-a-l-insecurite,616.htmlston Ella/ Gabonpage.

GUEMACHE (H.), 10/12/2007. « Algérie : de 2000 à 2007, près de 19 000 véhicules volés », *Le Quotidien d'Oran*, http://www.setif.info/article2283.html.

Infosplus Gabon, 5/01/2008 « Libreville privée de transport public depuis trois jours », www.infosplusgabon.com/article.php3?id_article=1652.

Le marché criminel organisé au Canada, « vol de véhicules à moteur », *Marchés criminels*, http//www.cisc.gc.ca.

LENOIR (S.), « Guinée Équatoriale : comment gère-t-on l'argent du pétrole ? », www.rfi.fr

NADIMBE (J.), 2/02/2009.« Le secteur de transport routier à l'agonie au Cameroun », *Le Messager*, http://www.lexpressplus.com/Le-secteur-du-transport-routier-a-l-agonie-au-Cameroun_a1123.html.

MÉZIANE (L.), 12/12/2004 « La dévaluation du franc CFA a dix ans : Retour sur une mesure économique historique », www.afric.com/article6938.html.

NDJIMBI (F.), 08/05/2008. « Le pouvoir d'achat en baisse, qui profite, qui subit ? », Business Gabon,

http://gaboneco.com/show_article.php?IDActu=7473.
NOUWOU (D.), 15/09/2008. « Cameroun-Véhicules : la filière équato-guinéenne », *la nouvelle expression*, http://www.bonaberi.com/ar,cameroun vehicules_volés_la_filiére_équato-guinéenne,5198.html.
Panapress, 06/02/2009 « Hausse des ventes de véhicules neufs au Gabon », http://www.panapress.com/newslatf.asp?code=fre010607&dte=06/02/2009.
OBAM (M.), « Interpol poursuit les véhicules volés en Afrique Centrale », http://www.cameroon-one.com/site/news/index.php?op=view&id=59282.
Réseau de presse non alignée, 1er septembre 1997. « Afrique du sud », www.voltairenet.org/article7432.html?var_recherche=Swaziland.
TARRIERE DIOP (C.), « Les causes de la baisse du pouvoir d'achat au Cameroun », http://base.d-p-h.info/en/fiches/premierdph/fiche-premierdph-4466.html.
WALLACE (M.), l'exploration de la participation du crime organisé au vol de véhicule à moteur, http://www.statcan.ca/francais/freepub/85-563-XIF/85-563-XIF2004001-pdf.htm.
YEMELONG (C.), « Trafic : 35 voitures volées et retrouvées », http://www.camerounlink.net/fr/news.php?=422.
ZAINABI (M.), 2/06/2008. « Près de 2000 voitures volées par an au Maroc », *Le Reporter*, http://www.bladi.net/18547-voitures-volees-maroc.html.

VII. SITES

http://wwww.interpol.com/public/Vehicle/Defaultfr.asp.

http://www.carguide.be/database/carjacking.php?id=70_0_27_0_C.

http:// www.superstock.com/stock-photos-images/1598R-125717.

http://gaboneco.com/show_article.php?IDActu=12208.

http:// www.empruntis.com/assurances-dommages/guide/assurance_auto_guide_vol.php.

http://www.interpol.int/Public/Region/Africa/Committees/CCPAC.asp.

http:// ww.forum-auto.com/automobile-pratique/section16/sujet379000.htm.

http://www.forum-auto.com/automobile-

pratique/section16/sujet379000.htm.

http://www.interpol-cam.gov.cm/dgsn/cooperation_pb_afr.htm.

http://news.caradisiac.com/Un-astucieux-trafic-de-voitures-volees-demantele.

http://dsp-psd.tpsgc.gc.ca/Collection-R/Statcan/85-563-XIF/0010485-563-XIF.pdf.

http://fr.wikipedia.org/wiki/Pouvoir_d'achat.

http://www.panapress.com/paysindexlat.asp?codepays=fre017&page=28

TABLE DES MATIÈRES

Côte d'Ivoire aux éditions L'Harmattan

Dernières parutions

LAURENT GBAGBO : LA FOI EN LA DÉMOCRATIE
L'élection présidentielle de l'an 2000
Dano Djedje Sébastien
Dans une Afrique encore en proie aux réflexes du parti unique et où les anciens colonisateurs continuent de nier la souveraineté des États, Laurent Gbagbo cultive une foi inébranlable en la démocratie pour conjurer les aventures hasardeuses des coups d'État et des conflits armés. En 2000, il est élu président de la République de Côte d'Ivoire grâce à une mobilisation exceptionnelle du peuple ivoirien. Ce livre est le témoignage vivant d'un acteur majeur de cet épisode de l'accession de Laurent Gbagbo à la magistrature suprême.
(12.50 euros, 118 p.)
ISBN : 978-2-343-06249-5, ISBN EBOOK : 978-2-336-37918-0

PENSER LA RÉCONCILIATION POUR PANSER LA CÔTE D'IVOIRE
Kouakou Jean-Marie
Les contributions réunies dans cet ouvrage s'inscrivent dans le contexte de crises que traverse la Côte d'Ivoire depuis deux décennies : crise sociétale, crise institutionnelle, crise armée, crise politique. Le projet commun a été de réfléchir le problème à partir de ses fondements, de ce qui le caractérise et le nourrit afin de pouvoir proposer des solutions comme à l'effet d'un pansement.
(Coll. Études africaines, 24.00 euros, 232 p.)
ISBN : 978-2-343-06088-0, ISBN EBOOK : 978-2-336-38128-2

DU JOURNALISME EN CÔTE D'IVOIRE
Barbey Francis, Moussa Zio - Préface de Marie-Christine Lipani
Ce livre n'est pas une simple analyse du journalisme (et de ses faiblesses) en Côte d'Ivoire. Il interroge également le rôle des journalistes dans la mise en place d'un «vivre ensemble», pensé tel un bien commun. Les auteurs évoquent un «journalisme citoyen», permettant aux individus de devenir des citoyens à part entière, des personnes sociales aptes à décider de leur choix de vie, de leurs orientations sociales et politiques, et de sortir du conformisme ou de toute tentative de manipulation.
(Coll. Repenser les médias, 15.50 euros, 152 p.)
ISBN : 978-2-343-06347-8, ISBN EBOOK : 978-2-336-38178-7

UN CONCEPT DE SÉNAT IVOIRIEN
Kobou Dominique
Les crises politiques et militaires en Côte d'Ivoire proviennent en partie de la faiblesse de ses institutions nationales, incapables de maintenir la stabilité. De l'Indépendance jusqu'au multipartisme en 1990, elles ont été conçues dans une logique de parti unique centré autour du président Houphouët-Boigny. Elles doivent désormais être repensées pour permettre à toutes les tendances politiques majeures de cohabiter, notamment avec un Sénat élu à la proportionnelle au Parlement et des élections de mi-mandat.
(25.00 euros, 256 p.)
ISBN : 978-2-343-03064-7, ISBN EBOOK : 978-2-336-37429-1

LA DÉCENTRALISATION À L'ÉPREUVE DE LA CRISE ÉCONOMIQUE EN CÔTE D'IVOIRE
Mel Trotsky
Préface du Professeur Atta Koffi
C'est l'année 1980 qui marque le véritable départ de la politique de décentralisation en Côte d'Ivoire. Mais dans un contexte de crise économique comment se comporte-t-elle ? Il s'agit ici d'identifier les besoins et attentes des populations, d'évaluer la réponse de la décentralisation à la demande sociale exprimée et de mesurer les effets de la crise économique sur les investissements des collectivités territoriales et sur le cadre de vie des populations.
(Coll. Administration et Aménagement du Territoire, 28.00 euros, 266 p.)
ISBN : 978-2-343-04842-0, ISBN EBOOK : 978-2-336-37548-9

L'ASSURANCE MALADIE UNIVERSELLE (AMU) EN CÔTE D'IVOIRE
Enjeux, pertinence et stratégie de mise en œuvre
Ohouochi Clotilde
Véritable innovation en Afrique subsaharienne, l'Assurance maladie universelle devient l'un des grands chantiers de la politique sociale du gouvernement ivoirien. L'urgence en la matière est réelle et incompressible. L'État doit créer des conditions idoines pour se substituer aux mécanismes traditionnels d'aide et de soutien, en inventant une politique de solidarité nationale ambitieuse, moderne et rationnelle. Cet essai participe de la volonté affirmée de montrer que les pays africains, et principalement la Côte d'Ivoire, ont la capacité de faire croître harmonieusement des mécanismes d'AMU malgré leur relative pauvreté économique.
(Coll. IREA (Institut de recherche et d'études africaines), 19.00 euros, 182 p.)
ISBN : 978-2-343-06022-4, ISBN EBOOK : 978-2-336-37391-1

RESTAURATION DES FONDEMENTS ANCESTRAUX FACE AUX DÉFIS DE LA VIE
Kouame Augustin
Le révérend Augustin Kouame est le fondateur et pasteur principal de la mission ICN (Instrument de Christ pour les Nations) en Côte d'Ivoire. Pasteur et enseignant, il a acquis depuis près de quinze ans de nombreuses expériences pratiques qui lui valent une certaine notoriété dans le domaine du combat spirituel et de la délivrance. Il est promoteur de la retraite spirituelle dénommée «Transformation», pour la restauration des vies en Christ. Il est fondateur de l'École biblique du royaume.
(Coll. Croire et savoir en Afrique, 12.50 euros, 110 p.)
ISBN : 978-2-343-05564-0, ISBN EBOOK : 978-2-336-37381-2

QUELLE PLACE POUR LES «FOUS GUÉRIS» ?
Gbagbo Michel
Comment un ancien malade «mental», sorti de l'hôpital psychiatrique, peut-il retrouver sa place au travail, au sein de la famille, ou parmi des amis du quartier ? Le «fou-guéri» effraie. Dans l'agglomération abidjanaise, les conceptions traditionnelles de la maladie mentale ne sont pas les seules variables impliquées dans cette façon de percevoir le «fou-guéri».
(Coll. États, pouvoirs et sociétés, 23.00 euros, 234 p.)
ISBN : 978-2-343-05717-0, ISBN EBOOK : 978-2-336-37234-1

LE PROCÈS DE LAURENT GBAGBO
Côte d'Ivoire, l'Afrique face à son destin
Fouda Essomba Vincent Sosthène
Selon l'auteur, ce livre est la somme des idées de Laurent Gbagbo telles qu'il aurait souhaité les adresser aux différents chefs d'État africains et des pays de l'Amérique du Sud. Il s'agit ici de rendre public le travail qu'avait confié Laurent Gbagbo à l'auteur au cœur de la crise qui a secoué la Côte d'Ivoire dès le lendemain du second tour de la présidentielle de 2010.
(12.00 euros, 90 p.)
ISBN : 978-2-343-05128-4, ISBN EBOOK : 978-2-336-36891-7

PAR LA FORCE, ALASSANE OUATTARA PRÉSIDENT DE LA CÔTE D'IVOIRE
La démocratie à l'épreuve
Money Elie Z.
Cet ouvrage relate la prise de pouvoir d'Alassane Ouattara, actuel président de la Côte d'Ivoire, sur le régime de Laurent Gbagbo et les évènements liés à ce changement. Pour l'auteur, ce livre est une thérapie contre l'angoisse née de cette guerre : il y décrit les évènements quotidiens de ce nouveau régime caractérisé par l'ethnisme, la terreur, le pillage ou encore l'acharnement de la justice contre le camp des partisans de l'ancien président, tout en interrogeant le sort du peuple Ivoirien.
(29.00 euros, 288 p.)
ISBN : 978-2-343-04974-8, ISBN EBOOK : 978-2-336-36995-2

UN AUTRE HOUPHOUËT
Chroniques de son médecin
Bertrand Edmond
Dans ce livre, le professeur Edmond Bertrand, qui a rencontré de très nombreux malades dont le président Félix Houphouët-Boigny, rapporte des faits observés et des paroles entendues au cours d'échanges le plus souvent impromptus. Extérieur au système social et politique local, il fait apparaître des aspects peu connus de la personnalité humaine du président. Témoin naïf diront certains mais témoin sincère qui révèle «un autre Houphouët», caché le plus souvent derrière l'homme politique.
(13.50 euros, 128 p.)
ISBN : 978-2-343-05120-8, ISBN EBOOK : 978-2-336-36946-4

LES AKAN, PEUPLES ET CIVILISATIONS
Allou Kouamé René
Les populations des côtes de l'or et quaqua ainsi que de leurs arrière-pays, ont été appelées Akan. C'est à juste titre, car elles partagent des us et coutumes semblables, des institutions politiques et sociales identiques, avec parfois des particularités locales. Elles partagent une culture commune qui tire ses racines dans un héritage ancestral partagé.
(Coll. Harmattan Côte-d'Ivoire, 60.00 euros, 910 p.)
ISBN : 978-2-343-04987-8, ISBN EBOOK : 978-2-336-36899-3

TRÉSOR PUBLIC ET POLITIQUE FINANCIÈRE EN CÔTE D'IVOIRE
Des origines à nos jours
N'Gouan Patrick K.
Préface de Joseph Y. Yao
Les différentes réformes budgétaires et comptables, entreprises depuis la fin des années 1990, visent une meilleure performance de la gouvernance financière. Le Trésor public, étant au cœur de la politique économique de l'État, devrait poursuivre ses réformes internes, en termes d'innovation, de répartition et de coordination des attributions et tâches, afin de pouvoir répondre aux différents enjeux et défis de performance exigés par les perspectives financières internationales, sous-régionales et nationales.
(Coll. Harmattan Côte-d'Ivoire, 37.50 euros, 366 p.)
ISBN : 978-2-343-05594-7, ISBN EBOOK : 978-2-336-36996-9

BUDGET (LE) DE L'ÉTAT IVOIRIEN
Financer le développement
Kouyaté Mohamed D.
Préface de Daniel Kablan Duncan
Cet ouvrage dédié au budget de l'État participe de la mise en oeuvre de la stratégie de vulgarisation d'un concept largement sanctuarisé. Il veut s'essayer à la cristallisation des enseignements relatifs aux finances publiques de l'État de Côte d'Ivoire vue sous l'angle du budget. Ce livre est une invite à explorer davantage les différentes composantes de ce redoutable instrument de politique économique et sociale qu'est le budget de l'État.
(Coll. Harmattan Côte-d'Ivoire, 32.00 euros, 314 p.)
ISBN : 978-2-343-03852-0, ISBN EBOOK : 978-2-336-36495-7

CÔTE D'IVOIRE : LE VOILE EST DÉCHIRÉ
Doué Jean Jaurès - Préface d'Arsène Touho - Postface de Me Seri Zokou
La crise militaire et politique qui a secoué la Côte d'Ivoire de 2002 à 2011 a été le choc entre deux Côte d'Ivoire antagoniques : celle qui aspire à naître et celle vassalisée qui refuse de disparaître. Les acteurs de cette crise doivent assumer devant l'histoire leurs responsabilités. Et cela passe par la restitution des faits. C'est à cela que répond ce livre.
(16.50 euros, 162 p.)
ISBN : 978-2-343-04862-8, ISBN EBOOK : 978-2-336-36646-3

CÔTE D'IVOIRE (LA) FACE AU DÉFI DE LA SORTIE DE LA CRISE
Théorie et pratique des médiations africaines et débats actuels
Edou Mvelle Alain-Roger
Préface de Jean-Emmanuel Pondi ; Postface de Marcellin Nguele Abada
La problématique de ce livre tourne autour de l'apport de la diplomatie intergouvernementale africaine à la résolution de la crise ivoirienne. Partant d'une réflexion sur l'africanité des solutions offertes, l'auteur propose un modèle de décryptage du fonctionnement de la médiation à travers la routinisation d'un mouvement circulaire entre les parties au conflit et les tiers : la «roue de la médiation».
(Coll. Harmattan Cameroun, 23.00 euros, 228 p.)
ISBN : 978-2-343-05162-8, ISBN EBOOK : 978-2-336-36735-4

DROIT DES TRANSPORTS MARITIMES
Dakouri Jean-Claude
Cet ouvrage inclut les plus récentes dispositions du droit maritime ivoirien et des conventions internationales. Il présente les conventions internationales qui régissent la navigation sur la mer, les dispositions qui favorisent le financement des navires et la garantie des investisseurs ainsi que celles qui décrivent les relations entre assureurs, armateurs et autres opérateurs intervenant dans l'exploitation des bâtiments de mer marchands.
(Coll. Le droit en marche, 28.50 euros, 290 p.)
ISBN : 978-2-343-04868-0, ISBN EBOOK : 978-2-336-36521-3

ÈRE (L') DE L'ÉCONOMIE DES PLANTATIONS EN CÔTE D'IVOIRE (1900-1983)
Settie Louis E.
Depuis les années 60, «la prospérité de la Côte d'Ivoire repose sur l'agriculture» ; nombreux sont ceux qui ne voient que le café et le cacao, alors qu'il y a eu des cultures comme le coton, l'ananas, la banane, la canne à sucre, l'hévéa, le palmier à huile, avec la politique de diversification des cultures des pouvoirs publics de l'époque. C'est pourquoi cette période a été qualifiée «d'ère de l'économie des plantations». Comment celle-ci s'est mise en place ? Et comment a-t-elle évolué ?
(Coll. Harmattan Côte-d'Ivoire, 14.00 euros, 130 p.)
ISBN : 978-2-343-04072-1, ISBN EBOOK : 978-2-336-36657-9

MALADIE (LA) CHEZ LES KROU DE CÔTE D'IVOIRE
De la mémoire à l'histoire des représentations collectives
Tchero Joachim - Préface de Simon-Pierre Ekanza
Cet ouvrage permet de saisir la représentation de la maladie chez les Krou à travers un double concept : tantôt religieux d'un blâme par les puissances célestes, tantôt maléfique d'un pouvoir occulte par le sorcier. La maladie est insérée dans l'histoire d'une personne et la connaissance des maux est ainsi basée sur des jugements de valeur. Le thérapeute n'est qu'un guide et le traitement thérapeutique, une «médiation» entre le justicier et le coupable (le malade).
(Coll. Harmattan Côte-d'Ivoire, 21.50 euros, 216 p.)
ISBN : 978-2-343-04964-9, ISBN EBOOK : 978-2-336-36477-3

L'HARMATTAN ITALIA
Via Degli Artisti 15; 10124 Torino
harmattan.italia@gmail.com

L'HARMATTAN HONGRIE
Könyvesbolt ; Kossuth L. u. 14-16
1053 Budapest

L'HARMATTAN KINSHASA
185, avenue Nyangwe
Commune de Lingwala
Kinshasa, R.D. Congo
(00243) 998697603 ou (00243) 999229662

L'HARMATTAN CONGO
67, av. E. P. Lumumba
Bât. – Congo Pharmacie (Bib. Nat.)
BP2874 Brazzaville
harmattan.congo@yahoo.fr

L'HARMATTAN GUINÉE
Almamya Rue KA 028, en face
du restaurant Le Cèdre
OKB agency BP 3470 Conakry
(00224) 657 20 85 08 / 664 28 91 96
harmattanguinee@yahoo.fr

L'HARMATTAN MALI
Rue 73, Porte 536, Niamakoro,
Cité Unicef, Bamako
Tél. 00 (223) 20205724 / +(223) 76378082
poudiougopaul@yahoo.fr
pp.harmattan@gmail.com

L'HARMATTAN CAMEROUN
BP 11486
Face à la SNI, immeuble Don Bosco
Yaoundé
(00237) 99 76 61 66
harmattancam@yahoo.fr

L'HARMATTAN CÔTE D'IVOIRE
Résidence Karl / cité des arts
Abidjan-Cocody 03 BP 1588 Abidjan 03
(00225) 05 77 87 31
etien_nda@yahoo.fr

L'HARMATTAN BURKINA
Penou Achille Some
Ouagadougou
(+226) 70 26 88 27

L'HARMATTAN SÉNÉGAL
10 VDN en face Mermoz, après le pont de Fann
BP 45034 Dakar Fann
33 825 98 58 / 33 860 9858
senharmattan@gmail.com / senlibraire@gmail.com
www.harmattansenegal.com

L'HARMATTAN BÉNIN
ISOR-BENIN
01 BP 359 COTONOU-RP
Quartier Gbèdjromèdé,
Rue Agbélenco, Lot 1247 I
Tél : 00 229 21 32 53 79
christian_dablaka123@yahoo.fr

Achevé d'imprimer par Corlet Numérique - 14110 Condé-sur-Noireau
N° d'Imprimeur : 130865 - Dépôt légal : juillet 2016 - *Imprimé en France*

www.ingramcontent.com/pod-product-compliance
Lightning Source LLC
LaVergne TN
LVHW011300061026
849535LV00005B/1325